율곡이 묻고 퇴계가 답하다

율곡이 묻고 퇴계가 답하다

퇴계와 율곡의 성리학과 정치 철학 ◎ 김형찬

바다출판사

이 연구는 대한민국 정부(교육과학기술부)의 재원으로 한국학중앙연구원의 지원을 받아 수행되었음(AKS-2011-AAA-2102).

머릿말 | 조선유학의 근간, 퇴계와 율곡 · 7

1 만남 · 13
나아감과 물러남 · 지나친 시어(詩語) · 기대와 다짐

2 율곡이 묻고 퇴계가 답하다 1 · 37
공부의 목표 · 경건한 집중 · 실천 · 이해와 체득 · 인식과 실천의 단계 · 성인의 권위

3 사단과 칠정: 퇴계와 고봉의 8년 논쟁 · 80
천명도 · 도덕감정과 도덕본성 · 리와 기 · 결과의 관점과 원인의 관점
성현의 뜻 · 도덕감정의 원인 · 리의 '작용'이라는 은유 · 논쟁의 마무리
이치가 닿는 말 · 리가 스스로 이르다 · 형이상학적 충동

4 율곡이 묻고 퇴계가 답하다 2 · 135
글 읽는 법 · 공부 · 지각 · 마음의 수양 · 성인과 현인
합쳐 보기와 나누어 보기 · 도(道)와 사람

5 율곡이 묻고 퇴계가 답하다 3 · 173
〈서명〉 · 〈심학도〉 · 《성학십도》의 순서

6 사단칠정과 인심도심: 율곡과 우계의 논쟁 · 187
인심과 도심 · 본연지성과 기질지성 · 리통기국(理通氣局)
인간의 의지 · 논쟁의 마무리 · 사단칠정논쟁의 이해와 평가

7 군왕의 정치와 신하의 정치 · 221
군왕과 신하 · 군왕의 한 마음 · 왕통과 도통

맺음말 | 군왕의 마음과 신하의 도통 · 243
부록 | 한국유학의 쟁점과 퇴계 · 율곡의 위상 · 251

일러두기

- 이 책의 내용 중 연월일은 음력을 기준으로 한다. 퇴계와 율곡의 문집을 비롯하여 두 사람과 관련된 기록이 대부분 음력으로 정리되어 있기 때문이다.

- 《퇴계집》(전3책)과 《율곡전서》(전2책)의 판본은 한국문집총간본(서울: 민족문화추진회, 1988)을 사용하였다.

- 인용문 중 《퇴계집》의 번역을 위해 《국역 퇴계전서》(전16권, 퇴계학총서편간위원회 편, 서울: 퇴계학연구원, 2003)를 참고하였다.

- 인용문 중 《율곡전서》의 번역을 위해 《국역 율곡전서》(전7권, 한국정신문화연구원 자료조사실 편, 경기 성남: 한국정신문화연구원, 1996)를 참고하였다.

- 이 책에 수록된 모든 그림은 고려대학교 도서관에 소장된 고서에서 촬영된 것이다.

조선유학의 근간, 퇴계와 율곡

한 나라의 운명을 가르는 과제를 안고 있는 시대가 있다. 과제는 도도한 역사 속에서 주어지고, 해결 여부는 사람에게 맡겨진다. 시대의 격랑 속에서 때마침 그 막중한 임무를 감당할 인물이 나온다면 하늘이 그 나라를 버리지 않았다는 뜻일 것이다. 그것은 천운天運이다. 우리는 역사 속에서 그러한 천운을 만나지 못해 고통을 겪은 시대를 여러 차례 경험하였다. 근자에 나라 안팎의 격동을 보면 천운을 기대하지 않고는 헤쳐 나가기 어려운 상황인 듯하다. 우리 시대는 과연 그 과제를 풀어낼만한 인재를 길러내고 있는 것일까? 생각하면 마음이 무겁다. 대학에서 교육을 담당하고 있는 나는 책임을 피할 길이 없다.

16세기 중반 즈음, 조선에 퇴계退溪 이황李滉(1501~1570)과 율곡栗谷 이이李珥(1536~1584)가 있었다는 것은 천운이었다. 건국 후 다섯 세대쯤 지나면서 혁명의 이상은 점차 잊혀 갔고, 기득권층이 형성되면서 정치권력과 경제성과를 독점해가던 무렵이었다. 바로 뒤에는 임진왜란이 기다리던 시기였다. 퇴계는 조선이 마주한 시대의 문제를 깊이 성찰하였고, 국가의 철학과 이념을 재정립함으로써 그 과제를 근본적으로 해소하려 하였다.

그는 당대의 선진 학문이었던 주자학의 기반 위에 양명학의 문제의식까지 흡수해, 자기 마음에 대한 성찰이 보편적 이치에 따른 자발적 실천으로 이어지도록 함으로써 도덕이상사회를 실현할 수 있다는 학설을 제시하였다. 그리고 진리의 전당인 서원書院을 세워 인재를 양성하고 공론을 형성하여, 권력 집중으로 부패하기 쉬운 중앙권력을 견제하도록 하였다. 또한 성인聖人의 이상을 지향하는 지식인으로서 현실의 권세에 연연하지 않는 선비의 모범을 보여주었다. 이는 그 시대의 당면 과제에 대한 논의가 어디로부터 이루어져야 하는지를 통찰하고 논의와 실천을 주도한 것으로, 이후 국가의 철학과 이념 그리고 국정 운영의 방향에 결정적인 영향을 주었다.

퇴계가 생각한 이상적 정치는 모든 정치행위가 군왕의 '한 마음'(一心)으로부터 비롯되어 그 혜택이 온 나라에 미치는 것이었다. 그것은 인간 내면의 도덕적 자발성에 주목하면서, 한 국가의 통치가 도덕 소양을 부단히 갈고닦은 군왕의 한 마음으로부터 비롯되어야 한다는 군왕 중심의 왕도정치王道政治였다.

유학의 가치관으로 교육·훈련된 도덕적 심성을 바탕으로 이상사회를 실현하고자 했다는 점에서 율곡의 생각도 퇴계와 다르지 않았다. 그러나 율곡은 군왕보다는 유교적 소양을 갖춘 지식인 관료의 역할에 주목하며, 사실상 군왕과 신하의 협치協治를 주장하였다. 그는 내면적 자발성에 관심을 기울이기보다는 그릇된 방향으로 드러난 마음을 바로잡을 수 있는 인간의 의지에 주목하였다. 이는 현실 정치의 측면에서 군왕에게 시대에 맞는 정책을 제안하고 개혁을 추진하는 신하의 역할을 강조하는 정치철학의 기반이 되었다. 군주제 국가였던 조선에서 군왕의 역할은 매우 중요하였지만, 율곡은 혈연으로 이어지는 왕통王統보다는 도학을 배우고 익힌 유학자들의 철학적·이념적 계승, 즉 도통道統에 더 정통성을 부여하였다. 퇴계가 구축한 조선유학의 기반 위에서, 율곡은 퇴계의 시대에 밀려났던 사림士林의 복귀를 주도하며 지식인 관료 중심의 정치를 시도하였다.

　퇴계와 율곡의 입장 차이는 이후 조선의 지식인 사회와 정치영역을 양분하는 퇴계학파와 율곡학파 또는 남인과 서인의 입장으로 계승되었다. 두 사람은 16세기 중반, 외척의 국정농단으로 혼란에 빠진 조선의 위기에 대처하였다. 그 성과는 학문적으로는 명실상부한 조선유학의 성립으로, 정치적으로는 조선 특유의 정당정치인 붕당체제의 형성으로 나타났다. 군왕에게는 철저한 수신修身을 요구하고 지식인 관료들에게는 도학의 계승자로서의 자부심과 책임을 요구했다. 임금과 신하의 협력과 견제 속에 국정이 운영되도록 한 조선의 국가체제는 이들을 통해서 굳건히 뿌리를 내릴 수 있었다. 이들의 계승자인 두 학파 또는 정파는 서로 비판하고 경쟁하며 이후 300여 년 동안 조선을 이끌어갔다.

　이 책에서는 노학자와 청년학도로 만나 스승과 제자의 연을 이어가다가 학문적·정치적으로 대립되는 관계로 평가되기까지, 퇴계와 율곡의 삶과 생각을 따라가 볼 것이다. 이를 통해 두 사람이 같은 이상을 가졌으면서도 서로 다른 길을 가게 된 이유는 무엇인지, 이들이 시대의 과제에 각기 어떻게 대처했는지 주로 철학적 관점에서 살펴

볼 것이다. 두 사람 사이에 오고간 학술적 문답, 그리고 그들이 참여한 이론 논쟁을 통해 각각의 철학적 문제의식과 이론적 성과를 면밀히 검토할 것이며, 그것은 이 책에서 이루어지는 모든 논의의 토대가될 것이다. 나아가 그들이 추구하고 구축한 철학을 통해 각기 제시하고자 했던 인간의 길과 국가의 길은 어떠한 것이었으며, 그것이 서로다른 길을 간 그들의 삶과 어떤 관계가 있는지 추론해 갈 것이다. 기본적으로는 철학적 논의를 기반으로 하겠지만, 이론적 입장과 연관된 당대의 현실과 정치상황, 그들의 개인적 여건과 성향도 고려할 것이다.

이 과정에서 '조선 선비의 정신'이 무엇인지 더듬어볼 것이다. 두사람의 이야기가 한 시대의 과제를 파악하고 대처하며 역사의 격랑을 헤쳐 간 사례에 대한 하나의 의미 있는 논의로 이해되고, 우리 시대의 과제에 대응하는 데 조금이나마 힘이 되기를 기대한다.

이 책은 한 나라가 건국되고 500여 년 동안 존속하는 데 지배적인 철학·이념이 되었던 조선유학이 실제로 현실을 어떻게 반영하고또한 현실에 어떻게 영향을 주었는지, 그 철학과 현실의 상호작용에관한 관심에서 출발하였다. 이러한 문제의식은 조선유학을 공부하면서 서서히 형성된 것이지만, 특히 근래 다양한 분야의 학자들과 몇가지 공동연구를 진행하면서 더 분명해졌다.

철학적 논의가 때로는 현실과 동떨어진 형이상학적 담론처럼 보일 수도 있다. 하지만 그것이 현실에서 우리 삶의 일부로서 이해되지않는다면, 그 형성 과정과 논의의 맥락을 온전히 파악할 수 없다. 퇴계·율곡과 같은 조선의 선비들은 사단칠정이나 인심도심을 논한 학자이기 이전에 성리학을 국가이념으로 삼아 조선을 건국하고 운영한 지식인 관료였다. 조선 선비들의 학술적 논의는 성리학적 이상을 몸소 익히고 실천하며, 당시의 현실 속에서 실현하려 애썼던 그들의 생각과 삶의 일부로서 이해되지 않는 한 단편적 이해에 그칠 수밖에 없다.

이러한 관점으로 철학을 바라본다면, 현실에서 철학이 어떻게 형성되고 그 철학이 현실에 어떤 영향을 주며, 그러한 경험을 바탕으로 철학적 논의가 어떻게 재생산되는지를 확인할 수 있는 예로 조선유학만큼 좋은 사례를 찾기 어렵다. 조선은 성리학을 철학·이념적 기반으로 건국되고 운영되었던 나라였고, 그것을 주도했던 지식인 관료들이 학문적 논의와 현실 정치를 담당하며 500여 년 동안 나라를 이끌었기 때문이다.

필자는 그동안 이러한 문제의식을 가지고 퇴계와 율곡의 철학을 비롯하여 조선유학에 관해 연구를 진행했고, 그 연구성과들이 이 책을 집필하는 토대가 되었다. 그동안 발표한 성과들을 기반으로 일관된 체계를 갖춘 한 권의 책을 집필하면서 필자의 입장은 좀 더 분명해질 수 있었다. 이 책의 토대가 된 필자의 논문들은 각주에 직·간접적으로 밝혀 놓았고 뒤의 '참고문헌'에도 정리해 두었다.

이 책은 필립 아이반호Philip J. Ivanhoe(City Univ. of Hong Kong), 김영민(서울대), 김성문(City Univ. of Hong Kong) 교수 그리고 리처드 김 Richard Kim 박사와 함께 한 공동연구(주제: 비교의 관점에서 본 한국철학 Korean Philosophy in Comparative Perspectives)에서 필자가 담당한 부분의 성과이다. 성실하고 열정적인 학자로서 늘 솔선수범하며 연구팀을 이끌어 준 아이반호 교수를 비롯해 함께 학술회의를 진행하며 만났던 여러 학자들의 논의가 이 연구의 동력이 되었다. 주로 한국 내에서 연구를 진행했던 필자에게 훌륭한 연구자들과의 공동 연구는 시야를 넓혀주는 좋은 기회가 되었다.

이들과 연구를 함께 하며 한국유학과 관련하여 분과별로 진행되는 연구를 연결할 수 있는 관점이 필요하다는 생각이 더 절실해졌다. 일단 필자가 전공한 철학 분야에서 연결고리들을 만들어보고 싶었고, 이 책은 그 성과물이다. 이러한 시도가 한국철학 연구에 작게나마 기여가 될 수 있기를 기대한다.

2018년 3월
김형찬

1   만남

스물셋의 청년 율곡이 노학자 퇴계를 찾아갔다. 이때(1558) 퇴계의
나이는 쉰여덟, 그의 명성은 이미 조선에서 드높았다. 율곡은 성산星
山(지금의 경북 성주)에 있는 장인을 찾아뵙고 강원도 강릉의 외가로
가던 길에 예안禮安(지금의 경북 안동)에 들러 퇴계를 만났다. 때 이른
봄비가 율곡을 사흘이나 붙들었고, 그 비가 눈으로 바뀌던 날 청년은
노학자에게 작별을 고하고 길을 떠났다. 율곡이 떠난 뒤 퇴계는 제자
인 월천月川 조목趙穆(1524~1606)에게 보낸 편지에 이렇게 적었다.

"며칠 전 서울에 사는 율곡이 성산에서 찾아왔습니다. 비 때문에 사흘
을 머물고 갔는데, 그 사람 쾌활하고 총명하며 많은 것을 읽고 기억하
는 데다 자못 우리 학문에 뜻이 있습니다. '후생가외後生可畏'(뒷사람
을 두려워 할만하다)라는 성인의 말씀이 진실로 나를 속이지 않았습니
다."[1]

이때부터 두 사람은 편지를 주고받으며 학문과 삶, 선비의 길에 관해 의견을 나누었다. 율곡은 퇴계를 진심으로 존경하며 가르침을 청했고, 관직에 나아간 뒤에는 퇴계에게 조정에 나와 직접 국정에 참여해 주기를 간청했다. 퇴계가 세상을 떠난 뒤에는 그를 서원書院과 문묘文廟에 배향配享하기 위해 애를 썼다.

퇴계는 율곡을 아꼈고, 그의 재주가 세상에서 함부로 사용되지 않기를 바랐다. 그는 율곡의 솔직하고 거침없는 성격을 한편으로는 다독이고 한편으로는 꾸짖으며 큰 선비가 되기를 기원하였다.

퇴계가 세상을 떠난 뒤, 율곡은 정치가로서 열정을 바쳐 활동하며 입지를 다졌다. 한편으로는 학술 논쟁을 벌이며 자신의 학문도 구축해 갔다. 그는 동서분당東西分黨을 막으려 애썼지만 자의반 타의반으로 서인西人의 영수가 되었고, 무덤 속의 퇴계는 동인東人의 우두머리가 되었다. 율곡은 퇴계의 학설 중 일부를 비판하였을 뿐이지만 동서분당이라는 정치 상황과 맞물리면서, 퇴계와 율곡의 학문은 각각 동인과 서인이라는 정치적 당파의 철학적 입장으로 간주되었다.[2] 이 과정에서 형성된 퇴계학파와 율곡학파는 이후 조선의 지식인 사회와 정치영역을 양분하는 거대한 집단으로 확대되었고, 서로 갈등·견제하며 조선을 이끌어 갔다.

두 사람은 내성외왕內聖外王이라는 유학의 이상을 조선사회에서 구현하고자 애쓰며 일생을 바친 선비였다. 하지만 각자가 처한 시대적 상황이 달랐기에, 나름의 방식으로 세상을 대응하며 각자의 길을 갔다. 퇴계는 관직에 있었지만 사화士禍의 시대를 거쳐 외척外戚이 득세하는 것을 무기력하게 지켜보아야 했다. 그는 말년의 공자나 맹자처럼 고향에 돌아와 학문을 닦고 제자를 기르며, 권력의 향배에 흔들리지 않는 진리의 탑을 세워 현세의 권력을 견제하고 나라의 방향을 다잡는 데 여생을 바쳤다.

율곡이 관직에 진출하자 외척의 시대가 가고 사림士林이 복권되는 시기가 왔다. 율곡은 학문적 소양과 구도求道의 사명감을 가진 지식인들이 유학의 이상을 조선 사회에서 주도적으로 구현하도록 하는 길을 만들며, 길지 않은 일생을 바쳤다.

두 사람의 교류는 율곡이 퇴계를 찾아간 1558년 이른 봄부터 퇴계가 사망한 1570년 겨울까지, 13년 동안 오고간 편지를 중심으로 이루어졌다. 이들의 인연은 율곡이 퇴계의 제문을 쓰고 퇴계를 문묘에 종사시키고자 상소를 올릴 때도 계속되었다. 율곡이 사망한 뒤 동인과 서인이 대립하고, 다시 남인과 서인으로 나뉘어 서로 견제·갈등하는 가운데서도 그 인연은 얽히고설키며 면면히 이어졌다.

퇴계와 율곡이 13년 동안 주고받았던 글과 두 사람이 남긴 주요 저술들을 통해 이들의 마음을 천천히 읽어 나갈 것이다. 두 사람의 의도와는 관계없이 후학들에 의해 이들은 서로 대립하고 비판하는 관계로 이해되었다. 현대 학자들에 의해 그러한 경향은 더 심화된 듯하다. 그러나 당시 두 사람이 주고받았던 글들을 찬찬히 읽어보면, 본래 그들은 학문과 삶에 대해 진지하고 치열하게 문답을 주고받은 스승과 제자의 관계였음을 알 수 있다. 그리고 그들은 유학과 성리학을 바탕으로 조선에서 이상국가의 꿈을 실현하기 위해 함께 고민했던 동지이기도 했다. 처음에는 청년 율곡이 묻고 노학자 퇴계가 대답했지만, 나중에는 퇴계가 시대에 던진 물음에 율곡이 응답하였다.

나아감과 물러남

율곡은 퇴계를 처음 만났던 무렵의 이야기를 〈쇄언瑣言〉이라는 제목의 글로 남겨놓았다. '쇄언'이란 '자질구레한 이야기'라는 뜻이다. 심오하게 학문을 논하거나 거창하게 시대를 평한 이야기는 아닐지라도, 자질구레하나마 퇴계와의 만남을 기록해 두고 싶었던 모양이다.

자질구레한 이야기(쇄언瑣言) 상³

나는 한漢나라 역사를 읽다가 '네 노인(四皓)'의 출처出處(세상에 나아가고 물러남)가 바르지 않음을 괴이하게 여겼지만, 감히 드러내 놓고 그르다고 말하지는 못하였다. 퇴계 선생을 뵙게 되어 그에 대해 여쭈었더니, (그 대답이) 바로 나의 생각과 합치하였다. 다만 선현들이 그에 대해 논한 것은 본 적이 없었는데, 어느 날 《성리대전性理大全》을 읽다보니, 주자가 말씀하시기를 "'네 노인'은 아마도 유자儒者가 아니라 단지 지모智謀를 쓰는 사람들이었던 듯하다"⁴라고 하였다. 나는 그제야 비로소 나의 견해가 잘못되지 않았음을 확신하였다.

　어떤 이는 태자太子를 도운 사람들이 '네 노인'으로 위장한 사람들이라며 온 조정이 모두 장량張良⁵의 술책에 빠졌다고 한다. 그것이 사실이라면 장량이 임금을 기만함이 너무도 심한 것이니 이 말 또한 믿을 수 없다. 대체로 전국시대戰國時代 말엽에는 선비들이 도의道義를 알지 못하고 다만 기개氣槪를 가지고 서로를 칭송하였다. (그래서) '네 노인'은 단지 고조高祖가 선비를 업신여기고 욕보이는 것을 피하였을 뿐이니, 어찌 이윤伊尹⁶이나 태공太公⁷이 세상을 피한 것과 같겠는가? 만

약 고조를 만나주지 않은 것을 가지고 높이 평가한다면 안기생安期生[8],
괴철蒯徹[9]과 같은 부류도 높은 선비라고 할 수 있겠는가? 일찍이 '네 노
인'에 대해 읊은 시 세 수가 있기에 아울러 적어 둔다.

요순시대 아득하니 다시 어찌 따르리오
(네 노인이) 상산을 나온 것도 부질없는 짓이로다
아깝도다 임금(한고조漢高祖)께서 큰 도량을 헛되이 하여
현인을 얻고도 결국 건성후[10]에게 넘겨주었네
唐虞世遠更何求 一出商顏亦浪游
可惜龍顏空大度 得賢終讓建成侯

선비 갓에 오줌 눈 것도 진시황 같은 짓인데[11]
어찌 다시 한나라의 신하가 되었는가
어이 알리 상산의 백발 네 노인
모두 태자 위해 죽으려는 사람이었음을
溲溺儒冠亦一秦 如何更作漢家臣
那知四皓商山老 盡是東宮願死人

예물 보내 초빙함에 슬며시 한나라 조정에 나왔으니
상산의 네 노인, 수양산 푸르름[12]에 부끄러워해야 하리
애닯도다 네 노인이여 무슨 일을 이뤘는가
얻은 것은 평생에 '태자 도운 사람들'이란 이름뿐이로다
聘幣慇懃出漢廷 商山應愧首陽靑
可憐四皓成何事 贏得生平羽翼名

율곡이 퇴계와의 첫 대면을 회상하면서 먼저 떠올린 것은 한나라 초기에 살았던 '네 노인'(사호四皓)의 '출처出處'에 관한 일이었다. '출出'이란 세상에 나아감을 뜻하고, '처處'란 세상으로부터 물러나 있음을 의미한다. 이는 어떤 경우에 조정에 나아가 국가의 공적인 일에 참여하고 어떤 경우에 관직에서 물러나 조용히 은거할 것인가를 결정하는 처신의 문제이다.

유학자가 학문과 수양을 통해 연마한 자신의 역량을 가지고 세상에 나아가서 정치에 참여하고 관직을 맡는 것은 당연한 일이며 또한 의무이기도 하다. 유학儒學 공부의 주요한 목적이 바로 내성외왕內聖外王(안으로는 성인이 되고 밖으로는 통치자가 되는 것)이기 때문이다. 그러나 세상에 나아가는 것은 학문과 수양을 통해 익힌 가치와 이상을 구현하기 위한 것이다. 자신이 충분히 학덕과 능력을 갖추었다면 세상에 나아가야 한다. 그렇지만 처한 현실이 자신의 이상을 구현할 가능성이 거의 보이지 않는 상황이라면, 물러나서 학문을 더 연마하고 후진을 양성하며 훗날을 기약하는 것이 공자·맹자 이래 유학의 전통이다. 도저히 이상을 실현해 볼 수 없는 상황임에도 세상에 나아가 벼슬을 하는 것은 단지 개인의 영달을 탐하는 것에 불과한 것으로 여겨진다. 그렇다고 해서 세상이 어지러운데 홀로 자기 몸만 보존하고 있다면 그것도 비난을 피하기 어렵다. 세상을 바른 방향으로 이끌기 위해, 안 되는 줄 알면서도 자신의 한 몸을 바쳐야 할 때도 있는 법이다. 시대 상황과 자신의 역량을 적절히 고려해서 '나아감과 물러남'을 결정하는 일은 예나 지금이나 매우 어려운 일이다.

청년학도로서 과거 준비를 하고 있던 율곡이 예안에 은거해 있던 퇴계와의 첫 만남을 기록하면서 먼저 떠올린 것이 바로 이 '출처'의 문제였다. 당시 퇴계는 49세에 관직을 버리고 낙향하여 이미 10년째 고향에서 학문을 탐구하고 후학들을 가르치며 뭇 선비들의 존경을 받고 있었다. 군왕의 거듭되는 부름을 다 사양하지 못해 잠시 관직에 나가기도 했지만, 오래지 않아 고향으로 돌아와 은거하곤 하였다. 율곡은 그에게 '네 노인'의 '출처'에 대한 견해를 물었다. 당시 과거를 준비하고 있던 율곡으로서는 이 무렵 퇴계를 만나고자 했던 가장 큰 이유가 바로 이 '출처'에 대한 고민이었을지 모른다.

'네 노인'이란 한漢나라 고조高祖 때 상산商山에 숨어 살았다는 네 명의 노인 동원공東園公, 녹리甪里, 기리계綺里季, 하황공夏黃公을 가리킨다. 이들은 모두 나이가 팔십이 넘고 머리는 물론 수염과 눈썹까지 모두 희다고 하여 '사호四皓', 즉 네 명의 백발노인이라고 불렸다. 한 고조는 이들을 가까이 두고 싶어 했지만, 그들은 한 고조의 조정에 나오지 않고 은거했다. 학덕보다는 기개를 숭상하던 당시의 풍조는 난세를 평정한 한 고조의 조정에서 더 극심했기 때문이다. 그런데 고조가 황후인 여후呂后의 아들 유영劉盈을 태자 자리에서 폐하고 후궁인 척부인戚夫人의 아들 유여의劉如意를 새로운 태자로 세우려 하자, 여후의 오빠인 건성후建成侯는 건국 공신인 장량張良의 책략에 따라 '네 노인'을 극진히 대접하여 상산 밖으로 나오게 하였다. 마침내 '네 노인'이 조정에 나와 기존의 태자를 지지함으로써 한 고조는 뜻을 거두었다.[13]

율곡이 의문을 가졌던 지점은 은거하던 '네 노인'이 이때 조정에 나아간 일이 적절한 처신이었느냐는 것이었다. 한 고조 때라면 시황제始皇帝가 세운 진秦나라가 멸망한 뒤 새로운 나라를 세우던 시기였다. 그렇다면 시대적 상황으로는 도의道義를 구현할 가능성이 없는 시기였다고 단정하기 어렵다. 오히려 인재들이 나서서 새로운 국가의 기틀을 마련하는 데 힘써 볼 만한 시기였다고 할 수 있다. 하지만 중원을 평정한 한 고조는 호방한 기개만을 숭상하며 학문하는 선비들을 함부로 대했던 사람으로 알려져 있다. 그는 심지어 선비들이 유관儒冠을 쓰고 오면 그 관을 벗겨 거기에 소변을 보며 모욕을 주었다고 전해진다.[14]

율곡은 '네 노인'이 그러한 한 고조의 조정에 나아간 것이 도의를 실현하기 위한 것은 아니었다고 생각하였다. 그는 '네 노인'이 한 일이란 단지 태자를 지켜낸 것에 불과하다고 여겼고, 이에 대해 퇴계도 같은 생각을 가지고 있었음을 확인하였다는 것이다.[15] 덧붙여 율곡은 이들이 도의道義를 추구하던 유학자가 아니라 단지 지모가 있는 책략가였다고 평가한 주자의 말을 인용하며 자신의 판단이 옳았음을 강조하였다.

'출처'는 퇴계의 말년까지 두 사람 사이에 계속 논의된 문제였다. 그들이 평생 배우고 익힌 학문을 자신들이 처한 현실 속에서 어떤 방식으로 실천할 것인가를 결정하는 판단의 출발점이기 때문이었을 것이다. 율곡은 적극적으로 관직에 나아가 선비의 정치를 펼치려 했던 반면, 퇴계는 현실 정치에 실망하여 고향에 은거하고 있었다. 율곡은 세상이 퇴계를 필요로 한다며 퇴계에게 조정에 나와 줄 것을 계속 간청하였지만, 퇴계는 그 청을 대부분 거절하였다.[16] 이는 두 사람이 처했던 시대와 정세 그리고 자신의 역량과 처지에 대한 판단이 서로 달랐기 때문일 것이다.

퇴계의 시대는 조선 건국(1392) 후 다섯 세대(약 150년)가 지난 시기였다. 불교와 귀족정치의 폐해를 비판하며 성리학적[17] 이상국가 건설을 표방했던 건국세대는 이미 세상을 떠난 뒤였다. 건국 직후 왕위계승을 둘러싼 수차례의 정변을 거친 뒤, 차지한 권력을 지키려는 기득권 세력과 성리학의 이상을 온전히 실현해 보려는 개혁 세력 사이의 갈등과 투쟁이 계속되고 있었다. 그 와중에 무오사화(연산군 4년·1498), 갑자사화(연산군 10년·1504), 기묘사화(중종 14년·1519) 등 연이은 사화를 거치며 김종직, 김굉필, 조광조, 이언적 등 수많은 지식인 관료들이 죽임을 당하였다. 여기에 왕실의 외척이 이들 모두를 압도하는 강력한 정치세력으로 부상하면서 을사사화(명종 즉위년·1545)와 정미사화(명종 2년·1547)를 일으켰다.

　　퇴계가 관직에 나아가 활동하던 시기(1534~1549)는 이처럼 성군聖君과 지식인 관료에 의한 통치를 지향했던 성리학적 정치체제의 이상이 좌절되어 가던 시기였다. 퇴계의 친형 온계溫溪 이해李瀣 (1496~1550)도 이 무렵 외척 세력의 전횡을 비판하다가 장형을 받고 귀양 가던 길에 사망하였다.[18] 퇴계는 을사사화 이후 외척 세력에 의해 농단되는 정치 현실로 인해 무력감에 빠져 가던 지식인 사회의 모습을 보면서 관직을 떠나 학문에 전념하기로 마음을 정했던 듯하다.[19]

　　경상도 예안 출신의 퇴계가 관직을 떠나 고향으로 돌아간 1549년은, 바로 1545년 을사사화부터 1565년 문정왕후의 사망으로 외척이 밀려날 때까지, 조정의 주요 관직에서 사림士林이 배제되던 시기의 초반에 해당된다.[20] 율곡이 퇴계를 찾아온 때(1558)도 바로 이 시기였다. 당시 과거를 통해 관직에 진출하려는 마음을 가지고 있던 율곡으로서는 자신의 '출처' 문제에 대해 고민하지 않을 수 없었고, 퇴계를 찾아가 조언을 구하고 싶었을 것이다.

그런데 1564년에 율곡이 29세의 나이로 관직에 나아간 직후, 정치 상황이 변하기 시작하였다. 외척 세력을 후원하던 문정왕후가 1565년 사망하자, 명종은 외척을 배제하고 사림을 복권시키려 하였다. 명종은 뜻을 다 이루지 못하고 세상을 떠났지만, 1567년 16세의 나이로 즉위한 청년 왕 선조는 본격적으로 사림과 손을 잡고 새로운 정치를 펼치려 하였다. 그렇지만 퇴계는 이미 60대 후반의 노쇠한 선비였다. 퇴계는 선조의 거듭된 부름에 1568년 한양으로 갔지만, 선조를 만나 본 뒤에 다소 실망감을 가졌던 듯하다. 그는 선조를 알현하고 〈무진육조소戊辰六條疏〉를 올려 성군聖君이 될 방안을 제시하였고, 경연經筵에 아홉 차례나 참석하여 선조는 물론 중신들과 학문적 논의도 함께 하였다. 그러나 그는 결국 청년 왕이 성군이 되기를 기원하며 《성학십도聖學十圖》를 지어 바치고는 고향으로 돌아갔다. 그 후 수차례에 걸친 율곡의 간청에도 불구하고 그는 조정에 나아가 책임 있는 자리를 맡으려 하지 않았다. 퇴계는 〈《성학십도》를 바치는 글〉에서 다음과 같이 적었다.

"신이 삼가 생각하옵건대, 당초에 상소를 올려 학문을 논했던 말들이 이미 전하의 뜻을 감발시키기에 부족하였으며, 그 후 입대하여 거듭 드렸던 말들도 전하의 맑은 지혜에 도움이 되지 못하였으니, 미미한 신은 곤혹스러워 어떤 말을 해야 할지 모르겠습니다."[21]

퇴계는 〈무진육조소〉를 올리고 경연에서 참석하여 직접 제언을 해보기도 했지만, 결국은 그 뜻을 받아들이지 못하는 선조를 보았다. 그리고는 《성학십도》를 만들어 바쳐서 청년 군왕이 훗날 성군이 되기를 기대하는 것으로 자신의 임무를 마치려 했던 듯하다.

율곡이 '네 노인'에 관해 읊은 시에서 '출처'의 바람직한 예로 거론한 이윤과 태공은 모두 세상을 등지고 은거하다가, 결국에는 세상에 나아가서 뜻을 크게 펼친 사람들이었다. 이윤은 들에서 밭을 갈며 살다가 세 번에 걸쳐 탕왕의 초빙을 받고서는 왕을 도와 은殷나라를 세운 인물이다. 그는 "누구를 섬긴들 내 임금이 아니며, 누구를 부린들 내 백성이 아니겠는가"[22]라며, 어려운 상황일지라도 세상이 잘 다스려지도록 노력하는 것을 자신의 사명으로 삼았다. 맹자는 그러한 이윤을 성인聖人이라고 평가하였다.[23] 강태공은 은殷나라 주왕紂王의 학정으로 세상이 어지러워지자 위수渭水에서 낚시질을 하며 때를 기다렸다는 현인이다. 그는 결국 무왕을 도와 은나라를 멸하고 주周나라를 세운 뒤 제齊나라 제후로 봉해졌다. 이에 반해 안기생과 괴철은 진秦나라 사람으로 책략에 능했던 사람이라고 전해진다.

율곡은 '네 노인'에 대해 이윤이나 강태공처럼 폭정을 종식시키고 왕도정치를 구현한 인물들이 아니라 안기생과 괴철 같은 책략가의 수준이라고 평가한 것이다. 또한 그는 시에서 폭군 치하에서 살지 않겠다며 수양산에 들어가 굶어죽은 백이와 숙제를 '네 노인'이 부끄러워해야 한다고 비판하였다. 율곡이 보기에 이들은 선비들을 함부로 대했던 한 고조의 조정에 나아가 태자의 편당偏黨이나 되려 했을 뿐이기 때문이다. 세상에 나아가 도를 실현할 수 없다면 차라리 은거하다가 굶어죽을지언정 작은 재주로 세상에 나가 권세를 누리려 해서는 안 된다는 매우 냉혹한 평가였다.

관직에 나아갈 것을 진지하게 고민하던 율곡과 이미 관직을 떠나 은거한 퇴계는 서로 다른 입장에 있었다. 그러나 율곡은 퇴계가 세상에 나아가 벼슬하는 것을 근본적으로 반대하지는 않는다는 사실을 확인할 수 있었을 것이다. '네 노인'에 대한 비판적 평가는, 함께 도를 구현할 만한 군주가 아닌데 조정에 나아가는 일은 바른 처신이 아니라는 것이었다. 하지만 달리 보면 이것은 도를 구현할 만한 시대를 만난다면 세상에 나아가 그 뜻을 펼쳐야 한다는 의미로 이해할 수 있다. 실제로 퇴계는 출세를 목적으로 공부를 해서는 안 된다고 경계했지만, 공부와 수양의 성과가 인정되어 주어지는 관직 진출의 기회라면 오히려 당연하게 받아들일 수 있다는 생각을 가지고 있었다.[24] 퇴계를 처음 만났던 그 해(1558) 겨울, 율곡은 별시別時에서 장원 급제를 하였다. 이때 제출한 답안인 〈천도책天道策〉을 본 시험관들이 율곡에 대해 천재라며 찬탄했다는 기록이 전해진다.[25] 그러나 율곡이 부친의 상(1561)을 3년간 치른 뒤, 대과大科에 급제하여 관직에 나아가기까지는(1564) 아직 6년의 세월이 더 필요했다.

지나친 시어詩語

율곡은 퇴계가 병을 핑계로 고향에 은거하며 생을 마치려 한다고 생각했다. 관직 진출을 꿈꾸며 과거를 준비하고 있던 율곡은 향리에 은거하고 있던 퇴계를 찾아가 시를 한 수 바쳤다. 퇴계에 대한 극찬으로 가득 찬 시는 다소 지나친 감이 없지 않았지만, 젊은 학도가 노학자를 처음 찾아뵐 때 가진 진심어린 존경의 마음을 담은 것이라고 이해할 수 있다.

자질구레한 이야기(쇄언瑣言) 중[26]

퇴계 선생이 병환으로 인해 고향에 돌아가, 예안현禮安縣 산골짜기에
터를 잡아 집을 짓고, 장차 거기서 생을 마칠 듯하였다. 무오년(명종 13,
1558) 봄에 나는 성산星山(경북 성주)에서 임영臨瀛(강원도 강릉)으로
가던 길에 예안禮安(경북 안동)에 들러 선생을 뵙고 다음과 같은 율시律
詩 한 수를 올렸다.

계곡의 물결은 수사洙泗[27]에서 흘러온 것이요
봉우리의 빼어남은 무이산武夷山[28]에 견주리로다
공부는 경전 천 권에 이르렀으나
사는 곳은 두어 칸 집이라네
가슴 속엔 비 갠 하늘의 맑은 달을 품고
담소談笑는 세상의 거센 물결 잠재우네
소자는 도道를 듣기 원하는 것이오니
반나절 한가로움 훔치려는 것이 아니랍니다
溪分洙泗派 峯秀武夷山
活計經千卷 行藏屋數間
襟懷開霽月 談笑止狂瀾
小子求聞道 非偸半日閒

퇴계 선생은 다음과 같이 화답하였다.

병으로 들어앉아 봄도 보지 못했더니

그대 와서 시원하게 내 정신을 깨워주네

명성 높은 헛 선비 없음을 비로소 알았으니

지난 날 경敬 공부 부족했음이 못내 부끄러워라

좋은 곡식은 돌피가 무성함을 용납 않는데

떠도는 먼지는 거울이 새롭게 닦여짐을 허락지 않네

지나친 시어詩語는 그만 거둬 버리고

각자 하루하루 힘써 공부하세

病我牢關不見春 公來披豁醒心神

始知名下無虛士 堪愧年前闕敬身

嘉穀莫容稊熟美 游塵不許鏡磨新

過情詩語須刪去 努力功夫各日親²⁹

율곡은 시에서 먼저 퇴계의 학문이 수사洙泗의 공자를 계승한 것
이고, 탁월함은 무이산武夷山의 주자에 견줄만하다는 말로 퇴계 학문
의 성격과 수준을 칭송하였다. 이어 퇴계의 경전 공부의 방대함과 그
에 비해 소박한 살림살이를 대비하여 학문에만 전념하는 퇴계의 자
세를 예찬하였다. 그리고 깨끗이 닦여진 마음과 잔잔한 말씀이 세상
의 어지러움을 잠재울 만하다는 이야기를 이어가며 간절히 가르침
을 청하였다. 율곡은 다소 넘치는 표현을 사용해서라도 퇴계에 대한
존경의 마음을 전하려 했고, 도를 추구하는 청년학도로서 퇴계를 찾
아왔다는 뜻을 시에 담으려 했던 듯하다.

퇴계로서는 이런 예찬의 시가 부담스러웠던 모양이다. 자신의 학
문이 공자의 학통을 이었다는 것은 받아들일 수 있었겠지만, 자신을
직접 주자에 견준 것은 아무래도 과하다고 여겼을 것이다. 그는 답시

에서 병으로 시골에 갇혀 있던 터에 총명한 청년이 찾아와 지적 자극을 준 것을 반기면서, 수재로 알려진 율곡의 평판이 과장된 것이 아님을 확인했다며 그를 격려해 주었다. 율곡을 마주하며 지난 날 자신의 "경敬 공부"가 부족했다고 한 구절에서는 자신보다 나이가 어리거나 지위가 낮은 사람에게도 늘 겸허하게 대하고자 했던 퇴계의 인품이 그대로 드러난다. 그는 진리의 추구를 위해서는 끊임없는 노력이 필요함을 지적하며, 율곡의 칭찬을 "지나친 시어(과정시어過情詩語)"로 간주하였다. 그리고 두 사람 모두 한결같이 공부에 힘쓸 것을 다짐하는 말로 시를 끝맺었다.

퇴계는 자신이 진작부터 좀더 힘썼어야 할 공부를 "경 공부"라고 하였다. 원문인 "경신敬身"은 일반적으로 '몸가짐을 공경스럽게 함' 또는 '공손히 인사를 함' 정도로 번역할 수 있다. 이 시의 맥락에서는 '경敬의 자세를 몸소 익히고 실천함'이라는 의미로 이해하는 것이 나을 듯하다. 퇴계는 '경敬'을 공부와 수양의 가장 기본적인 자세 혹은 방법으로 늘 강조하였고, 또한 율곡을 보면 자신이 더 분발하게 된다는 말로 율곡을 격려하곤 했기 때문이다.[30] 그렇다면 이 시에서 퇴계는 자신이 선비로서 앞으로 더욱 힘써야 할 공부를 "경 공부"라고 통칭한 셈이다.

퇴계의 학문을 '경철학'이라고 규정하는 학자가 있을 정도로[31] '경'은 퇴계의 학문에서 매우 중요한 위치를 차지한다. '경'이란 공부를 위한 기본자세인 동시에 성리학의 학문과 수양 전체를 관통하는 이상적인 공부 방법을 의미한다. 따라서 '경'이란 그저 '공경'이라는 말로 해석될 수 없는 매우 깊은 의미를 가지고 있다.

'경'이란 본래 신을 대하는 자세이다. 신의 강림을 맞이하며 공손하고 엄숙하게 오로지 신에게 집중하는 자세를 말한다.[32] 성리학에서는 '경'의 의미를 '신의 강림을 맞이하듯이 공경스런 자세로 오로지 당면한 대상 또는 사태에 집중하는 자세'[33]라는 뜻으로 재해석함으로써 공부와 수양의 주요 방법 중 하나로 삼았다. 퇴계는 '경'이 바로 이론학습과 실천수양을 관통하는 가장 중요한 공부 방법이라고 거듭 강조하며 후학들을 가르쳤다.

　퇴계는 자신을 찾아온 청년 율곡의 당당함을 보고는 "경 공부"가 자신에게 부족했음을 후회한다고 겸손하게 말하였다. 그리고 "좋은 곡식은 돌피가 무성함을 용납 않는데/ 떠도는 먼지는 거울이 새롭게 닦여짐을 허락치 않네"라며 율곡에게도 늘 긴장을 늦추지 말고 공부에 임할 것을 당부하였다.

기대와 다짐

퇴계는 예안의 골짜기를 찾아와 사흘을 머물고 떠난 청년 율곡에게 깊은 인상을 받은 듯하다. 율곡이 강릉으로 간 뒤 두 사람 사이에 편지와 시가 오고가기 시작하였다. 율곡은 공부하다가 의문 나는 점을 정리하여 편지로 여쭈었고, 퇴계는 그에 답하며 시도 몇 수 보내곤 하였다. 그 시에는 재능 있는 청년이 헤쳐가야 할, 당시의 그릇된 학문 풍조에 대한 우려와 더불어 율곡에게 거는 기대가 담겨 있었다. 율곡은 그때의 기억을 다음과 같이 적었다.

자질구레한 이야기(쇄언瑣言) 하[34]

나는 이틀을 머물고 떠났는데, 임영(강릉)에 있을 때 퇴계 선생이 서찰과 시를 보내주셨다. 그 편지에는 다음과 같은 말씀이 있었다.

"세상에 똑똑한 인재가 어찌 한정이 있겠습니까? 다만 옛 학문에 마음 두기를 기꺼워하지 않는 풍조가 온 세상을 뒤덮고 있습니다. 그 가운데 자신의 힘으로 이러한 세태에서 벗어난 사람이 있을지라도, 어떤 경우는 재능이 미치지 못하고 어떤 경우는 나이가 이미 늦습니다. 그대와 같이 뛰어난 재능을 가진 사람이 젊은 나이에 바른 길로 나아가기 시작한다면, 후일에 성취할 바를 어찌 헤아릴 수 있겠습니까? 부디 더욱더 원대한 뜻을 성취하기를 스스로 기약할 것이요, 작은 소득에 자족하지 마십시오."

퇴계 선생이 보내 주신 시는 다음과 같다.

예로부터 이 학문에 세상이 놀라 의심하고
이익 노린 경전 공부에 도道는 더욱 멀어졌네
고맙게도 그대만은 쇠락한 도의 실마리 찾을 수 있으리니
사람들이 그대 말 듣고 새로운 앎을 얻게 해주오[35]
從來此學世驚疑 射利窮經道益離
感子獨能尋墜緒 令人聞語發新知

또 한 수는 다음과 같다.

돌아와 오랜 방황 스스로 탄식하고

고요히 머물며 틈새의 빛을 겨우 엿보았네

부디 그대는 제때에 바른 길 추구하고

궁벽한 곳에 발 들였던 일³⁶ 한탄치 마오³⁷

歸來自歎久迷方 靜處才窺隙裏光

勸子及時追正軌 莫嗟行脚入窮鄕

나는 다음과 같이 화답하였다.

도 공부에 그 누가 의심 없는 경지에 이르렀으리오마는

병의 근원을 아! 내가 다 떨쳐내지 못하였네

생각건대 차가운 시냇물 받아 마시고

마음과 뱃속 시원히 씻어냈음을 다만 나는 알겠네

이른 나이에 사방으로 먼 길을 돌아다니다가

인마人馬 주리고 여윈 뒤야 비로소 자신을 돌아보지만

석양은 본래 서산 위에 있는 것이니

나그네가 어찌 고향 멀다 근심하리오

學道何人到不疑 病根嗟我未全離

想應捧飮寒溪水 冷澈心肝只自知

早歲春糧走四方 馬飢人瘦始回光

斜陽本在西山上 旅客何愁遠故鄕

　그 무렵 자신을 찾아온 율곡을 만나보고는, 퇴계는 당시의 그릇
된 학문 풍토를 비판하며 젊고 재능 있는 율곡이 바른 학문의 길로

나아가 세상을 일깨우기를 기원하는 시를 보냈다. 두 번째 시는 퇴계가 선현들도 젊은 시절에 방황이 있었음을 언급하며 율곡을 격려하는 내용을 담은 편지[38]와 함께 율곡에게 보낸 것이다. 율곡은 퇴계를 처음 찾아갔을 때도, 그 이후에 보낸 편지에서도 지난날 불교에 심취했던 것에 대한 후회와 반성을 이야기하였다. 그래서 퇴계는 이 시에서 자신도 오랜 방황의 시간을 거친 뒤에야 진정한 학문의 길을 조금 엿보았다고 겸손하게 말하면서, 아직 젊은 율곡이 한때 불교에 빠졌던 일을 너무 후회하지 말고 이제부터 바른 학문을 추구하라고 조언하였다.

이에 대해 율곡은 도道를 추구하는 공부를 하면서 확신을 갖지 못해서 고민하던 차에, 퇴계를 만나 의심이 씻은 듯이 사라졌다고 화답하였다. 덧붙여 이른 나이에 이런저런 공부를 좇아다니며 방황하다 돌아오기 마련이지만, 그렇다고 해도 도를 추구하는 길은 본래 먼 길이니 좌절하지 않겠다는 다짐을 시에 담았다.

율곡은 16세에 모친 신사임당申師任堂의 상을 당하여 삼년상을 치른 뒤, 금강산에 들어가 불교에 심취한 적이 있었다.[39] 신사임당은 어머니이자 스승으로서 그에게 절대적인 영향을 준 분이었으므로, 모친을 잃은 충격은 대단히 컸던 듯하다. 조선은 유교를 국가이념 삼아 세워지고 운영되는 나라였지만, 천 년의 뿌리를 가진 불교의 영향은 여전히 깊었다. 국가에서 공식적으로는 불교를 이단으로 배척했지만, 사적 영역에서는 율곡의 경우처럼 불교에 의지하는 것이 드문 일은 아니었다.

그럼에도 국가 경영을 담당해야 할 선비로서 명백하게 불교에 심취한 경험이 있다는 것은 공적 영역에서 활동하는 데 적잖은 흠결이 될 수 있었다. 금강산에 간 지 약 1년 만에 불교의 한계를 깨닫고 돌아와 유학에 전념했다고는 하지만, 율곡에게 그것은 어린 시절 방황 중에서도 매우 깊은 흔적으로 남았던 듯하다. 율곡은 퇴계에게 답한 시에서 자신의 방황에 대해 반성하며, 진리를 향한 먼 길을 좌절하지 않고 가겠다는 다짐을 밝혔다.

율곡의 이 답시에 대해서는 해석의 논란이 있다. 《국역 율곡전서》에서는 "퇴계께서 찬물을 마시어 마음을 청량쇄락清凉灑落하게 하였"(3~4연)다거나, "퇴계께서도 초년에 방황하다 그것을 깨달아 빛을 돌이켜 반조返照함으로써 자아를 되찾았음을 말하였다"(5~6연)고 풀이하였다.[40] 하지만 23세의 청년 율곡이 노학자 퇴계에게 그러한 의미로 시를 보냈다면 그 무례함이 너무 지나치다.

이에 대해 이광호 교수는 "뒷사람이 추가한 시가 아닐까 하는 의심도 해보게 된다"[41]라고 평하였다. 하지만 이 추측을 뒷받침할 만한 논거는 찾을 수 없다. 그렇다면 당시 정황에 맞춰서 이 시를 해석해야 할 것이다. 찬물을 마시고 마음을 씻어낸 것도, 초년에 방황하다 지쳐서 자신을 성찰하게 된 것도, 퇴계가 아니라 율곡 자신이 그러했음을 토로한 것으로 해석하면 의미를 이해하는 데 큰 무리가 없다.

이러한 논란은 시 자체의 의미의 모호성 때문이기도 하지만, 한편으로는 두 사람의 관계에 대한 후인들의 평가가 당시 이들의 관계를 사실 그대로 이해하기 어렵게 하기 때문이다. 율곡을 높이고자 하는 입장에서는 율곡이 퇴계를 대하는 자세를 가능한 한 너무 낮추지 않으려 하는 데 반해, 《율곡전서》에서 그런 흔적들이 적지 않음을 의식하는 사람들은 의혹의 시선으로 율곡의 글들을 바라본다.

하지만 율곡이 퇴계의 학설을 비판하고 자신의 학설을 주장한 것은 퇴계 사후의 일이고, 후인들이 율곡을 퇴계와 맞세우려 한 것은 두 사람 모두 세상을 떠난 뒤에 본격화된다. 적어도 퇴계와 율곡이 직접 교류하던 시기에 두 사람의 관계는 사제간의 존경과 격려가 충만한 것이었지 '경쟁의식'이나 '적대감' 같은 것은 찾아볼 수 없다.

다음의 시를 보면 그때의 상황을 좀더 생생하게 바라볼 수 있다. 이 시들은 율곡이 〈쇄언〉에 기록해 둔 것 외에 《퇴계집》에 전하는 퇴계의 시이다. 퇴계가 율곡을 처음 만났던 무렵에 율곡에게 지어준 시편들이다.

이수재가 계상으로 찾아왔다가 비가 내려 사흘을 머물다[42]

일찍부터 명성 높은 그대는 서울에 살고
늘그막에 병 많은 나는 촌구석에 사네
어찌 알았으리 오늘 그대 찾아와
아침저녁으로 그윽한 회포 다정히 나눌 줄을
早歲盛名君上國 暮年多病我荒村
那知此日來相訪 宿昔幽懷可款言

재덕 있는 그대를 기쁘게 만난 건 이월 봄날인데
사흘을 붙들어 놓은 건 천지신명과 마음이 통한 듯하네
빗줄기는 은빛 대나무되어 시냇가를 두드리고
눈은 구슬꽃 되어 나무줄기를 감싸네
말발굽 빠지는 진창길은 길 떠나기에 아직 험하지만
맑은 날을 부르는 새소리에 풍경 다시 새롭네

한 잔 술 다시 권하며 내 어찌 얕게 채우리

이제부터 나일랑 잊고 의義로써 더욱 친해보세

才子欣逢二月春 挽留三日若通神

雨垂銀竹捎溪足 雪作瓊花裹樹身

沒馬泥融行尙阻 喚晴禽語景纔新

一杯再屬吾何淺 從此忘年義更親

이 두 수의 시는 율곡이 사흘을 머물고 떠나기 전에 퇴계가 율곡
에게 지어 준 것인 듯하다. 첫 번째 시에서는 명성 높은 젊은 수재가
촌구석까지 찾아와 마음 깊은 이야기를 나누게 될 줄 몰랐다며, 율곡
을 만난 반가움을 표현하였다. 두 번째 시에서는 비 내리는 사흘을
함께 지낸 소회와 더불어 앞으로 나이를 잊고 뜻을 함께 하며 친하
게 지내보자며 율곡에 대한 애정을 드러내었다.

이 두 수의 시가 율곡과 헤어지기 전날 무렵의 상황을 전해준다
면, 다음의 시에서는 율곡이 떠나던 때 혹은 떠난 직후 퇴계의 심정
을 엿볼 수 있다.[43]

사흘 내린 궂은 비 옥화玉華로 변하였으나

허공 가득 눈송이 나부껴도 땅에는 싹이 돋네

봄의 신이 시인의 감상거리 없음을 부끄러이 여겨

동산 수풀 단장하여 온갖 꽃을 피웠네

三日霪霖變玉華 滿空飄絮地滋芽

東君愧乏詩人賞 粧點園林替萬花

휘날리는 눈발에 먼 산은 사라지고

배고파 우짖던 까막까치 훨훨 날아 돌아가네

아쉽구나 맑고 고운 날씨 함께 하지 못함이여

푸른 물 아름다운 들판이 눈을 씻어 줄텐데

靄靄斯須失遠山 噪飢鴉鵲自飛還

飜嫌不共晴姸日 綠水芳郊洗眼看

구름 속의 나의 집 떠나

바닷가 산길 헤치며 가겠지

어려움 겪고 인내심 기르며

여행 중에 풍속도 배우리

뿌리가 튼실하면 꽃이 무성하고

샘이 깊으면 물결이 절로 인다네

번거롭겠지만 그대 때때로 편지 부쳐

천리 밖에 게으른 나를 위로해 주오

別我雲中屋 行穿海上山

忍心艱險際 諳俗旅遊間

本厚華應曄 源深水自瀾

煩君時寄札 千里慰慵閒

사흘 내리던 비가 눈으로 바뀌며 율곡이 길을 떠날 수 있게 되었다. 퇴계는 그 광경을 봄의 신이 시인의 감상거리를 만들어 주느라 이루어 낸 눈꽃의 풍광으로 그려내었다. 두 번째 시에서는 맑은 경치를 율곡과 함께 하지 못한 아쉬움을 표현했다. 세 번째 시에서는 율곡이 세상에 나가 험한 현실 속에서 더 많은 것을 배울 것을 기대하면서 자신과의 인연을 이어가기를 바라는 마음을 전하였다.

　퇴계는 조선성리학의 성립과 전개에 결정적인 영향을 준 학자이자 지식인 관료였지만, 동시에 시와 함께 평생을 보낸 시인이기도 하다. 문집에 전해지는 시만 해도 《내집內集》, 《별집別集》, 《외집外集》, 《속집續集》에 걸쳐 약 2,000수에 달한다.⁴⁴ 퇴계의 진심을 읽어내는 데 이 시들보다 더 좋은 자료는 없을 것이다.

2

율곡이 묻고 퇴계가 답하다 1

(무오戊午 · 1558. 5)

율곡은 떠났고 퇴계는 고향에 남았지만, 첫 만남은 앞으로 이어질 길긴 인연의 서막에 불과했다. 율곡이 강릉 외가에 머무는 동안에도, 부친의 부임지에 따라갔을 때도, 관직을 맡아 한양의 조정에 드나들면서도, 두 사람은 편지를 주고받으며 생각을 나누었다. 관직에 나아간 율곡은 퇴계가 조정에 나와 현실 정치에 다시 참여해 주기를 줄곧 요청하였다. 퇴계는 마지못해 잠시 조정에 나가기도 했지만, 오래 머물지 않고 고향에 돌아와, 재야에서 유학의 이상을 전파하고 실천하는 길을 찾아 갔다.

율곡은 공부하며 의문 나는 점들을 집요하게 물었고, 퇴계는 그에 답하며 논의를 더 깊게 진전시켰다. 율곡은 퇴계와의 문답을 통해 경전 공부 과정에서의 의문을 해소하며 차근차근 자신의 학문적 입장을 세워 갔다. 율곡의 날선 질문에 퇴계는 이해의 지평을 열어주며, 자신도 한 단계 더 깊은 학문의 세계로 나아갔다. 편지는 주로 율곡이 묻고 퇴계가 답하는 형식으로 이루어졌지만, 그 논의들은 퇴계에게도 적잖이 도움이 되었다.

두 사람이 처음 만난 그 해(1558) 5월에 퇴계는 《자성록自省錄》을 완성하였다. 11월에는 고봉高峯 기대승奇大升(1527~1572)이 찾아왔고, 이듬해 1월 고봉에게 편지를 보내면서 사단칠정四端七情 논쟁이 시작되었다.[1] 이 무렵 퇴계는 관직에서 물러난 후 축적된 10년간의 공부를 바탕으로 자신의 학문적 입장을 세우고, 당대의 학자들과 교류하며 자신의 생각을 펼치기 시작하였다. 하지만 1568년 퇴계가 《성학십도聖學十圖》를 편찬한 뒤 율곡의 질문과 논평을 받으며 수차례 수정과 보완을 한 데서도 알 수 있듯이, 퇴계는 끊임없이 자신의 입장을 보완하면서 마지막까지 학문적 탐구를 계속하였다. 퇴계의 가까이에는 집요하게 질문하고 날카롭게 비평하는 후학으로 율곡이 있었다.

퇴계와 율곡 사이에 오고간 본격적인 학술 문답은 율곡이 보낸 문목問目(질문 항목)과 그에 대한 퇴계의 답서로 전해진다. 율곡은 공부하면서 의문 나는 점들을 항목별로 정리하여 문목을 보냈고, 퇴계는 그에 대해 매우 상세한 답변을 하였다. 문목은 대체로 제자가 스승에게 올리는 질문지이지만, 반드시 아랫사람이 윗사람에게 올렸던 것만은 아니다. 퇴계는 26년이나 아래인 고봉에게 문목을 보내어 의견을 구하고 자신의 생각을 점검하기도 하였다.[2]

현재 전해지는 자료에 따르면, 율곡은 1558년 5월경에 한 통의 문목을 보냈고, 1570년에 두 통을 보냈다. 1558년 5월이면 율곡이 퇴계를 처음 방문한 지 약 3개월 후인데, 율곡으로서는 과거를 준비하면서 경전 공부에 한창이던 시기였고, 퇴계는 완숙한 자신의 학문적 입장을 이제 막 세상으로 드러내던 때였다. 그로부터 12년 후인 1570년은 퇴계가 생을 마치는 마지막 해이다. 퇴계는 12월 8일에 사망하는데, 그 해에 받은 두 통의 문목과 그에 대한 답변들은 5월에서 11월 사이에 오간 것으로 추정된다.[3] 1564년 관직에 진출한 율곡은 이 시기, 1567년 16세의 나이로 즉위한 청년 군주 선조宣祖의 곁에서 사림士林을 다시 불러들여 새로운 정치를 펼치기 위해 분주했다. 이 무렵 퇴계는 1568년 선조에게《성학십도》를 편찬하여 바친 뒤 고향에 머물며 말년을 보내고 있었다. 12년 간격을 두고 오고간 문목과 답변을 통해 두 사람의 관계뿐 아니라 생각의 변화를 읽을 수 있다. 먼저 1558년에 오고간 율곡의 문목과 퇴계의 답변을 보자.

공부의 목표

율곡은 퇴계를 처음 만나고 온 지 약 3개월 뒤 네 가지 항목의 문목을 만들어 퇴계에게 보냈다. 첫 번째 문목은 23세의 율곡이 공부하면서 가졌던 의문을 정리하여 퇴계에게 보냈던 점에서, 당시 율곡의 문제의식과 공부 방식을 엿볼 수 있다. 퇴계의 답서에서는 낙향 후 10년간의 공부를 통해 세워진 그의 학문적 입장을 확인할 수 있다. 율곡의 문집에는 〈퇴계 선생께 올리는 별지 – 무오년〉[4]이라는 제목으로 율곡의 질문과 퇴계의 답변이 함께 편집되어 있는데, 질문과 답변 모두 생략된 부분이 적지 않다.《퇴계집》에 전하는 답서[5]와 비교해 보면, 문답 가운데 중요한 내용만 뽑아 정리한 것임을 알 수 있다. 따라서《율곡전서》에 실린 문답을 기준으로 하되, 퇴계의 답변 중 빠진 부분을 《퇴계집》에서 확인하여 보완하면서 살펴보아야 한다. 율곡의 첫 번째 질문은 《대학大學》 첫 장의 이해와 관련된 것이다.

【문】 주자朱子께서 말씀하셨습니다. "'나아갈 방향이 정해짐(정定)'·'마음이 평정을 얻음(정靜)'·'마음이 편안해짐(안安)'은 비록 절차가 나누어져 있을지라도 모두 실행하기가 어렵지 않다. 그러나 '마음이 편안해진(안安) 뒤에야 깊이 생각할 수 있다(려慮)'는 것과 '깊이 생각한(려慮) 뒤에야 지극한 선을 얻을 수 있다(득得)'는 것은 가장 실행하기 어려운 부분이다. '마음이 편안해진 뒤에야 깊이 생각할 수 있다'는 것은 안자顔子가 아니면 할 수 없는 일이다."(이 아랫부분은 문목에서 누락되었다.)

【답】 주자께서 "'마음이 편안해진 뒤에야 깊이 생각할 수 있다'는 것은 안자가 아니면 할 수 없는 일이다"라고 하신 것은 진실로 그대가 의심한 바와 같습니다. 그러나 성인의 말씀은 위 아래로 모두 통하고, 정밀한 것과 개략적인 것이 모두 갖추어져 있으므로, 그 사람의 공부의 얕고 깊은 정도에 따라서 모두 활용할 수 있습니다. '마음이 편안해진 뒤에야 깊이 생각할 수 있다'는 것은 개략적으로 이야기하자면, 중간 등급 이하의 사람도 오히려 그것을 힘써 실행할 수 있습니다. 그러나 그 지극히 정밀한 관점에서 이야기하자면 대현大賢 이상이 아니고는 진실로 불가능한 점이 있습니다. 주자의 이 말은 바로 그 지극히 정밀한 관점에서 이야기한 것일 뿐입니다. 만일 이것을 핑계 삼아 스스로 포기하는 사람이라면, 그 사람의 식견과 취향은 이미 더불어 도를 논의하기에 부족합니다. 어찌 그런 사람이 핑계 삼을 것을 걱정하여, 우리의 설을

낮추어 그들에게 맞추겠습니까? ['핑계삼아'(자구藉口)라는 말을 쓴 것은 한 터럭만큼이라도 그러한 생각이 있다면, 곧 요순의 도에 함께 들어갈 수 없다는 뜻입니다.][6]

율곡의 질문과 관련된 《대학》의 첫 부분은 다음과 같다.

"대학의 도道는 밝은 덕(명덕明德)을 밝히는 데 있고, 백성을 새롭게 하는 데 있으며, 지극한 선에 머무는 데 있다. 머물 데를 안 뒤에야 나아갈 방향이 정해지고, 나아갈 방향이 정해진 뒤에야 마음이 평정을 이룰 수 있고, 마음이 평정을 이룬 뒤에야 마음이 편안해질 수 있고, 마음이 편안해진 뒤에야 당면한 일들을 깊이 생각할 수 있고, 깊이 생각한 뒤에야 지극한 선을 실현할 수 있다."[7]

이 문장은 유학 공부의 궁극적인 목표와 방법을 매우 압축적이면서도 체계적으로 제시한 것이다. 다른 해석도 가능하겠지만, 퇴계와 율곡이 모두 주자의 해석을 따랐으므로, 주자의 주석을 바탕으로 다음과 같이 풀이할 수 있다.

유학이라는 큰 학문의 길을 통해 추구하는 목표는 하늘로부터 받은 밝고 깨끗한 마음을 회복하는 데 있고, 유학의 가르침에 따라 백성을 계몽하는 데 있으며, 궁극적으로 지극한 선의 가치를 실현하는 삶을 구현하는 데 있다. 그 목표를 달성하기 위해서는 먼저 머물 곳, 즉 지극한 선이 어떤 것인지를 알아야 지향할 방향이 정해지고, 방향이 정해져야 마음이 동요 없이 평정을 이룰 수 있고, 평정을 이룬 뒤에야 마음이 편안해질 수 있고, 마음이 편안해진 뒤에야 당면한 일들에 대해 깊이 성찰할 수 있고, 일들을 깊이 성찰한 뒤에야 궁극적 목표인 지극한 선의 가치를 실현하는 삶을 살아갈 수 있다는 것이다.

율곡은 여기서 "'마음이 편안해진 뒤에야 당면한 일들을 깊이 생각할 수 있다'는 것은 안자가 아니면 할 수 없다"라는 주자의 말에 대해 의문을 제기한 듯하다. 안자는 공자가 가장 아끼고 높이 평가했던 제자 안연顔淵을 가리킨다. 그렇다면 보통 사람의 수준을 훨씬 넘어서는 사람이 아니고는 이 단계에 이를 수 없다는 뜻이 된다. 그런데 우주와 자연의 보편적 이치가 모든 인간에게 본성으로 부여되어 있다는 것은 정주성리학의 기본 전제 중 하나이다. 성리학性理學이라는 이름은 바로 "본성이 곧 우주·자연의 이치(성즉리性卽理)"라는 명제에서 비롯되었다고 할 수 있다. 그리고 그 본성을 근거로 인간은 누구나 공부와 수양을 통해 성인이 될 수 있다는 것이 공자와 맹자 이래로 전해진 유학의 가르침이다.

그런데 주자의 말을 보면, 나아갈 지향점을 정하고 마음의 평정을 이루어 편안해지는 단계와 깊이 생각하고 지극한 선을 이루는 단계를 나누어, 후자의 단계는 안자 정도의 사람이 아니면 불가능하다는 것이다. 전자의 단계는 마음속에서 이루어지는 과정이고 후자의 단계는 외적 사태에 대응하는 과정이다. 주자의 의도는 후자의 단계가 이전의 과정과는 다른 차원의 일이라는 점을 강조하려는 것이었다고 이해할 수 있다.

아마도 보통 사람이라면, 특히 선현에 대한 겸손함을 큰 미덕으로 삼는 유학자라면 이와 같은 주자의 말을 별다른 이의 없이 받아들였을 것이다. 하지만 퇴계에게 보낸 첫 문목의 첫 항목이 바로 이 문제였으니, 율곡은 이에 대해 적잖이 불만을 가졌던 듯하다.

율곡은 여덟 살에 〈화석정花石亭〉이라는 시를 지었다는 수재이다.[8] 그 시의 정서는 온전히 8세 소년의 것이라고 받아들이기 어렵지만, 여하튼 그는 어릴 때부터 소문난 수재였고 연이은 장원급제로 재능을 증명하였다.[9] 그는 퇴계를 처음 만나서도 재능을 충분히 보여주었던 듯하다. 그러한 율곡으로서도 감히 자신이 안자에 못지않은 사람이라고 주장할 수는 없었을 것이다. 다만 그는 자신을 포함해서 일반 사람들은 아무리 공부해도 《대학》이 제시한 목표를 온전히 실현할 수 없다는 말에 수긍하기 어려웠던 모양이다.

그렇지만 공자 사후에 실제로 성인이 되었다고 인정받은 사람이 단 한 명도 없었다는 점을 고려한다면 유학에서 지향하는 도道, 《대학》에서 말한 지극한 선의 실현이란 단지 추구해야 할 이상일 뿐이지 실제로 실현할 수 있는 경지는 아니다. 물론 유학의 원리에 따르면 인간은 누구나 성인이 될 자질을 타고나며, 누구나 스스로의 노력을 통해 성인이 될 수 있다. 그러나 유학의 역사에서 보자면, 그러한 노력을 통해서 성인이 된 몇 안 되는 인물 중 마지막이 바로 공자이다. 역사 속에서 유학이 군주의 절대 권력을 견제하기 위한 이념 역할을 하게 되면서, 공자가 도달했다는 성인의 경지는 점점 더 범부에게서 멀어졌다. 유학자들은 현실의 권력자들에게 공자와 같은 도덕 군자가 되기를 끊임없이 요구함으로써 권력을 견제하였지만, 공자를 그 모범으로 우상화함으로써 공자와 같은 성인의 경지는 영원히 추구해야 할 역사 속의 이상향이 되어 버렸다.[10] 그 때문에 맹자는 물론 주자조차도 그 경지에는 결국 도달하지 못한 사람으로 평가되었다. 안자는 요절하지 않았다면 공자를 능가했으리라 평가되는 인물이었다. 그러한 안자가 아니면 할 수 없다는 것은 사실상 범부는 애초에 불가능한 일이라는 뜻으로 이해될 수 있다.

하지만 율곡은 주자의 말을 순순히 받아들이기 어려웠던 듯하다. 물론 유학과 성리학의 이론에 따르자면 원론적으로는 율곡의 의혹이 당연하지만, 유학의 세계에서 그런 문제를 제기하는 것은 매우 당돌한 일이다. 그것은 주자와 안자의 권위에 대한 도전으로 받아들여질 수 있기 때문이다.

이에 대해 퇴계는 율곡이 주자의 말을 편파적인 관점에서 해석하는 것을 경계하면서, 이해의 지평을 넓혀주며 율곡을 격려하였다. "성인의 말씀은 위 아래로 모두 통하며, 정밀한 것과 개략적인 것이 모두 갖추어져 있으므로, 그 사람의 학문의 얕고 깊은 정도에 따라 모두 활용할 수 있습니다"라는 퇴계의 답변은 유학에서 사용되는 전형적인 답변 방식이다. 유학에서의 진리는 'A'가 맞으면 'not A'는 틀리다는 방식의 진리가 아니다. 상대의 이해 수준과 처한 상황에 따라 진리를 향해 나아가도록 방향을 조정해 주는 것이 유학의 가르침이고, 유학의 진리는 그러한 가르침을 위해 상대의 입장을 고려하면서 다양한 방식으로 설명된다.

주자가 "마음이 편안해진 뒤에야 깊이 생각할 수 있다"는 《대학》의 공부 방법을 안자가 아니면 할 수 없다고 하였으니, 율곡의 문제제기가 영 잘못된 것은 아니다. 성리학의 원리에 따르면 《대학》에서 제시된 공부 방법과 단계는 자연으로부터 도덕적 본성을 부여받은 인간 누구나 실천할 수 있다. 그런 점에서 율곡의 말이 맞다. 하지만 엄밀하게 말하자면 그 단계를 나누어 볼 수도 있다. '지극한 선'이라는 궁극적 목표를 파악해서 삶의 방향을 정하고 마음의 동요 없이 편안하게 되는 수준까지는 보통 사람도 노력하면 할 수 있다. 그러나 그런 마음으로 일에 대처하여 깊이 생각하고 지극한 선의 가치를 실현하며 사는 것은 훨씬 어려운 일이다. 퇴계는 그러한 점에서 주자가 한 말은 공부의 단계를 엄밀하게 나누어서 이야기한 것이라고 설명하였다.

여기에 덧붙인 퇴계의 경고는 율곡을 포함한 당대의 선비들을 겨냥하고 있다. 그는 "만일 이것을 핑계삼아" 스스로 포기하려는 뜻이 털끝만큼이라도 있다면 "요순의 도에 함께 들어갈 수 없다"고 단언하였다. 목표를 어떻게 설정하느냐 하는 것은 대단히 중요한 일이다. 바람직한 목표를 설정함으로써, 아무리 현실이 초라할지라도 자신의 가능성을 믿고 미래의 자신을 그 목표와 일치시키면서 목표 실현 과정의 어려움을 극복해 나갈 수 있다. 목표가 분명할 때 자발적인 자기 통제와 노력의 힘은 어떠한 외적 강제보다도 강렬하다.

율곡은 원하던 답변을 얻었다고 생각했을 것이다. 실제로 율곡의 문제 제기는 단지 청년 율곡의 치기에 그친 것이 아니었다. 율곡은 훗날 선조에게 바친 성학의 교과서 《성학집요聖學輯要》는 물론 초학자들을 위한 공부 방법을 정리한 《격몽요결擊蒙要訣》에서도 공부의 출발점에서 제일 먼저 해야 할 일은 어떤 '핑계'도 용납지 않고 '성인이 되겠다'는 원대한 공부의 목표를 세우는 것이라고 하였다. 《격몽요결》에서 율곡은 다음과 같은 말로 제1장 '뜻을 세움(입지立志)'을 시작한다.

"공부를 시작하는 사람은 먼저 뜻을 세워야 한다. 반드시 성인이 되기를 자신의 목표로 삼고서, 한 터럭만큼이라도 스스로를 과소평가하여 주저하며 핑계를 댈 생각을 가져서는 안 된다. 대체로 뭇사람도 성인과 그 본성은 동일하다. 비록 기질에 맑고 흐리고 순수하고 잡박한 차이가 없을 수는 없으나, 진실로 참되게 알고 실제로 행하여 낡은 버릇을 버리고 본래의 본성을 회복할 수 있다면, 털끝만큼을 보태지 않고서도 온갖 선善이 다 갖추어진다. 뭇사람이라고 어찌 성인되기를 자신의 목표로 삼지 않을 수 있겠는가!"[1]

경건한 집중

율곡의 두 번째 질문 항목은 '경敬'에 관한 것이었다. '경'은 율곡이 처음 찾아왔을 때 퇴계가 지어준 시에서도 언급되었던 것이다. 그것은 퇴계 학문의 기본자세이며 퇴계가 제자들에게 가장 강조했던 공부 방법이다. 율곡의 문목을 보면 '경'에 관해서는 퇴계가 먼저 물었던 모양이다. 퇴계는 제자들을 가르치던 방식으로, 율곡에게도 '경'의 공부 방법에 관해 문제를 던지며 율곡을 바른 공부의 길로 이끌려 했던 듯하다.

【문】 선생님께서 일찍이 저에게 물으시기를 "경敬이란 하나에 집중하여 마음이 흐트러지지 않도록 하는 것(주일무적主一無適)인데, 만일 사·물(事·物)이 한꺼번에 몰려들면 어떻게 대응하겠는가?"라고 하셨습니다. 제가 이 말씀을 가지고 반복하여 생각해서 그 말씀을 이해하게 되었습니다.
　'주일무적主一無適'은 '경'의 핵심 방법이고, 온갖 변화에 대응하는 것은 '경'의 활용 방법입니다. 만약 사·물에 대하여 낱낱이 이치(理)를 궁구해서 그 당연한 법칙(當然之則) 하나하나를 안다면, 사·물이 몰려들 때 응대하는 것이 마치 거울이 사물을 비추되 그 중심은 흔들리지 않는 것과 같을 것입니다. 동쪽에 응대하고 서쪽에 화답하면서도 마음 자체는 본래 그대로일 것이니, 이는 이전에 사·물의 이치를 분명하게 파악하여 두었기 때문입니다. 먼저 이치를 궁구하지 않고 매사에 일이 닥쳤을 때서야 생각한다면, 한 가지 일을 생각하는 순간 다른 일은 이미 지나가버릴 것이니, 어떻게 몰려드는 일들에 대응할 수 있겠습니까? 비유하자면 다섯 가지 색이 동시에 거울 가운데 나타나지만 거울의 밝음 자체는 색에 따라 변하지 않으면서도 동시에 그것들을 비추어내는 것과 같습니다. '경'의 활용 방법도 또한 이와 같으니, 이는 마음이 움직일 때의 공부입니다.

만일 마음이 고요할 때의 공부라면, 모름지기 한 가지 일에 전심專心해야 합니다. 예컨대 책을 읽으면서 기러기나 고니가 날아오면 활로 쏘아 맞히겠다고 생각한다면 그 순간 그것은 곧 '경'이 아닙니다. 고요할 때 주일무적한 것은 '경'의 본체(體)이고, 움직일 때 온갖 변화에 대응하면서도 그 통제력을 잃지 않는 것은 '경'의 활용(用)입니다. '경'이 아니면 지극한 선(至善)에 머물 수 없으며, 또한 '경'하는 가운데 지극한 선이 있습니다. 고요함(靜)은 마른 나무나 사그라진 재가 아니고, 움직임(動)은 분분하고 요란함이 아닙니다. 그러므로 움직임과 고요함(動靜)이 한결같고 체體와 용用이 떨어지지 않는 것이 바로 '경'의 지극한 선입니다.

이것으로써 미루어 보면 순舜임금이 사방으로 눈을 밝히고 사방으로 귀를 열어서, 칠정七政을 가지런히 하며,[12] 오례五禮를 닦고 오기五器를 같게 한[13] 것이 비록 많은 일인 듯하지만, 어느 순간엔들 '경'하지 않앗겠으며, 어디에선들 '주일무적'의 노력이 없었겠습니까? 선생님께서는 이에 대해 어떻게 생각하십니까? 방씨方氏[14]는 "마음속이 텅 비었다고 해도 주재主宰함은 있다"라고 하였고, 주자가 말씀하시기를 "성인의 마음은 환히 비었으면서도 밝아서, 사·물과 맞닥뜨리게 되면 큰 것이든 작은 것이든 사방 팔면에서 사·물에 따라 대응하지 않음이 없으나, 그 마음에는 원래 그 사·물을 둔 적이 없다"라고 하였으니, 이것을 이르는 것입니다.[15]

퇴계가 던진 질문이 여간 까다로운 게 아니다. 성리학에서 '경'은 바로 '주일무적主一無適', 즉 오로지 당면한 일에 전념하여 마음이 한눈을 팔지 않도록 한다는 의미로 풀이된다. '경'이란 본래 신을 대하는 '경건한 집중'의 자세이다.[16] 온 정신과 정성이 오직 신만을 향해야 하며, 단 한 순간이라도 딴 생각을 할 수 없는 경건한 긴장 상황이다. 그런데 "만일 사·물이 한꺼번에 몰려들면 어떻게 대응하겠는가?"라니, 어려운 질문이다.

퇴계는 말년의 대표작인 《성학십도》 중 제4장인 〈대학도大學圖〉에서 '경' 공부의 의미를 정리해 놓았다. 본래 《대학》에서는 '경'을 특별히 강조하지 않았지만, 퇴계는 당시 학자들이 지나치게 이론학습에만 치중하는 경향을 보완하기 위해 공부·수양의 방법으로 '경'을 강조하였다. 그는 〈대학도〉에서 '경'에 관한 설명을 덧붙임으로써 《대학》에서 말하는 '큰 공부(大學)'의 방법에 대한 설명을 대신하였다. 여기서 그는 '경'의 의미에 대해 정이程頤[17]가 말했던 "주일무적主一無適" 외에 아래와 같이 세 가지 설명을 더 인용하였다.

"몸과 마음을 가지런하고 엄숙하게 한다(整齊嚴肅)." (정이程頤)

"늘 깨어있도록 하는 공부 방법(常惺惺法)." (사량좌謝良佐)[18]

"그 마음을 모아서 외물의 방해를 조금도 용납하지 않는다(其心收斂, 不容一物)." (윤돈尹焞)[19]

'주일무적'과 함께 위의 세 가지 풀이는 주자가 '경'을 설명하며 인용한 이래로 성리학에서 '경'을 정의하는 일반적인 설명으로 받아들여져 온 것이다. 퇴계가 주목했던 《심경부주》에서도 '경'의 의미에 대해 이 구절들을 인용하며 상세히 설명하고 있다.[20] 이 네 구절의 의미를 한 마디로 정리하면, '경'이란 '늘 경건한 자세로 몸과 마음의 긴장을 유지하며 집중하는 공부 방법'이라고 할 수 있을 것이다. 주자는 다음과 같이 '경'을 풀이하였다.

"'경'이란 한 마음의 주재主宰이며 모든 일의 근본이다. 그 공부 방법을 알게 되면 《소학小學》이 '경'에 의지하지 않고서는 시작될 수 없음을 알 수 있으며, 《소학》이 이것에 의지하여 시작됨을 안다면 저 《대학》도 이것에 의지하지 않고서는 끝맺을 수 없다는 것을 하나의 원리로 꿰뚫어 의심 없이 알 수 있게 된다. 대개 이러한 마음이 확립되고 이로 말미암아 사물을 탐구하고(격물格物) 앎을 극진히 하여(치지致知) 사·물의 이치를 다 탐구하면, 이것이 이른바 '덕성을 함양하고 이론을 학습한다(尊德性而道問學)'는 것이요, 이로 말미암아 뜻을 진실되게 하고 마음을 바르게 하여 그 몸을 수양하면 이것이 이른바 '먼저 그 큰 것을 세우면 작은 것이 빼앗을 수 없다'는 것이며, 이로 말미암아 집안을 가지런히 하고 나라를 다스려서 천하를 평안히 하는 데까지 미친다면, 이

것이 이른바 '자신을 닦아 백성을 편안하게 한다'는 것이며, '독실하고 공손함으로써 천하가 화평해진다'는 것이다. 이것은 모두 일찍이 하루라도 '경'에서 떠나지 못한다는 것이니, 그렇다면 '경'이라는 한 글자가 어찌 성인이 학문의 처음부터 끝까지 관통하는 핵심이 아니겠는가!"[21]

이 말에 따르면 '경'이란 《소학》과 《대학》, '격물'과 '치지', '존덕성'과 '도문학' 그리고 '성의'와 '정심'부터 '수신'·'제가'·'치국'·'평천하'까지 일관하는 공부 방법이다. '경'이란 덕성 함양과 이론 학습은 물론 국가와 천하의 통치 그 이상以上의 실천까지 관통하는 공부법이라는 것이다. 퇴계는 〈대학도〉에서 바로 주자의 이 구절을 인용한 뒤 '경'의 뜻을 다음과 같이 정리하였다.

"'경'이란 학문의 상하上下를 관통하는 것이니, 공부를 시작함에서부터 그 성과를 거두는 데까지 모두 이 '경' 공부에 힘써야 하며 '경'을 놓쳐서는 안 됩니다."[22]

집 안팎을 청소하고 손님을 대하는 일상적 수준의 공부뿐 아니라 우주의 구조·원리와 심성心性의 도덕을 논하는 형이상학적 공부는 물론 나라와 천하를 그 이념에 따라 이끄는 일까지, 즉 공부의 시작부터 끝까지 '경'의 자세로 일관해야 한다는 것이다. 퇴계는 이렇게 《성학십도》 중 〈대학도〉의 해설을 '경'에 대한 설명으로 대신함으로써 '경'이 모든 공부의 관건임을 강조하였다. '경'은 또한 《성학십도》 중 수양과 실천의 방법을 설명한 제8장 〈심학도心學圖〉, 제9장 〈경재잠도敬齋箴圖〉, 제10장 〈숙흥야매잠도夙興夜寐箴圖〉에서도 핵심적 공부 방법으로 강조된다. 이를 고려한다면, 퇴계의 학문을 '경학'이라고 칭하는 것도 지나치다고 하기는 어렵다.[23]

그런데 경건하게 의식의 긴장을 유지하며 집중하는 것이 '경'이라면, 여러 가지 일들이 한꺼번에 닥쳐올 때는 어찌해야 하는가? 이러한 질문에 율곡은 '경'을 마음이 고요할 때의 '경'과 마음이 움직일 때의 '경'으로 나누고 그 관계를 설명하였다. 마음이 고요할 때의 경 공부란, 사물 하나하나에 대하여 이치를 탐구하여 각각의 사물에 대한 '당연지칙當然之則'을 인식하는 것이다. '당연지칙'이란 마땅히 그러해야만 하는 법칙이다. 그것은 유학의 가치관에 비추어볼 때, 가장 이상적인 도덕적 가치 기준을 뜻한다. 가치 기준에 대한 공부가 미리 되어 있다면, 여러 가지 일들이 한꺼번에 닥쳐와도 흔들림 없이 '마땅히 그러해야만 하는 법칙'에 따라 응대하면 된다는 것이다. 또한 율곡은 그것이 당위적인 원리를 인식한 것이지 구체적인 사물에 관한 지식을 마음에 담아두는 것은 아니므로 마음이 텅 빈듯하지만, 바로 그 원리를 알기 때문에 어떠한 사태에 당면하더라도 흔들림 없이 응대할 수 있다고 설명하였다.

퇴계는 이에 대해 다음과 같이 답하였다. 율곡의 대답이 맞다고 이야기하는 것 같은데, 실상 내용을 잘 들여다보면 퇴계는 조금 다른 방식의 공부를 염두에 두고 있었음을 알 수 있다.

【답】일이 없을 때는 마음을 보존하고 본성을 함양하며(존심양성存心養性) 늘 의식의 긴장을 유지하다가 경전을 공부하거나 사태에 직면할 때에 이르러서야 의리를 생각하고 그 기준에 맞춰 헤아려보는 것이니, 그것은 본래 그렇게 해야만 하는 것입니다. 대체로 의리를 생각하자마자

마음이 이미 움직여서 벌써 고요한 때의 상태에 속하지 않기 때문입니다. 그런데 이러한 뜻은 분명하여 알기 어렵지 않은 것 같은데도 사람들 중에 참으로 이해하는 이가 드뭅니다. 그래서 마음이 고요한 때에 생각하지 않는다는 것을 곧 아득하고 적막한 상태로 여기고, 마음이 움직일 때 생각하고 헤아린다는 것을 또한 정신없이 외물을 쫓아가서 도무지 의리에 머물지 않는 것이라고 생각합니다. 그러므로 명색은 학문을 한다고 하지만 끝내 공부에서 성과를 거두지 못하게 되는 것입니다. 오직 '경'에 주력하는(主敬) 공부가 마음이 움직일 때와 고요할 때(動靜)를 관통하여야 아마도 바른 공부에서 어긋나지 않을 것입니다.[24]

율곡은 '경'을 '주일무적의 요법要法(당면한 일에 집중하여 마음이 흐트러지지 않게 하는 핵심 방법)'과 '수작만변酬酢萬變의 활법活法(다양한 변화에 대처하는 응용 방법)'으로 나누어 답하였다. 하지만 퇴계는 '늘 의식의 긴장을 유지하는 자세로 존심양성存心養性함(마음을 보존하고 덕성을 함양함)'과 '의리를 생각하고 헤아림'으로 나누어 설명하였다. 여기서 퇴계가 강조하고자 한 것은 두 가지이다.

우선 마음이 고요한 가운데에서도 늘 깨어있어야 한다는 것이다. 사물 또는 사태에 대응하지 않는 상태에서의 마음공부를 멍하니 적막한 상태로 있는 것으로 이해해서는 안 된다는 것이다. 율곡은 고요한 상태의 공부를 '격물궁리格物窮理'로 이해했으니, 조금 다른 의미로 본 셈이다. '격물궁리'란 마음 밖에 있는 사물 하나하나를 마주하고 사물 각각의 이치에 대한 탐구를 통해 보편적인 이치를 파악하는 공부 방법이다. 이처럼 사물의 이치를 파악하는 의도적인 공부는 퇴계가 말하는 고요한 때의 공부와는 거리가 있다. 위에 인용된 주자의 말을 보면, 주자도 '경'으로 먼저 마음의 자세를 확립하고 그것을 바탕으로 '격물치지'를 해 나가야 한다고 생각하였음을 알 수 있다.

퇴계는 마음이 외물의 자극을 받아 반응하기 이전에 마음에 내재한 본성의 함양이 필요하다고 보았고, 그 본성으로부터 지극한 선善이 발현되도록 해야 한다고 생각하였다. 이것이 퇴계가 말하는 미발未發의 공부, 즉 마음 안의 본성이 아직 외물에 대해 반응하지 않는 상태에서의 공부이다. 그는 외물의 자극을 받았을 때 도덕적 성향이 자발적으로 표출될 수 있도록 마음이 외물에 반응하기 이전 상태(미발시未發時)에서의 공부를 강조하였다. 그러한 도덕적 성향의 표출과정을 설명하기 위하여 훗날 "리가 발현한다(리발理發)", "리가 스스로 이른다(리자도理自到)" 등의 명제를 제시하게 된다. 그 관점에서 본다면, 율곡이 말하는 '격물궁리'는 이미 외재적 사물을 인식하고 그 사물의 이치를 궁구하는 의식적인 노력이 수반되는 공부이다. 이른바 이발已發의 공부, 즉 마음의 본성이 외물에 반응한 상태에서의 공부라는 것이다.

어쩌면 이 무렵에 퇴계가 답을 하면서, 율곡이 이해한 '경' 공부의 방식이 자신의 생각과 다르다는 것을 명확하게 지적하고 설명해 주었어야 했을지 모른다. 그렇게 하였다면 두 사람 사이에 이 문제에 관해 좀 더 진전된 논의가 나올 수도 있었을 것이다. 하지만 두 사람은 연배 차이로 보나 만난 기간으로 보나 아직 논쟁을 하기보다는 율곡이 여쭙고 퇴계가 답변을 해주는 관계였다.

각각 '미발'과 '이발'의 공부에 주목했던 퇴계와 율곡의 차이는 이후에도 좁혀지지 않는다. 퇴계는 외물에 반응하기 전에 마음과 그 안의 본성에 대한 공부가 먼저 충분히 이루어져야 한다는 입장이었다.

율곡은 외물의 이치를 인식하기 위해 의식적인 노력을 하는 것이 공부의 출발점이라는 입장이었다. 퇴계의 답변을 받고 율곡은 어떤 생각을 했는지 확인할 수 없지만, 이후 율곡은 자신의 학문세계를 구축해 가면서 공부와 수양의 방법 면에서 퇴계와 다른 길을 가게 된다. 이 문목과 퇴계의 답변에서 드러나는 공부방법의 차이는 이후 '리理'와 '기氣', 사단四端과 칠정七情, 인심人心과 도심道心 등을 둘러싸고 벌어지는 퇴계와 고봉의 논쟁, 율곡과 우계의 논쟁 그리고 이후 수백년을 두고 지속되는 퇴계학파와 율곡학파의 논쟁을 예고한다.

실천

퇴계는 위의 답변에 이어서 '다시 답함(又答)'이라며 한 마디를 덧붙였다.

> 【우답】그대가 말한 '하나에 집중하여 마음이 흐트러짐이 없이 온갖 변화에 대응한다(主一無適 酬酢萬變)'라는 말의 뜻은 매우 좋습니다. 주자의 '사事·물物에 따라 대응하나 이 마음에는 원래 그 사·물을 둔 적이 없다'라는 말과 방씨方氏의 '마음속이 텅 비었다고 해도 주재主宰함은 있다'라는 말 등을 인용한 것은 더욱 정확합니다. 다만 그러한 이치는 이해하기가 어려운 것이 아니라 실천하기가 어려운 것이며, 실천하기가 어려운 것이 아니라 진실한 마음으로 오래도록 힘쓰기가 더욱 어려운 것입니다. 이 점이 노쇠하고 못난 내가 심히 우려하는 바이고, 또한 그대를 위해서 우려하지 않을 수 없는 것입니다.[25]

퇴계는 '경'의 문제에 대한 율곡의 답변을 칭찬하였다. 온갖 변화에 대응하면서도 마음이 그 변화를 따라 옮겨 다니지 않고, 사·물을 마음에 담아두지도 않아야 한다는 등의 말을 인용한 것을 보면 율곡이 '경'을 제대로 이해하였다는 것이다. 하지만 퇴계가 정말로 하고 싶었던 말은 바로 그 다음인 듯하다. '이치를 이해했다고 자만하지 말아라. 이치를 아는 것은 어렵지 않지만, 어려운 것은 그것을 실천하는 일이며, 더 어려운 것은 진실한 마음으로 그것을 실천하기 위해 지속적으로 노력하는 일이다'라는 것이다. 실제로 현실에서 발생하는 대부분의 윤리적 문제들은 옳고 그름을 몰라서 생기기보다는 알면서도 사적인 이익에 미혹되어 그릇된 길을 선택하는 데서 생긴다. 또한 자신의 잘못을 그간에 배운 지식과 논리로 합리화하면서 문제는 더 확대 재생산된다. 머리로는 잘 알고 입으로는 공명정대한 의리를 떠들던 사람이 막상 일이 닥치면 공적 의리를 잊고 사사로운 이익을 선택하는 것은 흔히 볼 수 있는 일이다. 성리학의 목표는 그러한 일들이 닥쳤을 때 흔들림 없이 자신의 사적 욕망을 조절하면서 공명정대한 판단·선택·행위를 할 수 있는 인간을 길러내는 것이다.

성리학이란 인간이 자연으로부터 부여받은 도덕 본성에 따라 조화로운 사회를 이루며 살아갈 수 있고 또한 그렇게 살아가야만 한다는 입장을 유학의 기반 위에 체계화한 학문이다. 몇 가지 전제만 받아들인다면, 이는 인간이 도덕 지향의 사회를 이루며 살아가야 할 필연성과 당위성을 설명하는 매우 설득력 있는 이론이라고 할 수 있다. 몇 가지 전제란 다음과 같은 것들이다.[26]

① 모든 존재와 작용은 리理(원리, 법칙 또는 규범)와 기氣(질료 또는 에

너지)의 결합으로 이루어진다.

② 자연에는 물리법칙인 동시에 윤리규범인 일정한 원리(理)가 존재하며 그 내용은 사덕四德(원元·형亨·이利·정貞)으로 상징된다.

③ 자연의 산물인 각 개체는 그 자연의 일정한 원리(리理)를 본성(성性)으로 부여받아 태어나며, 그 본성의 내용은 오상五常(인仁·의義·예禮·지智·신信)이라는 도덕적 성향이다.

④ 리(또는 본성)와 결합된 기가 맑고 순수할수록 리(또는 본성)는 더 온전한 모습으로 현상에 드러난다.

⑤ 만물 중에는 인간을 구성하는 기가 가장 맑고 순수하고, 인간의 구성부분 중에서는 마음(심心)을 구성하는 기가 가장 맑고 순수하다.

그런데 성리학의 궁극적 목표는 이런 전제를 기반으로 논리 정연한 이론체계를 구축하는 것이 아니라, 이론 학습과 이를 기반으로 한 체험적 수양을 통해 성리학의 이념을 현실에서 구현하며 살아가는 것이다. 실제로 위와 같은 전제들을 바탕으로 지극히 논리 정연한 이론을 만들어낸다고 하더라도, 사람들이 실제로 이론에 따라 살아가도록 하는 것은 또 다른 차원의 문제이다. 인간의 삶은 이론으로 다 설명할 수 없을 만큼 복잡할 뿐 아니라 이성적으로는 이론을 잘 이해하는 사람조차도 이론체계의 논리적 정합성에 어긋나는 판단과 행위를 적잖이 행하면서 살아가기 때문이다.

더욱이 퇴계가 처했던 당시의 현실은 조선 개국 후 150여 년 동안 수차례의 정변政變을 거치면서, 건국 초에 국가이념으로 내세웠던 성리학의 이상이 급격히 퇴색되어 가던 상황이었다. 왕실의 외척들이 국가권력을 독점해 가던 시기에 풍기군수직을 사직하고 고향에 내려온 퇴계는 조선의 건국세력이 국가이념으로 선택했던 주자학을 여전히 학문과 교육의 기반으로 삼았다. 당시 중국에서는 이미 주자학에 대해 비판이 제기되고 양명학이 호응을 얻고 있었지만, 아직도 주자학은 당대 동북아시아 최고 수준의 학문이었다. 퇴계는 주자의 저술을 발췌하여 《주자서절요朱子書節要》를 만들고, 당대의 중국철학사라고 할 수 있는 《송계원명이학통록宋季元明理學通錄》을 지어 주자학의 계통을 총정리하였다.[27] 이러한 작업을 보면 그는 분명히 성실한 주자학자였던 것으로 보인다. 그런데 그가 이러한 작업을 하면서 가장 중요하게 여겼다는 세 권의 책 중에 《심경부주心經附註》가 있다는 점에 주목할 필요가 있다. 다른 두 권의 책인 《성리대전性理大全》과 《주자전서朱子全書》는 주자학에서 가장 기본이 되는 서적이었다. 하지만 《심경부주》는 주자학자들 사이에서 그다지 높이 평가되지 않았을 뿐 아니라 양명학의 성격이 짙다는 비판까지 받던 책이었다. 그런데 퇴계는 그런 의혹에 대해 반박의 글까지 써 가며 이 책을 후학들에게 권장하였고, 이 책이 '사서四書'나 《근사록近思錄》에도 뒤지지 않는다고 하였다.[28]

퇴계가 《심경부주》를 중시해야 한다면서 제시하는 이유는 이 책이 이론학습(도문학道問學)과 덕성함양(존덕성尊德性)을 병행하기 위해 필요한 학습서라는 것이었다. 퇴계가 보기에 유학 또는 성리학은 본래 이 두 가지가 상호보완적 관계에서 병행돼야 하는데, 당시 사람들은 대체로 이론학습에 편향돼 있었다.[29] 퇴계도 지적하고 있듯이 이런 편향은 주자가 생존했던 시대부터 있어 왔고, 《심경》과 《심경부주》는 이러한 편향을 바로잡기 위해 만들어졌다.[30] 주자의 재전再傳 제자인 진덕수眞德秀(1178~1235)가 여러 경전 중에서 마음의 수양에 관계되는 글을 모아 《심경》을 편찬하였고, 명대明代의 정민정程敏政 (1445~1499)이 주석을 달아 《심경부주》를 만들었다. 이 책들은 일정한 이론체계를 바탕으로 경전에 대해 엄밀한 분석과 재해석을 하는데 많은 노력을 기울였던 주자의 방식에 비해, 편찬 취지에서부터 상대적으로 인격 수양에 초점을 맞춘 것이었다.

그런데 '수양'의 문제는 개념·논리 중심의 연구 방법을 엄격하게 적용하기가 곤란한 주제이다. '도문학道問學(이론학습)'과 '존덕성尊德性(덕성함양)'의 관계에서 '도문학'이 유학의 경전을 이론적으로 연구하고 학습하는 것이라면, '존덕성'은 연구·학습한 것을 몸으로 익히고 실천하는 '수양'에 해당한다. 《심경부주》의 내용은 바로 '존덕성'에 해당하는 것이고, 특히 퇴계의 학문체계에서도 대단히 중요한 위치를 차지하는 '경敬'의 수양방식은 바로 이 책에서 거듭 강조된 것이다. 늘 의식의 긴장을 유지하며 경건하게 집중하는 '경'의 수양방식은 성리학의 이론 학습을 일상의 생활로 연결시키는 중요한 훈련과 실행의 방법이었다. 퇴계는 주자학의 '이론학습' 편향성을 보완하고 '덕성함양'의 측면을 강화하는 방법으로 이를 활용하려 하면서 '경' 공부를 강조하였다.

퇴계는 이론적으로도 자신의 학문체계를 견고하게 구축했지만, 어느 성리학자보다도 실천을 중시한 사람이었다. 퇴계가 당시 조선에 유입되던 양명학을 비판한 것도 실천을 강조하는 듯한 양명학이 실제로는 도덕적 실천의 구체적 방안에 대해 소홀히 한다는 점 때문이었다. 한편으로 퇴계는 "요즘 사람들은 제대로 안 다음에 실천한다고 하면서 끝내 행하지도 못하고 종신토록 알지도 못한다"고 비판한 왕양명王陽明의 말에 동의하였다.[31] 실천하지 않는 앎은 의미가 없으며, 어떠한 앎도 실천이 병행되지 않는 한 진정한 앎이 될 수 없다는 데는 왕양명이나 퇴계가 다를 것이 없었다. 그러나 퇴계가 보기에 양명학은 오히려 내면적 수양에 치중하느라 일상에서의 실천 방법에 대한 고민이 결여되어 있다는 약점을 가지고 있었다. "양명은 다만 외물이 마음에 누가 될까 근심하여" "온갖 것들을 다 쓸어버리려고 모두 본심本心으로 끌고 들어가 두루뭉술하게 말하"였으니 불교와 무엇이 다르냐는 것이었다.[32]

퇴계는 주자학이 지리한 이론적 학습에 편향돼 있다는 양명학의 비판을 인정하였지만, 양명학을 수용하는 대신 주자학의 기반 위에 인간의 도덕성을 일상에서 능동적으로 실천할 수 있는 보다 정교한 이론체계를 만들기 위해 노력하였다. 그가 '덕성함양'의 측면을 강화하기 위해 주목한 것이 '경'이었다면, '이론학습'의 측면에서 보다 치밀한 이론적 작업은 고봉과의 사단칠정四端七情 논쟁을 통해서 큰 성과를 거두게 된다. 율곡이 퇴계에게 첫 번째 문목을 보낸 바로 그 해 11월 고봉이 찾아와 문제를 제기하고 이듬해 1월 퇴계가 답서를 쓰면서 사단칠정 논쟁이 시작된다.

율곡은 퇴계의 가르침을 헛되게 하지 않았다. 율곡 역시 성리학은 이론학습만이 아니라 실천이 중요하다는 점을 지속적으로 강조하게 된다. 율곡은 훗날 실질적인 일을 힘써 실천할 것(무실역행務實力行)을 주장했는데 이것을 퇴계의 충고 때문이라고 단정하기는 어렵다. 하지만 적어도 퇴계가 당시 주자학이 이론학습에 편향되어 있다고 판단하고, 덕성수양의 측면을 보완함으로써 유학의 실천성을 회복하려 했던 문제의식은 율곡도 계승 발전시켰다고 평가할 수 있다. 퇴계보다 적극적이었던 율곡의 성품에서도 그 원인을 찾을 수 있겠지만, 무엇보다도 율곡이 활동했던 시기가 퇴계의 시대보다 지식인의 실천을 더 요구한 시대였고, 또한 그러한 실천을 시도하기가 용이했던 시대였다는 점에서 찾을 수 있을 것이다. 그리고 율곡의 시대에 사림이 붕당정치朋黨政治를 통해 성리학 이상국가의 건설을 다시 시도할 수 있었던 것은 퇴계를 통해 닦여진 시대적 문제의식과 학문적 성과가 뒷받침되었기 때문일 것이다.

이해와 체득

율곡은 세 번째 질문으로 진리의 인식에 관해 물었다. 앞서 《대학》 첫 장에서 보았듯이 유학에서는 인간이 지향해야 할 삶의 방향을 '지극한 선善'이라고 여겼고, 주자는 그러한 삶을 구현하기 위해서 먼저 '지극한 선'이 무엇인지를 탐구하여 인식해야 한다고 주장하였다. 삶의 지향점을 먼저 정확히 알아야 그 방향으로 나아갈 수 있다고 생각하였기 때문이다.

그래서 주자는 《대학》에서 '지극한 선'의 인식 방법에 해당하는 격물치지格物致知(사물의 이치를 탐구하여 앎을 완성함)에 대한 설명이 누락되었다며, 스스로 그 부분을 보충하였고 그것이 지금 전해지는 이른바 '보망장補亡章(없어진 부분을 보충한 장)'이다.

《대학》은 본래 유가의 경전인 《예기禮記》의 한 편이었으므로 유가에서 성인의 저술로 간주된다. "설명은 하되 창작은 하지 않는다(술이부작述而不作)"[33]라고 말했던 공자 이래로, 유가에서 성인의 글에 변형을 가한다거나 심지어 보충을 한다는 것은 대단히 무례한 일로 여겨져 왔다. 하지만 주자는 무례함을 감수하면서라도 '격물치지'를 보충해야 한다고 여겼다. 그만큼 '격물치지'는 주자의 이론체계에서 중요한 위치를 차지한다.

주자학에서 인간이 지향해야 할 '지극한 선'이라는 목표는 보편적 진리인 '리理'를 인식하고 그 가치 기준에 따른 삶을 살아감으로써 구현될 수 있다. '리'를 탐구하는 것이 '궁리窮理'이며, 궁리의 방법으로 주자가 제시한 것이 '격물(치지)'이다. 그러므로 '격물' '궁리'란 주자학에서 공부의 관건이고, 특히나 초학자에게는 반드시 거쳐야 하는 과정이다. 다른 한편으로 그것은 궁극적인 '진리'를 인식하는 일이기에 초학자에게는 통과하기 어려운 관문일 수 있다. 그래서 박세당朴世堂(1629~1703)과 같은 후대의 학자는 '격물치지'를 공부의 출발점으로 제시한 것은 초학자에게 너무 과한 요구라며 주자의 설을 비판하기도 하였다.[34] 율곡이 '격물'에 대해 물었다.

【문】 정자께서 말씀하셨습니다. "책을 읽으며 도의道義를 탐구하여 밝히기도 하고, 고금의 인물을 논하며 그 시비是非를 분별하기도 하고, 사·물을 응대하여 그 당부當否를 처리하기도 한다. 만약 어떤 한 가지 일에 대해 궁구함이 잘 되지 않는다면, 다른 한 가지 일을 궁구한다." 사마온공司馬溫公[35]은 다음과 같이 말하였습니다. "아직 형상이 드러나기 이전의 단계부터 사방팔방으로 만물이 다 드러난 상태에 이르기까지 사·물의 이치(리理)가 다 눈앞에 모여 있으니, 옳은 것을 배운다.(自未始有形之前曁四達無窮之外, 事物之理擧集目前, 可者學之)" 이 말은 격물格物에 가까우나 이른바 '옳은 것을 배운다'는 것은 정자와 주자의 말과 전연 같지 않으니, 그 소당위所當爲와 소이연所以然의 미묘함을 구하는 것

만 못합니다. 이치(리理)는 본래 지극히 선한 것(지선至善)인데 어찌 옳지 않은 것이 있겠습니까? 만약 '옳은 것을 배운다'라고 한다면 하늘의 운행을 살펴 스스로 힘써 연마하기를 쉬지 않고(自强不息), 땅의 형세를 살펴 두터운 덕으로 물건을 싣는다(厚德載物)는 것과 무엇이 다르겠습니까? 대체로 온공은 격물格物의 '격格'을 '한어扞禦(막다)'라는 글자로 보았으니, 격물의 요체를 아는 것이 정자만 못하였기 때문에 그 말이 이와 같았습니다. 선생님께서 일찍이 이 말씀을 저에게 하셨기 때문에 감히 고하니, 어떻게 생각하실지 모르겠습니다.[36]

'리'란 성리학에서 보편적인 이치를 말한다. 그것은 만물의 존재·운용 법칙인 동시에 모든 존재의 당위적 규범을 의미한다. 우주의 만물은 '리'에 따라 필연적으로 생성·존재·변화·소멸하며, 또한 반드시 '리'에 따라 작용하고 운용되어야만 한다. 언제 어느 곳에나 존재하는 '리'는 우주·자연의 보편적·규범적 이치이므로 당연히 옳을 수밖에 없다. 서구 근대의 자연관에 따르면 자연의 모든 사물들은 물리법칙에 따라 존재하고 운동하는 반면, 도덕규범은 그와 별개로 인간들 사이에서 만들어지고 적용된다.

그러나 성리학에서는 인간을 포함한 자연의 모든 존재가 존재법칙(물리법칙)과 도덕규범을 공유한다고 보고, '리'는 바로 존재법칙(물리법칙)과 도덕규범의 의미를 겸하는 하나의 개념이다. 이것은 자연의 존재법칙(물리법칙)을 따르는 모든 존재는 동시에 우주의 구성원으로서 자연의 도덕규범도 따라야 한다고 보기 때문이다. 물론 현실의 존재들이 존재법칙(물리법칙)을 따르지 않을 수는 없지만, 도덕규범에 어긋나는 경우는 적지 않다. 하지만 성리학에서는 자연의 모든 존재들이 질서를 이루며 공존하는 것을 근거로 도덕규범이 근본적으로 존재법칙과 일치한다고 여기며, 현실에서 도덕규범에 대한 준수를 존재법칙에 대한 복종과 동일한 수준으로 요구한다.[37] 그 존재법칙(물리법칙)을 소이연所以然(그러한 까닭)이라 하고 당위적 규범을 소당연所當然(마땅히 그러해야만 하는 바)이라 한다.

율곡은 '리'가 본래 지극히 선한 것이 아닐 수 없는 데, 그 중에서 옳은 것을 가려서 배운다는 것은 잘못된 말이 아니냐고 물었다. 또한 그것은 책을 읽을 때, 고금의 인물을 논할 때, 사물을 응대할 때 언제 어느 곳에나 있는 '리'의 미묘함, 즉 존재법칙과 당위규범이 일치하는 보편적 이치를 추구하라고 한 정자나 주자의 가르침과도 다르다는 것이다.

얼핏 보면 당연한 질문인 듯하다. 하지만 가만히 살펴보면, 이것은 사실 성리학을 공부하는 초학자들이 빠지기 쉬운 함정이다. 초학자들이 눈에 보이지도 손에 잡히지도 않는 최선의 이치가 언제 어디에나 있다고 하는 선현들의 말을 그럴듯하다고 여기게 되면, 그것을 믿고 추상적인 이치 자체만 이해하면 된다고 생각하는 경우가 적지 않다. 그리고는 선현들이 진리라고 하는 인의예지仁義禮智, 오륜五倫 등에 관해 공부하고, 그것을 '리'라는 개념의 내용으로 정리해 나름 이해하고는 자신이 '리'를 온전히 인식 혹은 체득했다고 생각한다. 하지만 성리학에서 진리를 인식한다든가 혹은 진리를 배운다는 것은 그저 원리를 머리로만 이해하는 것이 아니라 배우고 익혀서 몸과 마음에 익숙하게 만드는 '체득體得'을 의미한다. 진리를 심정적으로 믿는다거나 혹은 머리로 이해한다는 것과 그것을 실제로 인식 혹은 체득하는 것 사이에는 상당한 거리가 있다.

사실 대부분의 사람들은 어떤 철학이나 종교와 같은 생각의 체계를 받아들이면서 그 체계가 지향하고 주장하는 '진리'를 이해 혹은 인식했다고 생각한다. 하지만 실제로 '진리'를 진정으로 인식 혹은 체득한 것이라기보다 그 생각 체계의 설명이 수긍할 만하다고 여기며 그것을 진리라고 '믿고' 있는 상태인 경우가 대부분이다. 그렇게 고매한 진리를 자신이 인식·체득하였다는 믿음은 오만과 편견으로 이어지고, 결국 실제의 진리와는 거리가 먼 독단에 빠지기 십상이다. 이것은 진리를 추구하는 학문을 하는 사람으로서 대단히 위험한 일이지만, 대다수의 학인들이 흔히 빠지곤 하는 시행착오의 과정이기도 하다. 이러한 시행착오를 넘어서기 위해, 성리학에서는 진리의 인식과 체득을 위해 독서·성찰·관찰·경험·실천 등 다양한 방법이 동원된다. 퇴계는 작심한 듯 장문의 답을 썼다. 먼저 답변의 앞부분을 보자.

　【답】이치(리理)를 궁구하는 방법은 여러 가지이니, 한 가지 방법에만 얽매여서는 안 됩니다. 한 가지 일을 궁구하다가 알아내지 못하면 곧바로 싫증과 게으름이 생겨서, 마침내 다시는 이치를 궁구하지 않으려 하는 사람이라면, 시일이나 끌면서 회피하는 것이라고 할 수 있습니다. 그렇지 않고 궁구하는 대상이 혹 너무 복잡하고 까다로운 것이라서 힘써 탐구해도 이해할 수 없거나 혹은 나의 성품이 우연히 그러한 것에 어두워서 억지로 밝혀내기 어려울 때에는, 우선 그것은 그냥 두고 다른 일에 나아가 궁구해야 합니다. 이렇게 궁구하고 또 궁구하면 공부가 쌓이고 쌓여 깊어지고 무르익어서 자연히 마음자리가 점점 밝아지고 의리의 실상이 점차 눈앞에 드러나게 됩니다. 그때 다시 지난번에 궁구

해내지 못했던 일을 끄집어내어 자세하게 실마리를 찾아보고, 이미 궁구해 낸 도리와 함께 참고하여 살피다 보면, 자신도 모르는 사이에 지난번에 궁구해 내지 못했던 것까지도 일시에 함께 드러나서 깨달아 알게 될 것입니다. 이것이 바로 이치를 궁구하는 생생한 방법(활법活法)이니, 궁구해 낼 수 없다고 해서 그만 내버려 두라고 한 것은 아닙니다. 연평延平[38]의 설 가운데 '한 가지 일이 완전히 이해된 뒤에 순서를 따라 조금씩 나아가라'는 것과 같은 것은 바로 이치를 궁구하는 기본 원칙이니 마땅히 그렇게 해야 합니다만, 그 의미는 매우 깊어서 정자程子의 말씀과 애초에 서로 방해되는 것이 아니니, 격암格菴[39]이 논한 바는 의심할 것이 없습니다.[40]

퇴계는 우선 율곡이 인용한 정자程子의 말을 가지고 격물궁리의 방법을 설명하였다. 한 가지씩 사물의 이치를 궁구해 나가는 것이 가장 기본적인 방법인데, 궁구하다가 막히는 것이 있으면 그것은 미뤄두고 다른 일에서 이치를 구한 뒤, 미뤄둔 것은 나중에 다시 궁구하라는 것이다. 그런데 이것은 "한 가지 일이 완전히 이해된 뒤에 순서를 따라 조금씩 나아가라"는 이연평의 말과 어긋나는 듯하다. 하지만 퇴계는 한 가지 일을 완전히 이해한 뒤 한 걸음씩 나아가는 것은 기본 원칙이 그렇다는 것이고, 정자의 말은 실제로 공부할 때 응용하는 방법이므로, 둘이 서로 모순되는 것은 아니라고 설명하였다.

퇴계의 답변을 보면 율곡의 질문 중에는 본래 정자의 말과 이연평의 말이 다르다는 데 대한 문제제기가 있었던 듯하다. 현재 전하는 편지에는 그 내용이 없다. 답변의 끝부분에서 퇴계가 의심할 것이 없다고 평한 격암 조씨의 설명이 율곡의 질문에 대한 퇴계의 대답을 대신할 수 있다. 이것은 《대학혹문大學或問》에서 율곡과 같은 의문을 가진 사람들을 위해 붙여 놓은 소주小註이다.

격암 조씨가 말하였다. "정자는 한 가지 일을 궁구하다가 알아내지 못하면, 우선 다른 일을 궁구하라고 말씀하셨다. 연평은 말씀하시기를, 한 가지 일에 나아가 탐구하여 완전히 이해되기를 기다린 뒤에 다른 한 가지 일을 궁구하라고 하셨으니, 두 분의 말씀이 같지 않다. 대개 정자의 말씀은 사람마다 그 마음이 잘 이해하는 분야도 있고 잘 이해하지 못하는 분야도 있으므로, 잘 이해하는 데 나아가서 탐구하면 힘쓰기가 쉽다는 것이지, 한 가지 일을 아직 궁구하여 이해하지 못하였는데 두 가지 일로 마음을 둘로 나누고, 세 가지 일로 마음을 셋으로 나누어도 된다는 것이 아니다. 연평의 말씀은 단지 하나에 집중하지 못하는 사람들을 위한 경계의 말씀이니, 독자가 그 말을 가지고 뜻을 해쳐서는 안 된다."[41]

인식과 실천의 단계

정작 문목에 있는 율곡의 질문에 대한 퇴계의 답변은 '다시 답함(又答)'에서 볼 수 있다. 퇴계는 사마온공의 말에 대한 율곡의 비판에 대하여 다음과 같이 답하였다.

【우답】보내온 편지에 "사·물의 이치가 눈앞에 다 모여 있으니 옳은 것을 배운다"라고 한 대목을 격물에 가깝다고 하면서도, "옳은 것을 배운

다"는 설을 깊이 배척하여 잘못되었다고 하였습니다. 내가 전일 면대하여 논한 것이 어떠하였는지 기억하지 못하지만, 지금의 나의 견해로 보면 그대의 생각과는 같지 않은 듯합니다.

사·물의 이치를 그 근본으로 논하자면, 원래 지극한 선(至善)이 아닌 것이 없습니다. 그러나 선이 있으면 이에 악이 있고, 옳은 것이 있으면 이에 그른 것이 있음은 또한 필연적인 현상입니다. 그러므로 무릇 '격물'과 '궁리'는 시비와 선악을 탐구하여 밝혀서 버리거나 취하려는 것입니다. 이 때문에 상채(上蔡)[42]가 '옳은 것을 추구하는 것(求是)'으로 격물을 설명한 것입니다. 이제 "사·물의 이치는 지극히 선하지 않은 것이 없으니, 어찌 일찍이 옳지 않은 것이 있겠는가"라고 하면서, 이것으로 온공의 "옳은 것을 배운다"는 설을 헐뜯으니, 이와 같이 이치를 논한다면 장차 한쪽으로 치우쳐서 안과 밖이 일치하지 못하는 학문이 될까 염려됩니다.[43]

퇴계는 사물의 이치 자체를 논하자면 본래 지극히 선하지 않음이 없겠지만, 선이 있으면 악도 있고 옳은 것이 있으면 그른 것이 있으니 그것을 밝혀서 취사선택하는 것이 격물과 궁리의 공부라고 설명하였다. 사량좌가 '격물'에 대해 '옳은 것을 추구하는 것'이라고 설명한 이유도 같은 맥락이라는 것이다. 그러면서 퇴계는 율곡이 사마광의 말을 괜히 "헐뜯는다(訾謷)"라고 나무랐다. 이것은 《율곡전서》의 '문목'에 정리되어 있는 퇴계의 답변이다. 퇴계의 설명은 명확한 듯하지만, 선이 있으면 악도 있으니 선택하지 않을 수 없다는 다소 건조하고 추상적인 말로 이해될 수도 있다.

그러나 《퇴계집》에 전해지는 퇴계의 답서에는 위의 인용문에서 생략된 상당히 긴 글이 있다. 내용을 보면 퇴계의 답변의 초점은 지극한 선에 대한 인식으로부터 실천까지 이행되는 단계에 대해 면밀히 살피고 익히라는 데 맞춰져 있다. 퇴계는 율곡이 문제 삼은 사마광의 〈독락원기獨樂園記〉를 검토하며, 율곡이 생략한 부분까지 포함하여 글의 전후 맥락 속에서 저자의 의도를 이해하고 설명하였다. 이것은 논리적으로 모순되는 듯한 지점을 날카롭게 잡아내어 취약점을 집중 공격하는, 패기 넘치는 청년 율곡의 질문 방식과 비교된다.

아래는 퇴계의 답변 중 위의 《율곡전서》의 '문목'에서 생략되어 있는 부분이다.

사마온공은 이미 격물格物의 '격格'을 잘못 해석하여 '막는다(한어扞禦)'는 뜻이라 하였으니, 그의 설은 실로 정자程子나 주자朱子와 같을 수 없습니다. 그러나 학문을 하는 것에 대해 두루 논한 것은 의리와 위배되지 않는 부분이 있으니, 타고난 자질이 순수하고 아름다워 오묘한 도道에 은연중에 부합하였다고 할 수 있습니다. (《율곡전서》에 게재된 부분 중략: 보내온 편지에, "사물의 이치가 … 그대의 견해와는 같지 않은 듯합니다.)

〈독락원기〉의 아래위의 글 뜻을 거듭 살펴보고 지知와 행行의 설로 헤아려 보니, 이른바 "인의仁義의 근원을 엿보고 예악禮樂의 실마리를 더듬는다"는 것은 바로 격물格物의 일이고, "사·물의 이치가 다 눈앞에 모인다"는 것은 곧 치지致知의 효과이며, "옳은 것을 배운다"는 것은 힘써 행해야 하는 일이고, "옳은 것에 이르지 못하였다"라고 한 것은 행동이 미치지 못하여 스스로 힘쓴다는 말입니다. 무릇 "천하의 이치가 다 눈앞에 모인다"는 것은 이치를 궁구함이 깊지 않고서는 불가능한 일입니다. 이치를 궁구한 것이 깊기 때문에 천하의 이치에 대해 한눈에 낱낱이 파악이 되어 어느 것이 옳은지 어느 것이 그른지를 알 수 있으며, "그 옳은 것을 배운다"는 것은 그 알게 된 바에 따라서 몸소 실천하는 것입니다. 여기서 '옳은 것(可)'이란 '선善'과 같으며, '배운다(學)'는 '행한다(行)'와 같습니다. "옳은 것을 배우되 아직 그 옳은 것에 미치지 못하였다"는 것은, 한 가지 선을 얻으면 정성껏 가슴에 품고 있긴 하지만 아직 지극한 선(至善)의 경지에는 이르지 못하였다는 말입니다. 만약 "옳은 것을 배운다"는 말도 격물하는 일이라 한다면, 그 앞 문장의 "인의의 근원을 엿보고 예악의 실마리를 더듬는다"와 "사물의 이치가 눈앞에 모인다"라는 몇 구절에서 이미 '지知'를 다 설명하고, 다시 이 한 구절을 덧붙여 '지知'를 설명하는 것이니, '지'에 대한 설명을 중복한 것이 됩니다. 아래의 글에 '행行'에 대해서는 한마디도 언급하지 않다가 갑자기 "옳은 것에 미치지 못하였다"라는 한 구절을 가지고 뜬금없이 "미치지 못하여 스스로 힘쓴다"는 뜻으로 설명한다면, '행'을 설명한 부분이 두서가 없게 됩니다. 사마온공의 학문이 도통을 이어받은 것은 없을지라도, 그와 같이 엉성하고 그릇되지는 않았을 것입니다.

더구나 이 두 구절은 나의 생각에 따라 의미를 추론해 본다면, 온공은 공부가 미치지 못하는 듯하지만 행여 때를 놓칠까 걱정하여 부지런히 노력한 것입니다. 그러한 즐거움이 있는 줄만 알고 그 밖의 것은 알지 못하였기 때문에, 그 아래에 "남에게서 무엇을 구하며 밖에서 무엇을 기대하겠는가"라는 말을 붙여 놓은 것입니다. 이는 바로 온공이 홀로 즐긴 실제의 일이고, "의지가 약해지고……" 이하는 곧 즐기는 가운데 생기는 나머지 일들일 뿐입니다. 그렇다면 이 몇 구절은 잘못된 것이 없을 뿐만 아니라 실로 지극히 사리에 맞는 설명입니다. (이하《율곡

전서》에 게재된 부분 생략: 사물의 이치를 그 근본에 따라 논하면, ……)⁴⁴

율곡이 문제 삼은 글은 사마광의 〈독락원기〉에 나오는 것이다. 사마광은 북송시대에 왕안석王安石의 신법新法에 반대했던 구법파舊法派의 영수인 동시에 《자치통감資治通鑑》의 편찬자이기도 하다. 〈독락원기〉는 사마광이 만년에 중앙 정계에서 물러나 낙양洛陽에서 한직에 있을 때 쓴 글이다. 그는 퇴근 후 홀로 소요하며 책을 읽던 곳을 '독락원獨樂園(홀로 즐기는 동산)'이라 불렀는데, 그 이름의 유래와 당시의 심경을 적어 〈독락원기〉라고 하였다. 격조 있는 흥취와 고아한 품격이 담겨 있어서 많은 사람에게 회자되어 온 글이다. 그 중 율곡이 문제 삼은 부분은 아래와 같다.

"나 우수迂叟(사마광)는 평소에 책을 읽으며, 위로는 성인들을 스승으로 모시고, 아래로 어진 이들을 벗으로 삼으며, 인의仁義의 근원을 엿보고 예악禮樂의 실마리를 탐색하였다. 아직 형체가 존재하기 전의 것들부터 사방에 끝없이 펼쳐진 저 밖의 온갖 것들에 이르기까지 사물들의 이치가 모두 눈앞에 모여드니, 옳은 것을 배우되 아직 옳은 것에 미치지는 못하였다. (그렇다고 해서) 어찌 남에게 배우기를 구하겠으며 어찌 밖에서 배우기를 기대하겠는가?"⁴⁵

퇴계는 "인의仁義의 근원을 엿보고 예악禮樂의 실마리를 더듬는다"는 격물格物의 과정이고, "사물의 이치가 다 눈앞에 모였다"는 것은 곧 치지致知의 성과이며, "옳은 것을 배운다"는 것은 힘써 실천하는 것이고, "옳음에 이르지 못하였다"라고 한 것은 인식한 이치를 다 실천하는 데 이르지 못하여 스스로 힘쓴다는 의미라고 설명하였다. 율곡이 문제 삼은 "옳은 것을 배운다"는 것은 '격물치지'를 통해 인식한 이치를 실천하는 단계이므로, 인식의 단계인 '격물치지'와는 구분해서 이해해야 한다는 것이다.

사물의 이치를 근본에서 논한다면 당연히 옳은 것이므로 옳고 그름을 따질 필요 없이 그 옳은 이치를 인식하면 된다. 율곡의 이러한 문제 제기는 논리 자체로는 잘못된 것이 없다. 하지만 언제 어디에나 존재하는 이치를 실제로 어떻게 인식 혹은 체득할 것인가를 생각해 보면, 그것은 대단히 위태로운 생각이다. 주자가 궁리의 방법으로 제시한 '격물'이 훗날 왕양명으로부터 신랄한 비판을 받게 되는 것도 바로 이 때문이다. 사물을 마주하고서 그 사물 안에 내재된 보편적인 이치를 인식하는 데만 집중한다면, 그때 보편적 이치를 제대로 인식하였는지 확인할 방법이 없다. 확인은 결국 실천을 통해서 현실에서 이루어진다. '격물' '궁리'를 통해서 아무리 세상의 이치를 인식했다고 해도, 현실에서 그것을 실천하며 살아갈 수 없다면 그러한 진리 인식은 부족하거나 잘못된 것이다. 그럴 경우에 '격물' '궁리'는 수정된 방식으로 다시 이루어져야 하고, 그것을 바탕으로 온전한 실천이 이루어질 수 있다.

율곡이 보편적 진리의 '인식'에 초점을 맞춰서 사마광의 말을 비판하자, 퇴계는 진리 인식은 실천과 떼어서 볼 수 없는 것이라며 사마광의 글을 인식과 실천의 단계로 나누어서 다시 읽어준 것이다. 진리는 추상적인 것이 아니라 사람이 추구해야 할 지극한 선이고, 지극한 선에 대한 인식과 이를 바탕으로 한 실천을 연계해서 공부하고 익혀야 한다는 설명은 '경敬'의 자세를 바탕으로 이론학습과 덕성함양을 병행해야 한다는 퇴계의 문제의식에서 비롯된 것이라고 할 수 있다. 훗날 율곡은 이 문제의식을 발전시켜, 공부의 단계를 거경居敬－궁리窮理－역행力行[46]의 세 단계로 체계화하게 된다.

성인의 권위

율곡의 네 번째 질문은 공자나 맹자와 같은 성인도 타인을 대할 때 오만한 경우가 있냐는 것이다. 이는 《대학장구》〈전傳 8장〉에 대한 주자의 설명과 관련된 것인데, 율곡이 경전을 공부하며 의문나는 점을 정리해 두었다가 퇴계에게 물은 질문 중 하나이다.

　이것은 표면적으로는 '오만함과 게으름(오타敖惰)'의 해석과 적용에 관한 질문이지만, 내용을 보면 문제의 관건은 공자·맹자·주자와 같은 성현에게 오류가 있을 수 있는가 하는 것이다. 공자와 맹자가 '오만'하지 않았다면 '오만'함을 설명하면서 그들을 예로 든 주자가 잘못된 것이고, 주자에게 잘못이 없다면 공자와 맹자가 '오만'했다는 것이 되기 때문이다. 율곡의 질문을 보자.

【문】《대학》 제8장의 '오만함과 게으름(오타敖惰)'을 해석한 곳에서 주자가 말씀하시기를, "오만하게 대할 만하게 처신하는 사람에 대하여 오만하게 대하는 것은 사람이라면 누구나 마땅히 가지게 되는 일반적 감정이고 일의 이치로 보아도 당연한 것이다"라고 하였습니다. 그리고는 공자께서 슬瑟을 끌어다 연주하며 노래하신 일과 맹자께서 안석에 기대어 우셨던 일을 가지고 증명하였습니다. 이에 대하여 호씨胡氏[47]는

말하기를, "'오만함과 게으름'은 군자를 위해 한 말이 아니고, 일반인을 위해 한 말이다. 일반인들 가운데 본래 스스로 오만함과 게으름에 치우친 자가 있다"라고 하였습니다. 이 두 가지 설을 어떻게 절충해야 합니까? 만약 저 사람이 오만하게 대할 만하다고 하여 마침내 오만하게 대한다면 병통이 없을 수 있겠습니까? 공자와 맹자의 행동은 바로 탐탁하게 여기지 않는 가르침이니, 어찌 오만하게 대하려는 마음이 있었겠습니까? 이 부분에 대해 의문이 없을 수 없습니다. 다만 진씨陳氏[48]는 말하기를, "'오敖'는 단지 예禮를 행하는데 간소한 것이고, '타惰'는 단지 예를 행하는데 게으른 것이다"라고 하였습니다. 그렇다면 이 장에서의 '오敖' 자의 뜻은 한자韓子[49]가 이른바 '오敖는 비록 나쁜 덕목(흉덕凶德)이지만'이라고 할 때의 '오'자와 다른 뜻이 있습니까.[50]

오만하게 대할 만하게 처신하는 사람에게 오만하게 대하는 것은 인지상정이므로, 공자나 맹자와 같은 성인도 그런 경우가 없지는 않을 것이라고 생각할 수도 있다. 그러나 공자·맹자는 유학의 전통에서 거의 신격화된 존재이므로 그들이 예에 어긋나는 오만한 행위를 했다고 말하는 것은 곤란한 일이다. 그렇다고 해서 주자가 예를 잘못 든 것이라고 한다면 주자의 설명이 틀렸다는 것이 되니, 그렇게 말하기도 난감하다. 그런데 《대학》의 원문을 보아도, 호병문이나 진순의 설명을 보아도 '오타'를 성인이 행할 만한 좋은 의미로 해석할 수는 없다. 율곡은 이런 질문을 제기함으로써 퇴계를 난처하게 만들어 보려 했는지도 모르겠다. 하지만 이런 문제는 유학에서 심심치 않게 부딪히는 일이다.

사실 유가에서는 이미 요왕·순왕·우왕·탕왕·문왕·무왕·주공 그리고 공자·맹자 등의 성현들이 진리를 인식하고 그것을 실천하며 모범을 보여주었다고 여기고, 성현의 말씀과 행적을 따르는 일을 가장 중요한 공부의 방법으로 삼는다. 진리를 이해하고 설명하고 실천한 성현들이 역사상 존재한다는 것은 진리에 대한 확실성과 구체성을 더해준다. 하지만 진리를 체득한 성현들이 잘못을 범했을 리 없다는 의미에서 성현들의 '무오류성'을 상정함으로써 역으로 진리의 인식과 해석에 대한 부담으로 작용하기도 한다.

주자는 "오만하게 대할 만하게 처신하는 사람에 대하여 오만하게 대하는 것은 사람이라면 누구나 마땅히 가지게 되는 일반적 감정이고 일의 이치로 보아도 당연한 것이다"라고 하면서 공자와 맹자의 예를 들었다. 이를 보면 주자는 오만함을 인간이면 누구나 가지게 되는 감정이며 예에도 어긋나지 않는다고 생각한 듯하다. 하지만 상대가 그렇게 처신한다고 해서 성현이 오만하게 처신하는 것이 타당한 일일까?

실제로 《대학》 8장에 나오는 '오타敖惰'는 그렇게 긍정적인 의미로 해석되지 않는다. 《대학》 8장은 수신修身과 제가齊家의 관계를 설명한 것으로, 개인의 수양이 어떤 이유에서 가정이라는 최소 단위의 사회를 운영하는 데 관건이 되는지 그 원리에 관한 내용을 담고 있다.

이른바 "그 가정을 질서 있게 하는 것이 그 자신을 수양하는 데 달려있다"는 것은, 사람이 그 친하거나 아끼는 바에서 치우치고, 그 천하게 여기거나 미워하는 바에서 치우치며, 그 두려워하거나 공경하는 바에서 치우치고, 그 슬퍼하고 안타깝게 여기는 바에 치우치고, 그 오만하거나 게으른 바에서 치우치기 때문이다. 그러므로 좋아하면서도 그 나쁜 점

을 볼 줄 알고 미워하면서도 그 좋은 점을 볼 줄 아는 자는 세상에 드
물다.[51]

여기서는 가정의 화목이 개인의 수양에 달려 있다고 하면서, 상
대를 대하는 마음가짐에 대해 설명하고 있다. 상대를 대할 때 상대의
장점을 인정하며 극진한 예를 갖추어 대할 경우에도 동시에 그의 단
점을 볼 줄 알아야 하고, 상대의 단점에 주목하며 오만하게 대할 경
우에도 동시에 그의 장점을 인정할 줄 알아야 한다는 것이다. 사적인
감정에 치우치지 않고 타자를 공정하게 대하는 것이 자기 수양(수신
修身)의 관건이며, 그렇게 할 수 있어야 가정이라는 최소 단위의 사회
에서 타자들과 함께 화목한 공동체를 만들어 나갈 수 있다는 것이다.
자기 수양을 잘 해서 화목한 가정을 이루려면 편파적으로 아끼거
나 공경하지도, 편파적으로 미워하거나 오만하게 상대를 대하지도
말라는 것이므로, '오타'가 좋은 의미로 사용된 것은 아니다. 그런데
주자가 이에 대해 공자와 맹자의 예를 들었으니 율곡이 의문을 가질
만하다. 공자와 맹자가 오만하게 무례한 행동을 했다는 것인가? 주
자가 예로 든 공자와 맹자의 이야기는 본래 다음과 같다.

"유비孺悲가 공자를 뵙고자 하였는데, 공자께서 병이 있다고 거절하셨
다. 명령을 전달하는 자가 문밖으로 나가자, (공자는) 슬瑟을 끌어당겨
노래하며 그로 하여금 듣게 하셨다."(《논어論語》, 〈미자微子〉)

"어떤 사람이 임금을 위해서, 맹자가 떠나는 것을 만류하고자 앉아서
이야기하였지만, (맹자는) 응대하지 않고 안석에 기대어 누우셨다."

(《맹자孟子》,〈공손추 하 公孫丑 下〉)

첫 번째 사례는 공자가 만나기를 청하는 사람을 거절하고는, 그것이 의도적인 것임을 드러냄으로써 그 사람이 스스로 반성하게 한 것이다. 두 번째 사례의 맹자 역시 일부러 오만함을 드러냄으로써 상대가 그 의도를 읽어내어 자신을 돌아보도록 한 것이다.

진순의 해석에 따르면 '오'는 예를 행함에 간략한 것이고, '타'는 예를 행함에 게으른 것이다. 둘 다 예법에 맞게 하려면 어찌해야 하는지 알지만, '오'는 의도적으로 예의 절차를 간소화한 것이고, '타'는 무성의하게 예의 절차를 생략한 것이다. 따라서 둘 다 무례함의 일종이지만, '오'는 의도적인 오만함, '타'는 예의 실천에 대한 성의의 부족이라고 할 수 있다.

율곡의 질문은 결국 좋지 않은 의미로 사용된 '오'를 공자·맹자와 같은 성인에게 적용할 수 있는가 하는 것이다. 그러한 예를 든 것이 주자였으니, 주자가 잘못된 이야기를 했을 리가 있겠느냐는 문제도 있다. 물론 주자도 공자나 맹자가 잘못된 행위를 하였다는 의미로 예를 든 것 같지는 않다. 그렇다면 주자는 《대학》의 '오'에 대해 달리 해석하였다는 것일까? 《대학》에서 '오만함과 게으름'를 행하는 '사람'에 대해 주자가 '보통 사람(중인衆人)'이라고 주석을 단 것을 보면 주자 역시 '오만함과 게으름'을 좋은 의미로 이해한 것은 아니다. 그렇다면 주자는 왜 '보통 사람'이 아닌 공자와 맹자의 예를 든 것일까? 율곡의 질문에 답을 하려니, 퇴계는 주자를 변호해 주어야 할 입장에 처하게 된 듯하다.

【답】'오타傲惰'에 대한 설은 호씨胡氏가 "보통 사람을 위하여 말한 것이다"라고 한 것이 옳습니다. 그러므로 《대학》 제8장의 첫머리에 '사람(인人)'이란 용어를 사용하였고, 주자도 이것을 풀이하여 다시 말하기를 "사람이란 보통 사람(중인衆人)을 말한다"라고 하였고, 또 말하기를 "일반 사람(상인常人)의 감정은 그 향하는 바에 대해 신중히 살피지 않는다"라고 하였습니다. 그러므로 그것은 본래 군자를 위하여 말한 것이 아님을 알 수 있습니다. 그러나 보통 사람의 병통을 말한 것은 바로 (그것으로) 군자를 깨우침으로써 병통을 알아서 치우친 것을 바로잡게 하여 중도中道를 이루도록 하기 위한 것입니다. 그러므로 '오타' 두 글자에 대해서는 또한 군자의 입장에서 그에 대해 대처를 어떻게 해야 하는지를 논하지 않아서는 안 되는 것입니다. 대개 보통 사람의 처지에서 말하자면, 비록 "상대가 오만하게 대할 만할 경우에 오만하게 대한다"라고 하고, 또한 "오만은 사람의 감정상 마땅히 있는 것이다"라고 말할지라도 나쁜 덕목(흉덕凶德)과 관련됨을 면치 못하는 것은, 한쪽으로 치우치는 폐단에 빠지기 때문입니다. 군자의 경우에는 그 상대의 평범함으로 인하여 내가 예우를 약소하게 하는 것이 곧 사리의 당연한 법칙이니, 막히거나 치우친 뜻이 한 점도 없이 깨끗하므로, 그 온후하고 진실하며 바르고 화평한 기상이 여전히 그대로 있는 것입니다. 공자가 슬을 끌어당겨 연주하며 노래하고 맹자가 안석에 기댄 것을 주자가 가져다 증명한 것은 실제로 공자와 맹자가 오만하고 게을렀다는 것을 이르는 것이 아닙니다. 오만함과 게으름이 성현의 거동에 있어서는 이와 같을 뿐임을 말한 것입니다. 그렇다면 (주자의 말 때문에) 어찌 군자도 보통 사람과 똑같이 오만하고 게으르게 되리라고 걱정하겠으며, 또한 어찌 배우는 이가 남에게 오만하고 세상을 가볍게 여기게 될 것

을 염려하겠습니까? (퇴계의 보충설명: '오敖'자는 나쁜 덕목을 의미하는 '오'자와 본래 글자만 같고 뜻이 다른 것은 아니지만, 군자에 대해 말할 때에는 다만 그 뜻이 조금 다릅니다.)⁵²

《대학》 8장에서 "오만하고 게으른 바에 대해 치우친" '사람'이란 호병문의 설명처럼 보통 사람을 말한다. 그에 대해서는 주자 역시 생각이 다르지 않았지만, 그럼에도 주자가 공자와 맹자를 예로 들었으니 문제가 된 것이다. 이에 퇴계는 보통 사람과 군자를 분리하여 설명하였다.

《대학》 8장의 이야기는, 보통 사람의 경우는 자신들의 병통을 경계하도록 한 것이지만, 군자의 경우는 《대학》을 공부하는 군자들로 하여금 보통 사람들의 병통을 바로잡도록 하기 위한 것이라는 설명이다. 그러므로 주자는 공자와 맹자가 보통 사람들의 병통을 바로잡기 위해 행했던 교육적 행위를 예로 들었다는 것이다. 퇴계로서는 공자와 맹자뿐 아니라 주자에 대해서도 '무오류성'의 원칙을 벗어나지 않는 범위 내에서 절묘하게 답변을 한 셈이다. 오만함과 게으름도 성인이 행할 경우는 편벽됨이 없이 표현되는 것이고, 그것은 겉보기에는 잘못된 일로 보일지라도, 실제로는 개인적 감정의 치우침이 아니라 교육적 효과를 위한 균형 잡힌 대응이라는 것이다.

성현들의 말씀을 날카롭게 파고들어 논리적으로 비판함으로써 성현들을 뛰어넘는 것도 하나의 공부 방법이겠지만, 오랜 세월에 걸쳐 세워진 성현들의 권위를 인정하고 권위에 비추어 스스로를 성찰하도록 하는 것도 또 하나의 공부 방법이다. 율곡이 전자의 입장이었다면, 퇴계의 입장은 후자에 속할 것이다. 이러한 관점의 차이는 율곡과 퇴계가 아니더라도, 기성의 권위에 대하여 젊은 청년과 노인이 일반적으로 가지는 관점의 차이일 것이다.

유가에서 성현들의 권위가 필요했던 특별한 이유는 초월적 신이나 사후의 심판을 설정하지 않고, 현실 역사 속에서 이상사회를 건설하는 것이 유학의 목표였기 때문이다. 다소 비현실적으로 과장되었을 수도 있는 성현들의 권위는 개인적으로는 자신을 채찍질하고, 사회적으로는 권력을 지닌 자들이 전횡을 일삼지 않도록 견제하는 역할을 한다. 사회의 운영체제가 근본적으로 개혁되어야 할 상황이 되기 전까지는, '성현'의 권위란 현실의 타락을 막고 이상사회로 한 발한 발 다가가기 위해 끊임없이 경계하도록 하는 무형의 장치로 기능한다. 기존의 권위를 부수는 것은, 파괴의 과정을 거치지 않고서는 고질화된 현실의 문제를 타개할 수 없거나 혹은 한층 더 나은 사회로 도약할 수 없을 때 의미가 있을 것이다. 하지만 때로는 성현의 권위를 의도적으로 강화하고 인정함으로써 현실의 권력에 대한 강력한 비판과 견제의 역할을 수행할 수 있다. 성현도 인간인 이상 완벽할 수는 없겠지만, 오히려 작은 흠결을 덮고 큰 장점을 높임으로써 현실에 더 도움이 될 수 있다는 것이다.

3

사단과 칠정
퇴계와 고봉의 8년 논쟁

율곡이 퇴계를 처음 찾아갔던 1558년은 퇴계의 생애에서 특히 주목할 만한 한 해였다. 2월에 율곡이 다녀간 뒤, 보내온 편지와 문목에 대해 5월에 퇴계가 답장을 보내면서 두 사람 사이에 교류가 본격적으로 시작되었다. 같은 해 11월에는 고봉高峯 기대승奇大升(1527~1572)이 찾아왔고, 얼마 후 퇴계는 자신이 수정한 〈천명도天命圖〉 안의 사단四端과 칠정七情에 관해 고봉이 문제를 제기하였다는 이야기를 전해 들었다. 퇴계는 이듬해 1월 고봉에게 편지를 보냈다. 조선유학의 대표적 논쟁 중 하나인 '사단칠정논쟁'이 시작된 것이다. 퇴계와 고봉의 논쟁은 이때부터 1566년 7월까지 8년 동안 편지 왕래를 통해 진행되었다. 이것은 조선이 성리학 국가로 건국된 지 160여 년 무렵에 벌어진 학술논쟁으로, 조선 성리학의 완숙한 수준을 보여주는 동시에 이후 조선유학의 전개에 결정적인 영향을 준 논쟁이었다.

퇴계와 고봉은 26년의 나이차를 넘어 서로 예의를 갖추면서도 치열하게 논박하며 장기간의 논쟁을 진행하였고, 이 논쟁은 오랜 세월을 두고 지식인들에게 모범이 되고 있다. 그리고 퇴계가 세상을 떠난 지 2년 후인 1572년, 우계牛溪 성혼成渾(1535~1598)이 이 문제에 관해 율곡에게 질문을 던지면서 우계와 율곡 사이의 논쟁이 시작되었다. 그 과정에서 사단칠정논쟁은 인심도심人心道心의 문제로 확산되었고 논의는 더 깊어졌다.

퇴계와 고봉 사이의 사단칠정논쟁은 율곡이 퇴계에게 보냈던 첫 번째 문목(1558)과 두 번째 문목(1570) 사이의 긴 기간 동안에 이루어진 퇴계의 중요한 학문적 성과를 담고 있다. 그 과정에서 다듬어진 퇴계의 입장은 율곡의 두 번째, 세 번째 문목에 대한 답장에 반영된다. 또한 율곡은 퇴계의 입장을 비판적으로 바라보면서 자신의 입장을 세워 갔고, 이를 바탕으로 훗날 퇴계의 입장을 지지하던 성혼과 논쟁을 벌이게 된다.

율곡은 기본적으로 고봉의 설을 지지하는 입장이었다. 퇴계와 고봉이 논쟁을 진행할 당시에 율곡도 관심을 가지고 지켜보았지만, 당시 연배나 학문적 수준으로 볼 때 자신이 그 논쟁에 끼어들 처지는 아니라고 생각했던 듯하다. 율곡은 고봉보다도 아홉 살이나 어렸다. 훗날(1572) 율곡은 우계에게 보낸 편지에서 당시의 상황을 다음과 같이 적었다.

"퇴계 선생의 정밀하고 상세함, 신중하고 치밀함은 근자에 유례를 찾을 수 없지만 '리가 발하고 기가 그것을 따른다(리발기수지理發氣隨之)'는 설은 아무래도 리와 기를 선후先後로 나누는 병통이 조금 있습니다.

노선생(퇴계)께서 세상을 떠나시기 전에 제가 이 말을 듣고 내심 그 잘 못을 알았습니다만, 다만 나이가 어리고 학문이 얕아서 감히 그 문제점 을 여쭈며 귀일점을 찾지는 못하였습니다. 매번 그 일을 생각할 때마다 마음 속 깊이 아쉬움을 느낍니다."

천명도

논쟁의 계기가 된 것은 추만秋巒 정지운鄭之雲(1509~1561)이 그린 〈천 명도天命圖〉였다. 〈천명도〉란 성리학의 세계관에 따라서 우주·자연 의 이치가 인간을 통해 구현되는 과정을 구조화한 그림이다. 성리학 에 따르면, 인간은 하늘로부터 자연의 보편적 원리를 부여받아 태어 나며, 그 보편적 원리는 인간의 마음 안에 도덕본성의 형식으로 자리 잡고 있다가 현실 속에서 도덕감정으로 드러나게 된다. 자연의 구성 원인 인간은 태생적으로 자연의 보편적 원리에 따라 도덕적으로 살 아가게 되어 있다는 것이다.

　〈천명도〉는 인간이 도덕적 삶을 살아가야 할 근거와 원리를 설명 하는 성리학의 형이상학적 이론을 한눈에 보기 쉽도록 한 장의 그림 으로 그린 것이다. 특히 자연 전체의 구도 속에서 인간의 마음을 중 심으로 자연과 인간의 관계를 그린 〈천명도〉의 도해방식은 양촌陽村 권근權近(1532~1409)의 〈천인심성합일지도天人心性合一之圖〉 이래로 조 선유학의 특성을 잘 드러내는 것으로 평가되어 왔다. 중국 북송대 성 리학의 대표적 그림 중 하나인 염계濂溪 주돈이周敦頤(1017~1073)의 〈태극도太極圖〉와 비교해 보면 조선에서 그려진 천명도류 그림들의

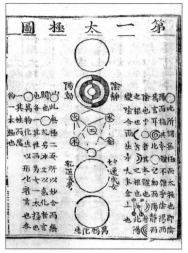

그림 1 주돈이의 〈태극도〉

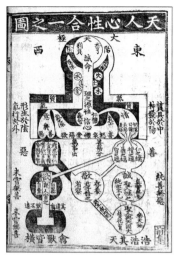

그림 2 권근의 〈천인심성합일지도〉

특징이 쉽게 드러난다.

〈태극도〉가 우주 전체의 생성 과정 속에서 인간을 구성원 중 하나로 포함시킨 데 비해 〈천명도〉는 우주를 배경으로 인간의 마음, 도덕본성, 도덕감정을 중심에 배치하였다. 양촌이 인간의 마음과 도덕본성을 중심으로 그린 〈천인심성합일지도〉의 기본 구도는 퇴계와 추만이 수차례 수정하여 만든 〈천명도〉, 하서河西 김인후金麟厚 (1510~1560)가 그린 〈천명도〉 등에도 그대로 이어졌다.[2] 이 그림들은 인간의 마음과 도덕의 문제를 중심으로 우주를 이해하고 설명하려 했던 조선 지식인들의 의식을 보여준다.

조선은 성리학을 이념으로 지식인들에 의해 세워진 나라였다. 지식인들은 바로 조선의 건국과 국가 운영의 주체였다. 지식인들은 성리학에 기반해 도덕국가를 세우고 운영할 수 있는 근거를 이론적으로 설명하고, 이를 제도화·풍속화하기 위해 많은 노력을 기울였

그림 3 김인후의 〈천명도〉

다. 〈천명도〉는 그러한 과정에서 나온 그림이었다. 그들은 〈천명도〉를 통해 인간이 도덕이상국가를 실현할 수 있고, 또한 실현해야만 한다는 원리를 일목요연하게 보여주려 하였다. 〈천명도〉는 바로 그들의 문제의식에 따라 성리학의 핵심을 정리하는 매우 유용한 방법이었다. 이 때문에 당시 학자들은 추만이 그린 〈천명도〉에 주목하였고, 한 장의 그림에 그려진 성리학 이론의 구조와 표현 방식에 세심한 관심을 기울였다. 그러한 관심 속에서 그 그림에 그려진 사단과 칠정의 배치와 설명을 중심으로 장기간의 논쟁이 벌어지게 된다.

애초에 추만은 사재思齋 김정국金正國(1485~1541) 문하에서 공부한 것을 바탕으로 1537년경 혼자서 〈천명도(1)〉[3]을 그렸다. 우주와 인간 심성의 관계를 설명하는 성리학 이론을 하나의 그림으로 정리해 보고 싶었던 모양인데, 그림을 본 주변 학인들이 필사하여 돌려보았다. 1553년 퇴계는 조카 교喬를 통해 필사본 〈천명도(2)〉 중 하나를 접하고는, 추만이 그린 원본을 보고 싶어 하였다. 추만은 그 동안 본인이 수정한 〈천명도(3)〉을 가지고 퇴계를 만났다. 퇴계는 그림을 보며 의견을 제시하였고, 추만은 퇴계의 의견을 적극 받아들였다. 두세 달이 지난 뒤 추만은 퇴계의 의견을 반영하여 수정한 〈천명도(4)〉를 가지고 퇴계를 찾아왔다. 퇴계와 추만은 이를 다시 손질하여 새로운 〈천명도(5)〉를 만들었다. 추만은 〈천명도(5)〉를 가지고 고봉을 만났고, 고봉은 그림에 대해 이견을 제시하게 된다. 그리고 퇴계는 고봉과의 논쟁을 거치면서 고봉의 의견을 일부 수용하여 다시 수정한 〈천명도(6)〉을 만들었다.[4]

〈천명도〉의 판본은 몇 가지가 있지만,[5] 현재 가장 널리 알려진 것은 《퇴계집》의 〈천명도설후서天命圖說後敍〉에 실린 〈천명구도天命舊圖〉와 〈천명신도天命新圖〉이다.

일반적으로 퇴계집의 〈천명구도〉는 추만의 단독 작품이고, 〈천명신도〉는 퇴계가 수정한 것이며, 고봉이 〈천명신도〉를 보고 퇴계에게 문제를 제기함으로써 사단칠정논쟁이 시작되었다고 알려져 있다. 후학들이 고봉의 문묘 배향을 청하기 위해 작성한 상소인 〈청향소請享疏〉에서도 논쟁의 발단을 그와 같이 정리한 것을 보면,[6] 이미 퇴계와 고봉 사후 적잖은 조선시대 학자들이 그렇게 생각했던 듯하다. 그것은 근대 이후 조선유학 관련 연구서에서 주류의 설로 받아들여졌다.[7]

하지만 그간에 〈천명도〉와 퇴계·고봉의 왕복편지에 대한 학자들의 면밀한 검토를 통해 대체로 연관관계가 해명되었다.[8] 《퇴계집》에

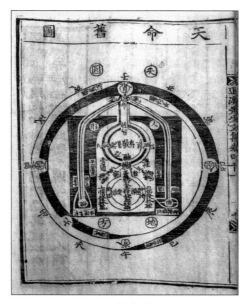

그림 4 〈천명구도〉

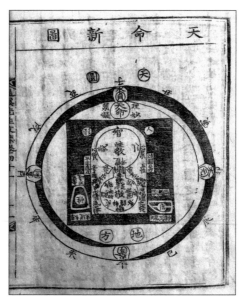

그림 5 〈천명신도〉

수록된 〈천명구도〉는 추만이 퇴계를 만난 뒤 퇴계의 의견을 반영해서 함께 수정한 〈천명도(5)〉이고, 고봉은 바로 이 〈천명도(5)〉를 보고 퇴계에게 문제를 제기하였다. 그리고 퇴계집의 〈천명신도〉는 퇴계가 고봉과의 논쟁 성과를 일부 반영하여 다시 수정한 〈천명도(6)〉으로 추정된다. 사단칠정논쟁의 발단은 〈천명도(6)〉에 실린 "사단은 리의 발현이고 칠정은 기의 발현이다(四端理之發, 七情氣之發)"에 대한 문제제기가 아니라, 〈천명도(5)〉에 실린 "사단은 리에서 발현된다(四端發於理)"와 "칠정은 기에서 발현된다(七情發於氣)"에 대한 고봉의 문제제기라는 것이다.

1558년 10월, 고봉이 과거를 보기 위해 한양에 머물 때, 추만이 퇴계와 함께 수정한 〈천명도(5)〉를 가지고 와서 이야기를 나누었다. 이때 고봉은 〈천명도(5)〉가 추만과 퇴계에 의해 수정된 것이라는 말을 들었을 것이다. 고봉은 〈천명도(5)〉에 그려진 사단·칠정의 배치구조와 설명방식에 대해 문제를 제기하였다. 퇴계가 그 말을 전해 듣고 이듬해 1월에 편지를 써 보내면서 역사적인 '사단칠정논쟁'이 시작된다.

도덕감정과 도덕본성

사단四端과 칠정七情은 인간의 감정을 가리킨다.[9] 감정 중에서도 도덕과 관련된 감정을 의미한다. 그런데 칠정은 기쁨·성남·슬픔·두려움·아낌·미움·탐냄(희喜·노怒·애哀·구懼·애愛·오惡·욕欲)이라는 일곱 가지 감정을 직접 지칭하는 용어인 데 비해, '사단'이라는 개념은 본래 어떤 '감정'을 지칭하기 위해 만들어진 독립적 용어가 아니었다. 사단四端의 원뜻은 도덕본성을 유추할 수 있는 '네 가지 실마리'이다.

'사단'이라는 용어를 처음 사용한 맹자[10]는 인간의 본성이 본래 선하다는 자신의 주장을 입증하기 위해 선한 본성의 존재를 미루어 알 수 있는 네 가지 실마리를 제시하였다. 마음 안에 있다고 하는 도덕본성의 존재는 직접 확인할 방법이 없으므로 경험적 사실로부터 추론할 수밖에 없었고, 그가 주목한 경험적 사실이란 도덕과 관련된 네 가지 감정이었다. 네 가지 감정이란 측은지심惻隱之心(어려운 처지를 안타까워하는 마음), 수오지심羞惡之心(옳지 않은 일을 부끄러워하고 미워하는 마음), 사양지심辭讓之心(양보하는 마음), 시비지심是非之心(옳고 그름을 분별하는 마음)이다. 맹자는 네 가지 감정이 유가에서 전통적으로 인간 본성의 내용이라고 규정되어 온 인仁·의義·예禮·지智를 각각 추론할 수 있는 '네 가지 실마리'라고 하였다. 그 후 선한 본성을 추론할 수 있는 단서들은 순수하게 선한 도덕본성이라는 인仁·의義·예禮·지智가 전혀 왜곡 없이 현상으로 드러난 순선한 도덕감정 네 가지를 가리키는 용어로 사용되기 시작하였다.

그에 비해 칠정은 글자 그대로 '일곱 가지 감정'이다. 그것은 도덕본성으로부터 드러나는 감정 전체를 가리킨다. 유학에서 도덕본성의 특성은 네 가지(仁·義·禮·智)로 정리되어 왔지만, 본성은 상황에 따라 여러 가지 감정으로 드러날 수 있다. 따라서 감정의 종류는 분류하기에 따라 얼마든지 달라질 수 있다. 성리학에서는 《예기禮記》의 〈예운禮運〉에서 언급된 것을 따라서, 일곱 가지 감정으로 그 감정들 전체를 통칭한다.

"사람의 감정이란 무엇인가? 기쁨(희喜), 성남(노怒), 슬픔(애哀), 두려움 (구懼), 아낌(애愛), 미움(오惡), 탐냄(욕欲)이니, 이 일곱 가지는 배우지 않아도 할 수 있다."[11]

그리고 감정의 종류에 관해 위의 인용문보다 더 널리 알려진 것 은 본래 《예기》의 한 편이었다가 독립된 책이 된 〈중용中庸〉의 구절 이다.

"기쁨(희喜), 성남(노怒), 슬픔(애哀), 즐거움(락樂)이 아직 발현되지 않 았을 경우를 '중中'(이치에 딱 들어맞음)이라 하고, 발현되어 모두 도리 에 맞았을 경우(中節)를 '화和'(주변 상황과 잘 조화됨)라고 한다. '중中' 이란 천하의 큰 근본이요, '화和'란 천하에 두루 통하는 도道이다."[12]

〈예운〉에서는 일곱 가지 감정을 제시하고, 〈중용〉에서는 그 중 셋 과 즐거움(樂)을 합쳐 네 가지 감정을 거론하였지만, 둘 다 인간의 도 덕감정 전체를 통칭한다. 인간의 도덕감정을 몇 가지로 분류하는 것 이 가장 적절할지에 대해서는 단정하기 어렵지만,[13] 유학에서는 일반 적으로 〈예운〉에 따라 '칠정', 즉 일곱 가지 감정이라고 말한다.

〈예운〉의 인용문에 따르면, 사람의 감정이란 배우지 않아도 누구 나 느끼고 표현할 줄 아는 것이다. 배가 고프거나 몸이 아플 때의 느 낌과 같은 감정이 포함되지 않은 것은 칠정이 생리적 작용에 의해 수동적으로 느끼는 감정이 아니라 어떤 사태에 대해 의식적·무의식 적 판단이 개입되는 도덕감정을 가리키기 때문이다. 〈중용〉의 인용 문에서 설명되듯이, 이 감정들은 아직 겉으로 드러나지 않았을 경우에는 "(이치에) 딱 들어맞는다(중中)"라고 하고, 겉으로 드러나 절도에 맞을 경우에 "(주변 상황과) 잘 조화된다(화和)"라고 한다. 또한 자연의 원리에 딱 들어맞는 도덕감정의 원천은 천하의 큰 근본이고, 드러나 주변 상황이나 타자들과 조화를 이루는 도덕감정은 천하에 두루 통하는 길(도道)이 된다고 한다. 훗날 성리학에서는 도덕감정이 아직 드러나지 않았을 때 자연의 원리에 일치하는 도덕감정의 원천을 '도덕본성(성性)', '아직 드러나지 않은 마음의 본체(미발심체未發心體)' 등의 개념으로 다시 구분하여 도덕감정과의 관계를 좀더 명확하게 정의한다. 하지만 《예기》〈중용〉에서는 이 모든 것이 도덕감정의 한 측면으로 설명된다. 이는 《예기》가 만들어진 시기에는 아직 성리학에 비해 감정과 본성에 대한 개념의 분화와 추상화가 덜 이루어졌기 때문일 것이다.

그런데 칠정이 가리키는 일반적인 도덕감정은 어떤 식으로든 드러나기 마련이므로, 드러날 경우에 인간의 인식능력으로 확인할 수 있다. 그것이 자연의 원리에 맞는지 여부도 판정해 볼 수 있다. 하지만 그 감정이 아직 발현되지 않아 자연의 원리와 일치되어 있는 상태, 즉 도덕본성 혹은 '미발심체'의 상태는 직접 확인할 수가 없다.

더욱이 사단은 본래 감정 자체를 가리키기 위해 만든 용어가 아니라 도덕본성을 설명하기 위해 사용된 도구적 표현이었다. 따라서 도덕본성과의 관계를 고려하지 않고 사단을 논하는 것은 의미가 없다. 조금 길지만 '사단'이라는 용어의 기원이 되는 《맹자孟子》의 내용을 직접 살펴보자.

맹자가 말하였다. "사람은 모두 타인의 고통을 차마 보지 못하는 마음

(불인인지심不忍人之心)을 가지고 있다. 먼 옛날의 왕은 타인의 고통을 차마 보지 못하는 마음을 가지고 있었으므로, 그때는 타인의 고통을 차마 보지 못하는 정치(불인인지정不忍人之政)가 있었다. 타인의 고통을 차마 보지 못하는 마음을 가지고 타인의 고통을 차마 보지 못하는 정치를 행한다면, 천하를 다스리는 일은 손바닥 위에서 하는 일처럼 쉽게 할 수 있다.

사람이 모두 타인의 고통을 차마 보지 못하는 마음을 가지고 있다는 것은 다음과 같은 이유 때문이다. 지금 어떤 사람이 문득 어린 아이가 우물에 빠지려 하는 것을 보게 된다면, 누구나 깜짝 놀라 안타까워하는 마음(출척측은지심怵惕惻隱之心)을 가지게 된다. 이는 그 아이의 부모와 교분을 맺기 위해서도 아니고, 마을 사람들이나 친구들로부터 칭찬을 듣기 위해서도 아니며, 어린 아이의 울부짖는 소리가 듣기 싫어서 그렇게 하는 것도 아니다.

이로부터 생각해 보건대, 안타까워하는 마음(측은지심惻隱之心)이 없으면 사람이 아니며, 옳지 않은 일을 부끄러워하고 미워하는 마음(수오지심羞惡之心)이 없으면 사람이 아니며, 양보하는 마음(사양지심辭讓之心)이 없으면 사람이 아니며, 옳고 그름을 분별하는 마음(시비지심是非之心)이 없으면 사람이 아니다. 안타까워하는 마음은 인仁의 실마리(단端)요, 옳지 않은 일을 부끄러워하고 미워하는 마음은 의義의 실마리이며, 양보하는 마음은 예禮의 실마리요, 옳고 그름을 분별하는 마음은 지智의 실마리이다.

사람이 이 네 가지 실마리(사단四端)를 가지고 있는 것은 사지四肢(두 팔과 두 다리)를 가지고 있는 것과 같다. 이 네 가지 실마리를 가지고 있으면서도 자신이 선善을 실천할 수 없다고 하는 자는 스스로를 해치는 자이며, 자기의 임금이 선을 실천할 수 없다고 하는 사람은 그 임금을 해치는 자이다.

무릇 자신에게 있는 네 가지 실마리를 모두 확충할 줄 알게 되면, 마치 불씨가 막 타오르기 시작하고 샘물이 막 솟아오르기 시작하는 것과 같아진다. 진실로 그것을 확충할 수 있다면 온 세상을 보존할 수 있지만, 진실로 그것을 확충하지 않는다면 자기 부모조차도 모실 수 없다."14

인간에게는 누구나 측은지심·수오지심·사양지심·시비지심이 있음을 경험적으로 확인할 수 있는데, 이것들은 각각 인·의·예·지가 있음을 추론해 들어갈 수 있는 네 개의 실마리라는 것이다. 인간에게 네 개의 실마리가 있는 것은 마치 누구나 네 개의 팔다리를 가지고 있는 것과 같이 명백하다고 맹자는 주장한다. 사람에게 인·의·예·지라는 본성이 있다는 사실이 그만큼 확실하다는 것이다. 자신에게 있는 네 가지 실마리를 모두 잘 키워서 잠재력을 충분히 발휘할 줄 알게 되면, 인·의·예·지의 발현은 마치 불이 막 타오르거나 못이 막 차오르기 시작하는 것과 같다고 한다. 그것은 작은 시작이지만 내면으로부터 저절로 우러나오는 것이어서 막기 어려운 일이며, 작은 불씨가 들판을 불사르고, 샘솟는 물이 큰 연못을 이루듯이 그 결과는 장대할 수 있다는 것이다. 그래서 사단을 잘 키워서 충분히 발휘할 수 있다면 온 천하를 보존할 수 있지만, 그렇게 하지 않는다면 자기 부모조차 봉양하기 어렵다.

잘 키워서 충분히 발휘할 수 있고 또한 그렇게 해야 하는 대상은 '네 개의 실마리'이다. 실마리를 통해 추정할 수 있는 네 가지 덕목(사덕四德), 즉 인의예지仁義禮智는 여전히 베일에 가려져 있다. 맹자의 말을 통해 알 수 있는 것은, 네 가지 실마리를 통해 추론할 수 있는 네 가지 덕목(인·의·예·지)이 바로 네 가지 실마리의 근원이라는 것이다. 그렇다면 실마리의 근원을 놓아두고 실마리를 잘 키우는 것만으로 작은 불씨가 들판을 태우고 샘솟는 물이 연못을 그득 메우듯이 정말로 근원의 힘을 끌어낼 수 있을까? 인간의 인식 영역 밖에 존재한다는 근원의 네 가지 덕목과 인식에 포착되는 네 가지 실마리는 어떻게 연결되어 있다는 말인가?[15]

실마리와 근원의 사덕이 개념적으로 구분되고 그 관계가 명확하게 정식화되는 것은 주자에 이르러서이다. 주자는 맹자가 말한 '네 가지 실마리'를 감정(情), 근원을 본성(性)이라고 개념 구분하고, "본성이 발현하여 감정이 되며(性發爲情)"[16] "마음이 본성과 감정(의 모든 과정)을 총괄한다(心統性情)"[17]라고 정리하였다. 그런데 본성은 잠재된 속성이고 감정은 그 속성이 현상으로 드러난 것이다. 본성은 어떻게 감정이 되고, 마음이 어떻게 그 과정을 총괄한다는 것인가? 인식 가능한 영역(감정)과 인식 불가능한 영역(본성) 사이에 놓인 심연의 간극을 넘어 그 두 영역의 구조와 작용을 일관되게 설명할 수 있는 방법이 필요했고, 이기론理氣論은 바로 그것을 설명하기 위해 유용한 방법이었다.

리와 기

고봉의 문제 제기 이전에 퇴계는 이미 추만이 〈천명도〉에 기입한 사단과 칠정의 설명, 즉 "사단은 리에서 발현하고, 칠정은 기에서 발현한다(四端發於理 七情發於氣)"라는 구절을 처음 보았을 때부터 "그 분별이 너무 심한 듯하다"고 생각하였다.[18] 그래서 퇴계는 이에 대해 고봉이 비판을 하자 곧 1차 수정안[19]을 내놓게 된다. 퇴계가 보기에 "그 분별이 너무 심한 듯하다"는 말의 의미는 사단과 칠정을 '리'와 '기'로 양분하는 일이 지나치다는 것이었다. 성리학의 이기론理氣論에 비추어볼 때 퇴계가 그런 생각을 가지게 된 것은 당연한 일이었다.

성리학에서 '리'는 원리·규범을 의미하고 '기'는 질료·에너지를 의미한다. 모든 존재는 '리'와 '기'의 결합으로 구성되고, 물질과 정신의 운동 또는 작용 역시 '리'와 '기'가 결합됨으로써 이루어진다. 작용·운동하는 것은 '기'이고 작용·운동이 일정한 경향성을 가지도록 준칙의 역할을 하는 것은 '리'이다. 그러한 '리'의 역할을 강조하기 위해 '리가 기를 주재主宰한다'라고 표현하기도 한다.

'리'는 모든 존재와 작용의 원리·규범인데, 그것은 우주·자연의 보편적 원리이므로 가치론적으로도 순선하고 완전하다고 규정된다. 그리고 '기'는 본래 빛과 그림자 혹은 어둠과 밝음을 상징하는 음陰과 양陽의 속성을 가진다. 본질적으로 대립된 속성을 가진 '기'는 필연적으로 작용·변화하게 되고, 그 작용·변화로 인해 맑음·혼탁함·순수함·잡됨(청淸·탁濁·수粹·박駁)이라는 여러 가지 양태로 나타난다. 순선하고 완전한 '리'는 청탁수박한 '기'와 결합되어 다양한 모습으로 잠재적 특성을 현상세계에 드러낸다.

물론 '리'와 '기'는 우주·자연을 설명하기 위해 추상화된 개념이다. 우주·자연의 어떠한 존재나 작용을 보아도 '리'와 '기'가 나뉘어 있는 것은 관찰되지 않는다. '리'와 '기'는 현실적으로 떨어져 있을 수 없다는 것이다(리기불상리理氣不相離). 하지만 '리'와 '기'의 개념 구분은 명확하다. 늘 함께 있지만 '리'는 '리'이고 '기'는 '기'이다. 어떤 경우에도 두 개념이 뒤섞일 수는 없다(리기불상잡理氣不相雜). 떨어질 수 없기에 둘이라고 하기도 곤란하고, 뒤섞일 수 없기에 하나라고 하기도 어려운 미묘한 관계의 '리'와 '기'는 하나이면서 둘이고, 둘이면서 하나이다(一而二, 二而一). 이 때문에 '리'와 '기'의 관계는 일원론적 이원론 혹은 이원론적 일원론이라는 다소 모순적인 방식으로 설명된다.[20]

그럼에도 성리학에서 '리' '기' 개념을 도입한 것은 매우 혁신적인 일이었다. 이기론을 통해 마음·본성·감정의 관계를 일관되게 설명할 수 있었다. 인간의 감각기관으로 인식 가능한 감정과 인식 영역 밖에 있는 본성을 일관된 개념과 논리로 설명해 낼 수 있게 되었다는 것이다. 뿐만 아니라 주관적인 체험에 의존하지 않고는 설명하기 어려운 마음·본성·감정을 사실적 존재에 대한 설명과 같은 방식으로 설명할 수 있게 되었다. 이기론은 본래 존재론의 설명틀이기 때문이다.

이기론에 따라 마음·본성·감정을 설명하면 다음과 같다. 우주·자연의 보편적 원리인 '리'는 구성원인 인간 개체의 마음에 부여되어 인간의 기본적인 속성, 즉 본성이 된다.[21] 인간의 본성이 곧 자연의 원리와 같다는 것이다(성즉리性卽理). 그리고 본성이 깃드는 자리인 마음은 '기'로 이루어져 있다(심시기心是氣). 마음의 핵심 기능은 인식·판단능력인데, 마음이 인식·판단능력을 가질 수 있는 것은 그 안에 보편원리로서의 본성(성즉리性卽理)을 가지기 때문이다. 그렇다면 본성을 배제하고 마음을 논하는 것은 무의미하다. 그러한 의미에서 마음은 '리'와 '기'의 합이라고도 할 수 있으며(심합리기心合理氣), 때로는 마음을 '리'로 보아야 한다(심시리心是理)고 주장하는 사람도 있다.[22]

본성은 어떤 상황 또는 대상의 자극을 받아 그에 대해 반응을 하면서 감정으로 드러난다. 마음 안에 잠재되어 있던 본성(성즉리性卽理)이 외부의 자극을 받으면 질료인 '기'의 도움을 받아 감정이라는 현상으로 드러난다는 것이다. 원리·규범을 의미하는 '리' 자체는 물리적 작용성을 갖지 않기 때문에 현상으로 드러나기 위해서는 반드시 질료·에너지인 '기'의 도움을 받아야 한다. 그런데 '기'는 맑음·혼탁함·순수함·잡됨(청淸·탁濁·수粹·박駁) 등의 다양한 성질을 가지고 있다. '리'를 돕는 '기'가 맑고 순수할수록 '리' 본래의 도덕적으로 완전한 속성이 온전히 감정으로 표현될 수 있다. 반면 '기'가 혼탁하고 잡될수록 '리' 본래의 특성이 왜곡되어 표현될 가능성이 높다.

이처럼 '리' '기' 개념을 통해 마음·본성·감정 그리고 연관된 도덕적 덕목들은 물리적 세계의 객관적 존재들인 것처럼 설명된다. 성리학은 바로 이러한 방식의 설명을 통해 마음과 도덕본성과 도덕감정의 관계를 일관된 방식으로 기술하고, 인간이 도덕적으로 살아가야 하는 것이 우주·자연의 물리법칙에 따라 살아가는 것과 같이 명백하고 필연적인 것이라고 설득한다.

본래 공자가 집대성하고 맹자가 계승한 유학은 역사와 현실 속에서 축적된 경험적 사실을 바탕으로 도덕의 준칙과 실천 과정을 인仁, 의義, 정명正名, 사단四端, 칠정七情 등의 용어로 설명하였다. 성리학은 공자와 맹자의 사상에 이기론을 결합시킴으로써, 유가의 도덕규범을 당위적 수준에서 존재론적 필연의 수준으로 끌어올렸다. 즉 도덕규범의 원리와 구현방식을 이기론이라는 존재론적 이론으로 설명함으로써, 도덕규범의 당위성이 존재의 원리와 같이 필연적인 것으로 이해되도록 한 것이다.[23]

성리학자들은 자연법칙의 영역과 도덕규범의 영역을 구분하지 않았고, 또한 자연의 윤리와 인간의 윤리도 나누지 않았다. 오히려 그들은 기본적으로 존재론적 성격을 가진 '리'·'기'의 체계가 도덕규범이 구현되는 마음·본성·감정 영역의 기반이 되도록 함으로써, 자연·사회·개체가 모두 동일한 존재론적 기반 위에서 동일한 도덕규범을 지향한다는 이론체계를 구축하였다. 이로써 도덕규범의 당위성은 자연법칙과 같은 수준의 필연성을 확보하게 된 것이다.[24] 이러한 과정을 통해 성리학은 도덕이상사회를 지향하고 운영할 수 있는 견고한 이론체계를 갖추게 되었다. 하지만 기존 사회질서의 영향을 받을 수밖에 없는 도덕규범이 자연법칙과 같이 영원한 보편원리로 간주됨으로써, 때로는 현실의 변화를 반영하지 못하고 현실의 역동성을 구속하는 족쇄로 작용하기도 하였다.

그런데 존재의 문제를 다루는 이기론으로 마음과 도덕의 가치 문제를 다루는 심성론心性論을 설명할 때, 개념과 논리의 불일치 문제가 제기될 가능성이 늘 잠재되어 있다. 물론 이기론이라는 이론적 도구를 가지고 도덕의 문제를 천착해 들어갈수록 도덕적 삶이라는 가치 영역은 자연 현상처럼 명백한 존재론적 사실을 기술하듯이 설명될 수 있다. 하지만 현상세계의 경험적 사실을 기준으로 생성되고 사용되는 개념이 추상적인 가치의 영역에 적용될 때 생길 수밖에 없는 의미의 간극을 제거하는 일은 쉽지 않다. 그럼에도 그것은 철학적 사유를 언어로 전달하고자 할 때 감당해야만 하는 과제이기도 하다.

결과의 관점과 원인의 관점

〈천명도(5)〉에서 사단칠정논쟁의 발단이 된 구절, 즉 "사단은 리에서 발현하고, 칠정은 기에서 발현한다"는 것은 바로 심성론과 이기론을 결합한 성리학적 설명 방식의 전형적인 예 중 하나이다. 그것은 한편으로는 도덕감정과 그 근거로서의 도덕본성의 관계를 설명하는 것이다. 하지만 그것이 이기론으로 설명됨으로 인해 다른 한편으로는 도덕감정의 존재론적 구조에 관한 논의로 이해될 수도 있었다. 그 때문에 고봉은 〈천명도(5)〉에서 사단과 칠정의 배치구조와 그에 대한 설명에 관해 추만에게 문제를 제기하였다. 고봉의 첫 문제제기는 추만과 직접 만나 이야기하면서 이루어진 것이라서 내용을 정확히 알 수 없지만, 그 후에 퇴계와 고봉 사이에 오간 편지를 통해 그 논점을 추정할 수 있다. 아래는 퇴계의 편지이다.

> "주변 선비들을 통해 (그대가) 사단칠정에 관해 논한 이야기를 전해 들었습니다. 나 자신도 일찍부터 그 표현이 적절하지 못함에 대해 문제를 인식하고 있었습니다만, 논박을 받고 보니 그 거칠고 잘못됨을 더욱 잘 알겠습니다. 그래서 다음과 같이 고쳐보았습니다. '사단의 발현은 순수한 리이므로 선하지 않음이 없고, 칠정의 발현은 기를 겸하므로 선함과 악함이 있다.(四端之發純理 故無不善; 七情之發兼氣, 故有善惡)' 이와 같이 말하면 병통이 없을지 모르겠습니다."[25]

퇴계는 고봉이 1558년 11월에 대과大科에 급제했다며 찾아와 인사하고 간 뒤, 〈천명도〉와 사단·칠정에 관해 고봉이 비판적인 견해를 제시하였다는 이야기를 전해 들었던 모양이다. 퇴계는 이듬해 (1559) 1월에 위와 같이 1차 수정안을 담은 편지를 고봉에게 보냈다. 두 달 뒤에는 고봉이 퇴계에게 답장을 보냈다.

"사단은 리에서 발현하여 선하지 않음이 없고, 칠정은 기에서 발현하여 선함과 악함이 있다(四端發於理而無不善 七情發於氣而有善惡)'라고 한다면, 이는 리와 기를 나누어서 두 개의 사물로 만드는 것이며, 칠정은 본성에서 나오지 않고 사단은 기를 타지 않는다는 것입니다. …… 만일 다시 '사단의 발현은 순수한 리이므로 선하지 않음이 없고, 칠정의 발현은 기를 겸하므로 선함과 악함이 있다(四端之發純理 故無不善; 七情之發兼氣, 故有善惡)'라고 고치신다면, 비록 앞의 설보다는 조금 낫지만 제 생각으로는 아마도 아직 부족한 듯합니다."[26]

이 내용을 보면 고봉은 본래 〈천명도〉를 보고 "사단은 리에서 발현하여 선하지 않음이 없고, 칠정은 기에서 발현하여 선함과 악함이 있다"라는 구절에 대해 문제를 제기한 듯하다. 그런데 나중에 고봉은 이 문장에 대해 자신이 잘못 기억한 것이라며 바로잡았다. 본래 자신이 보았던 〈천명도〉에는 "사단은 리에서 발현하고, 칠정은 기에서 발현한다(四端發於理 七情發於氣)"라고 쓰여 있었다는 것이다.[27] 그렇다면 일단 여기까지의 논쟁은 다음과 같이 정리된다.

【고봉이 본 〈천명도(5)〉의 사단칠정설(추만의 설)】

"사단은 리에서 발현하고, 칠정은 기에서 발현한다."

"四端 發於理; 七情, 發於氣."

【퇴계의 1차 수정안】

"사단의 발현은 순수한 리이므로 선하지 않음이 없고, 칠정의 발현은 기를 겸하므로 선함과 악함이 있다."

"四端之發純理 故無不善; 七情之發兼氣, 故有善惡."

1차 수정안에서 퇴계가 수정한 것은 세 가지로 요약된다. 첫째, 사단과 칠정의 근원을 각각 '리'와 '기'로 양분하는 듯한 표현을 완화시켰다. 이는 고봉의 주된 비판 중 하나였으며, 퇴계가 이를 수용한 것이다.

둘째, 사단의 경우 "리"를 "순수한 리"라고 수정하고, 칠정의 경우 "기"를 "기를 겸한다"라고 수정하였다. 논쟁 과정에서 고봉은 줄곧 사단의 근원에 대해서는 그 취지에 따라 '리'라고 말할 수 있겠지만, 칠정의 경우는 '기'의 영향을 받았을지라도 근원은 역시 '리'라는 것을 간과해서는 안 된다고 주장한다. 퇴계는 이 주장을 일부 받아들여 칠정이 '기'를 겸한다고 수정한 것이다. 하지만 퇴계는 사단과 칠정에 대해 각각 '리'와 '기'에 초점을 맞춰서 설명해야 한다는 입장을 고수하고 있다.

셋째, 사단과 칠정을 구분하는 것이 선악의 문제와 연관됨을 분명히 드러냈다. 이는 퇴계의 주된 관점을 명확히 한 것이다. 고봉은 본래 자신이 처음 본 〈천명도〉의 구절을 "사단은 리에서 발현되므로 선하지 않음이 없고, 칠정은 기에서 발현되므로 선과 악이 있다"라고 잘못 기억하고 있었다. 아마도 이는 사단과 칠정의 구분이 선악의 문제와 연관된다는 퇴계의 입장에 대해, 고봉이 이전에 추만이나 퇴계와의 만남에서 이미 들었기 때문에 생겨난 오해라고 추정할 수 있다. 사단과 칠정을 선과 악의 문제와 직접 연관시켜 논하는 것은 퇴계의 주된 '관점'이다.

이렇게 보면 퇴계의 1차 수정안은 이기론의 측면에서 고봉의 '관점'을 일부 받아들이면서도, 가치론적으로는 퇴계 자신의 입장을 더 분명히 드러낸 셈이다. 1차 수정안에 대해 고봉은 다시 크게 두 가지 문제를 지적하였다.

첫째, 사단은 칠정 가운데 일부를 가리켜 말하는 것이므로, 사단과 칠정을 둘로 나누어 볼 수 없다는 것이다. 도덕감정 전체를 가리키는 칠정 중에서 도리에 딱 맞는 것(중절中節)을 사단이라고 지칭할 뿐이라는 것이다.

둘째, '리'와 '기'가 별개로 있는 듯이 기술하는 것은 오해를 불러일으킬 수 있다는 것이다. 퇴계는 1차 수정안에서 "순수한 리", "기를 겸한다"라고 수정함으로써 추만의 설보다는 완화된 표현을 사용하였지만 고봉은 아직 미흡하다고 여긴 것이다. 고봉은 "리는 기의 주재이고 기는 리의 재료"라는 역할 구분이 있지만, 실제 사물에서는 함께 있기 때문에 둘을 나누어서는 안 된다는 점을 지적하였다.[28]

고봉에 따르면, 사단과 칠정은 모두 본성(성즉리性卽理)으로부터 나오는 것이므로 근원은 모두 '리'이고 그것이 감정으로 드러난 것은 칠정인데, 그 가운데 감정으로 드러나는 순간 그 상황에서 이치에 딱 들어맞는(중절中節) 것만을 가리켜 사단이라고 한다. 즉 칠정이 사단을 포함하는 관계이고 둘의 구분은 감정 발현의 '결과'로 결정된다는 것이다.[29] 또한 '리'는 '기'의 주재이고, '기'는 '리'의 재료라는 '리'·'기'의 역할 구분에도 불구하고 "리와 기는 서로 떨어질 수 없다(理氣不相離)"는 이기론의 원칙을 어겨서는 안 된다는 것이다.

이에 대해 퇴계가 강조한 것은 사단과 칠정을 나누어 볼 수 있다는 '관점'이었다. 순선한 사단과 선악의 가능성을 모두 가진 칠정은 결과적으로 그 상황에서 도리에 맞느냐 맞지 않느냐가 중요한 것이 아니라, 무엇으로부터 비롯되어 그러한 결과를 낳게 되었는지 '원인'에 주목해야 한다는 것이다. 퇴계가 주목한 것은 현상으로 드러난 감정을 두고 어느 것이 사단이며 어느 것이 칠정이냐를 판단하는 것이 아니었다. 어떻게 공부하고 수양을 해야 사단과 같은 순선한 도덕감정만을 드러내며 살 수 있는가 하는 것이었다. 또한 도덕감정의 '근원'에 순선함을 드러내게 하는 순선한 도덕본성(성즉리性卽理)이 있음에 주목한 것이었다. 그렇지만 퇴계는 칠정이 사단을 포함한다는 고봉의 주장이 잘못되었다고 비판하지 않았다.

"저 의리의 학문과 정미한 이치는 반드시 마음을 크게 하고 안목을 높여서 절대로 먼저 하나의 설로써 주장을 삼지 말고, 마음을 비우고 기운을 화평하게 하여 천천히 그 뜻을 관찰해야 합니다. (그리하여) 같은 가운데 나아가 그 사이에 다름이 있음을 이해하고, 다른 가운데 나아가 그 사이에 같은 점이 있음을 보아서, 나누어 둘이라고 해도 '(리와 기는) 서로 떨어지지 않는다'는 데 해가 되지 않고, 합하여 하나라고 해도 실제로 '(리와 기는) 서로 뒤섞이지 않는다'는 데로 귀결되어야, 마침내 두루 갖추어져서 편벽되지 않게 됩니다."[30]

어떤 대상들을 비교할 때 같은 가운데 다른 점에 주목할 수도 있고, 다른 가운데 같은 점에 주목할 수도 있다. 다른 점에 주목하는 가운데도 같은 점이 있음을 염두에 두고, 같은 점에 주목하면서도 다른 점이 있음을 알고 있다면, 그것을 같다고 해도 되고 다르다고 해도 된다. 그것은 어떤 '관점'을 택하느냐의 문제일 뿐, 어느 한 편이 맞으면 다른 한편은 틀리는 것이 아니다. 다만 중요한 것은 같은 점과 다른 점을 모두 염두에 두고 있어야 한다는 것이다. 이 관점에서 보면 고봉은 사단과 칠정의 같은 점에 주목하고 있고, 퇴계는 둘 사이의 다른 점에 주목하고 있다. 문제는 자신의 관점에만 매몰되어 그 관점만이 옳다고 믿고 주장하는 것이다. 퇴계가 경계한 것은 바로 관점의 편협함이다. 퇴계가 같은 가운데 다른 점이 있음(동중유이同中有異)에 주목한 것은 그것이 사단과 칠정을 나누었던 성현들의 본뜻에 부합한다고 여겼기 때문이었다. 퇴계가 주목한 성현들의 본래 취지란 바로 이론의 교육적·실천적 효과였다.

성현의 뜻

서로 떨어질 수도 없고 서로 뒤섞일 수도 없는(不相離·不相雜) '리'와 '기'로 마음·본성·감정의 구조와 작용을 설명할 수는 있다. 하지만 선하거나 악한 감정의 현상을 이론적으로 설명하는 것이 성리학의 궁극적 목표는 아니다. 성리학은 악을 조장하는 현실 속에서도 그 유혹에 맞서 순수하게 선의 감정으로 느끼고 판단하고 행동하며 살아가도록 하기 위한 학문이다. 맹자가 말했듯이 불씨가 막 타오르고 샘물이 막 차오르기 시작하는 것과 같이 가로막기 어려운 선善의 강렬한 충동 그리고 불씨가 온 들판을 불사르고 샘물이 넘실대는 못을 이루듯이, 결국에는 천하를 다 품어 보전할 수 있는 가능성을 느끼고 실천하도록 하는 학문이어야 한다는 것이다. '리'와 '기'는 서로 떨어질 수도 없고 서로 뒤섞일 수도 없으며, '리'는 '기'의 주재고 '기'는 '리'의 재료라는 식의 건조한 이기론으로는 그것을 설명할 수 없다.

퇴계는 사단이 사단이 되고, 칠정이 칠정이 되는 근거를 각각 '리'와 '기'로부터 찾으려 하였다. 사단이라는 도덕감정이 순수하게 선한 것은 순선하고 완전한 '리' 자체의 성향에서 비롯되고, 칠정이 악으로 흐르기 쉬운 것은 '기'의 영향 때문이라는 것이다. 달리 말하면 만일 '리'가 없었다면 순선한 도덕감정이 발현될 수 없고, 만일 '기'가 없었다면 순선한 도덕본성으로부터 발현된 도덕감정이 악으로 흐를 까닭이 없다는 것이다. 퇴계는 성현들이 사단이라는 용어를 칠정과 별개의 개념으로 만들어서 사용한 이유가 무엇인가에 주목하였다. "맹자의 뜻은 그 사단이 순수하게 '인의예지'로부터 발출拔出한다는 것만을 가리켜 말함으로써 본성이 본래 선함을 드러내려 한 것"[31]이었듯이, 성현들이 사단과 칠정을 나누어 개념화한 취지에 주목해야 한다는 것이다.

물론 퇴계도 고봉이 지적하는 문제점을 무시할 수는 없었지만 퇴계의 논점은 고봉과 다른 데 있었다. 고봉이 지적했듯이, 도덕감정의 근원으로 말하자면 사단과 칠정이 모두 도덕본성인 리(성즉리性卽理)로부터 비롯되고, 그 결과로 처한 상황에서 도리에 맞는지 여부(중절中節·부중절不中節)에 따라 사단과 칠정이 나뉘며, 칠정은 사단을 포함한다고 볼 수 있다. 하지만 퇴계는 사단이 순수하게 선한 감정을 가리키고 칠정은 악으로 흐르기 쉬운[32] 감정이라는 점에 주목하였다. 일반적으로 도덕감정을 가리키는 '칠정'이라는 용어가 이미 있음에도 성현들이 '사단'이라는 용어를 만들어 사용한 이유를 생각해 본다면, 사단과 칠정도 나누어 보는 것이 더 낫다는 것이다.

그것은 존재에 대한 기술이 아니라 용어가 가리키는 취지(所指 또는 所就而言)에 따라 나누어 기술하는 것이다.[33] 물론 분리될 수도 없고 뒤섞일 수도 없는(不相離 · 不相雜) 관계에 있는 '리'와 '기'가 실제로 각각 독립적으로 기능할 수는 없다. 하지만 사단과 칠정이 각각 '순수하게 선한 감정'과 '본래는 선하지만 악으로 흐르기 쉬운 감정'으로 나뉘게 되는 원인에 초점을 맞춰서 본다면 사단과 칠정이 비롯된 바(소종래所從來)를 각각 '리'와 '기'로 나누어 설명할 수 있다는 것이다.[34]

퇴계도 처음 추만이 사단과 칠정을 각각 '리'에서 발현하고 '기'에서 발현한다고 규정한 구절을 보았을 때, 다소 과도한 양분이 아닌가 주저했었다. 고봉의 반박을 받으면서 이기론의 관점에서는 고봉의 주장을 일부 받아들여 1차 수정안을 만들기도 하였다. 하지만 그는 《주자어류朱子語類》에서 사단과 칠정을 '리'의 발현과 '기'의 발현으로 분명하게 구분한 주자의 말을 발견하고는 고봉에게 그것을 2차 수정안으로 제시하였다.

【퇴계의 2차 수정안】
"사단은 리의 발현이고, 칠정은 기의 발현이다"
"四端是理之發, 七情是氣之發."[35]

도덕감정의 원인

고봉도 사단과 칠정이라는 용어가 가리키는 취지(所指 또는 所就而言)에 따라, 사단과 칠정을 각각 '리'를 위주로 보는 입장(주리主理)과 '기'를 위주로 보는 입장(주기主氣)으로 나누어 기술할 수 있다는 것은 어렵지 않게 받아들일 수 있었다. 더욱이 퇴계가 이를 뒷받침할 주자의 말까지 찾아냈으니, 그것을 반박하기는 어려웠다. 훗날 남당南塘 한원진韓元震(1682~1751)처럼 강경한 학자는 그것이 주자의 말을 잘못 기록한 것이거나 한때의 견해일 뿐 주자의 지론은 아니라고 단정하지만[36] 고봉은 그렇게까지 주장하지는 못하였다. 다만 주자가 그런 말을 한 데는 당시 정황상 특별한 사정이 있었을 것이라고 말을 돌릴 뿐이었다.[37] 그럼에도 그는 사단과 칠정이 각기 비롯된 바(소종래所從來)가 다르다는 데 대해서는 동의하지 않았다. 사단이든 칠정이든 모두 감정이므로, 비롯된 바는 모두 똑같이 본성이라는 것이다. 여기에 퇴계와 고봉이 서로 합의하기 어려운 난점이 있다.

우선 고봉은 사단을 칠정의 일부로 보고 구별기준을 '결과'의 중절中節과 부중절不中節로 삼았다. 반면 퇴계는 사단과 칠정의 핵심적 차이는 선과 악의 차이이고 그 차이는 각각 '리'와 '기'로부터 비롯된다고 보아야 한다며 '근원'에 주목하였다. 또한 고봉은 기본적으로 모든 도덕감정이 도덕본성으로부터 발현된다는 점에 주목하면서, 사단과 칠정은 모두 본성인 '리'(성즉리性卽理)로부터 발현한다는 점에서는 다를 것이 없다고 보았다.

이들의 주장을 잘 살펴보면 두 사람은 '발현(發)'이라는 용어를 서로 다른 의미로 사용함을 알 수 있다. 고봉의 경우 '가리키는 바(소지

所指)'와 '나아가 말하는 바(소취이언所就而言)'에 따라서는 사단과 칠정을 주리主理와 주기主氣, 즉 '리'의 발현과 '기'의 발현으로 나누어 볼 수 있다고 인정하면서도 사단과 칠정의 '비롯된 바(소종래所從來)'는 모두 '리'라고 주장한다. 반면에 퇴계는 '가리키는 바', '나아가 말하는 바'에서 사단과 칠정의 차이를 인정한다면 당연히 '비롯된 바'에 대해서도 '주리'와 '주기'로 나누어 볼 수 있다고 주장한다. 고봉은 '가리키는 바', '나아가 말하는 바'를 단지 의미상 그러하다는 것으로 이해하고 있는 데 반해, '비롯된 바'는 존재론적인 의미로 구분하여 이해하고 있는 것이다. 하지만 퇴계는 '가리키는 바', '나아가 말하는 바'는 물론 '비롯된 바' 역시 가치론적 의미로 사용하기 때문에 '비롯된 바'를 별도로 구분할 필요가 없었다.

고봉의 입장에서 보면 기질지성氣質之性(기질의 영향을 받는 본성) 가운데 '리'만을 가리켜서 본연지성本然之性(기질의 영향을 배제한 본래의 본성)이라고 하듯이, 칠정 가운데 이치에 딱 들어맞는(中節)한 사단만을 가리켜서 '리에서 비롯되었다' 혹은 '리가 발현하였다'라고 할 수 있다. 그러나 칠정은 비록 '기'의 영향을 크게 받는다는 것을 인정할지라도, 사단과 칠정을 '비롯된 바'라는 관점에서 둘로 나눌 수 없다고 주장한다. 존재론적 근원의 관점에서 본다면 사단과 칠정은 모두 본성인 '리'(性卽理)로부터 유래한다고 보기 때문이다.[38]

하지만 퇴계는 '본연지성'과 '기질지성'이 나누어지는 이유가 각기 '리'와 '기'로부터 비롯되듯이, 사단과 칠정이 나뉘는 것은 바로 선악의 차이이고 그 차이는 각기 '리'와 '기'에서 비롯된다는 점에 주목해야 한다고 주장한다. '본연지성'과 '기질지성'은 선과 악의 문제를 도덕본성의 영역에서 설명하기 위해 만들어진 개념이다. 마음의

'기' 안에 놓인 본성이 기질氣質의 영향 아래 선악의 다양성을 가질 수 있다는 것을 설명하기 위해 '기질지성'이라는 개념이 설정되고, 그 가운데서도 순선한 감정의 근원인 본래의 성(성즉리性卽理)만을 가리켜 말할 경우 '본연지성'이라고 한다. 선악의 관점에서 '본연지성'과 '기질지성'을 주리主理와 주기主氣로 분리해서 설명하듯이 사단과 칠정도 주리와 주기로 분리해서 설명할 수 있다는 것이다. 그러한 관점에서 퇴계는 '가리키는 바', '나아가 말하는 바'는 물론 '비롯된 바'도 모두 '의미'상에서 가치론적으로 이해하는 것이다. 그러나 퇴계는 그렇게 주장하면서도 스스로 뭔가 자신 없는 부분이 남아 있었다. 아무리 의미상으로는 그렇다고 주장한다고 해도 사단과 칠정을 각각 "리의 발현"과 "기의 발현"으로 나눈 주자의 말은 고봉이 지적하듯이, '리와 기는 서로 떨어지지 않는다(리기불상리理氣不相離)'라는 이기론의 원칙에 어긋나는 점이 있었기 때문이다. 퇴계는 고심 끝에 3차 수정안을 내놓는다.

【퇴계의 3차 수정안】

"사단은 리가 발현하되 기가 그것을 따르고, 칠정은 기가 발현하되 리가 그것을 탄다."

"四則理發而氣隨之, 七則氣發而理乘之."[39]

리의 '작용'이라는 은유

사단을 '리'의 발현이라고 할 수 있다는 퇴계의 주장에는 고봉도 어렵지 않게 동의할 수 있었다. 적어도 사단이라는 명칭을 말하는 취지(所指 또는 所就而言)에서는 그랬다. 하지만 원리·규범을 의미하는 개념인 '리'가 '발현'이라는 작용을 한다는 표현은 이후에 계속 논란이 된다. 나중에 율곡이 이 문제를 비판한 이래로 이것은 율곡학파에서 퇴계의 설을 공격하는 주요한 논점 중 하나가 된다.

사실상 퇴계철학의 특성을 논할 때 '리'의 역할을 특별히 중시하여 주리적主理的 성격이 강하다고 평가하는 것도 바로 '리의 발현'을 주장한 데서 비롯된다. 물론 조선유학자들 중에는 화서華西 이항로李恒老(1792~1868), 한주寒洲 이진상李震相(1818~1886), 노사蘆沙 기정진奇正鎭(1798~1879) 등 퇴계 못지않게 '리'의 역할에 주목한 학자들이 있지만, 퇴계의 경우는 율곡과 대비되어 유난히 '리'를 강조한 학자로 평가된다.

퇴계는 사단칠정논쟁 이전부터 '리'의 역할을 중시하고 있었다. 그럼에도 추만이 사단과 칠정을 각각 "리에서 발현한다", "기에서 발현한다"라고 단정적으로 나누어 기술한 것을 처음 보았을 때는 퇴계도 다소 주저하는 마음을 가졌던 것이 사실이다. 더욱이 퇴계는 논쟁 과정에서 고봉이 '리'의 역할을 지나치게 강조한다고 여기며 경계하기도 하였다.[40] 하지만 고봉이 강조하는 '리'의 역할은 의미상으로 볼 경우에 '리가 발현한다'고 표현할 수 있다는 것으로 분명히 한정되었다. 고봉은 '비롯된 바(소종래所從來)'를 존재론적 의미로 이해하였고, 존재론적 의미에서 '리'가 '발현한다'는 것은 불가능하다고 분명하게 한계선을 그으면서, 의미론적으로는 오히려 '리'의 역할에 대해서 적극적인 해석을 하고 있었다. 그는 명확하게 존재론적 혹은 물리적 의미에서 '발현'과 같은 '작용'은 '리'의 역할이 아니라 '기'의 역할이라고 규정하였다. '리' 개념의 원칙과 일반적 용례에 비추어 볼 때 고봉의 생각은 타당한 것이었다.

하지만 퇴계는 사단칠정논쟁의 과정을 거쳐 말년에 이르기까지 '리'의 역할에 대해 숙고하며, 고봉과 같은 학자들이 간과하고 있다고 생각한 '리'의 역할을 언어로 표현해 내기 위해 고심한 듯하다. 그 과정에서 그가 제시한 것이 "리가 발현한다(理發)", "리가 움직인다(理動)", "리가 스스로 이른다(理自到)"[41] 등의 명제이다. 사단칠정논쟁 과정에서 제기된 것은 "리가 발현한다"는 명제였지만, 결국 나머지 두 명제도 같은 맥락에 있다. 퇴계 생존 당시에는 물론 사후에도 이 명제들을 둘러싸고 조선의 학자들 사이에 논란이 계속되었고, 그와 관련된 논의는 현대 학자들 사이에서도 여전히 이어지고 있다.[42] 이는 한편으로는 "리가 발현한다", "리가 움직인다", "리가 스스로 이른다"라는 명제들이 성리학에서 '리' 개념의 일반적인 사용 원칙에 어긋난다고 할 수 있기 때문이지만, 한편으로는 그 명제들이 퇴계철학의 성격을 심층적으로 밝히는 열쇠가 될 수 있다고 여겨지기 때문이다. 고봉과의 논쟁은 퇴계가 '리'에 대해 자신의 입장을 세우는 데 결정적인 계기가 되었다.

이기론은 '리'와 '기'라는 두 가지 요소를 통해 우주 만물의 생성·운동·변화·소멸을 설명하는 이원론적 이론 체계[43]이다. 이원론적 체계는 동서양을 막론하고 낯설지 않은 사유형식이다. 이원론은 무한한 다양성을 가지고 있으면서도 일정한 질서를 이루고 있는 세계를 설명하기 위해 사람들이 종종 택하는 방법이다. 서양철학사에서 대표적인 이원론적 학설이 아리스토텔레스의 '형상'과 '질료'라면, 동아시아 철학사에서는 '리'와 '기'가 가장 체계화된 이원론적 이론일 것이다.

이원론적 이기론에서 '리'와 '기'의 의미·관계 등에 대해서는 적잖이 논란이 있을 수 있지만, '리'와 '기'는 분명하게 역할을 분담하고 있다. '기'는 운동성과 작용성을 가지고 있는 질료·에너지이다. 스스로 운동·작용할 수 없는 '리'는 '기'가 일정한 경향성을 가지고 운동·작용할 수 있도록 하는 원리·법칙·규범을 의미한다. 이 설명대로라면 '리'가 "발현한다(發)", "움직인다(動)", "스스로 이른다(自到)"라고 한 퇴계의 명제들은 성리학에서 '리'·'기' 개념의 사용 원칙에 위배되는 명백한 개념 오용이다. 사단칠정논쟁 과정에서 고봉은 '리의 발현'과 같은 표현이 그 취지를 설명할 때에 한해서 제한적으로 사용될 수 있음을 지적하였고, 그 후에도 많은 조선유학자들이 그 표현의 문제점을 비판하였다. 그러나 조선유학을 대표하는 학자 중 한 사람인 퇴계가 성리학의 가장 기본적인 개념 사용 규칙을 제대로 알지 못해서 그런 표현을 사용했다고 단정하기는 어렵다. 적어도 율곡의 문목에 답하고 고봉과 논쟁하는 퇴계의 글들을 보면, 학문적 수준을 함부로 평가할 수 없다. 또한 퇴계가 성리학의 기본틀을 일탈해서 자신만의 유별난 주장을 한 것이라고 간단히 결론을 내리기에는, 그가 다른 글들에서 보여주는 사유의 깊이와 논의의 신중함을 고려하지 않을 수 없다. 그렇다면 그가 논란이 될 여지가 큰 명제들을 제시한 맥락을 주의 깊게 살펴볼 필요가 있다.

우선 '리가 발현한다(理發)'는 것은 퇴계가 사단과 칠정이라는 도덕감정의 작용을 설명하는 과정에서 나온 말이다. 퇴계는 2차 수정안에서 사단과 칠정을 각각 "'리'의 발현(理之發)"과 "'기'의 발현(氣之發)"이라고 하였고, 3차 수정안에서는 "리가 발현하되 기가 그것을 따른다(理發而氣隨之)"와 "기가 발현하되 리가 그것을 타고 있다(氣發而理乘之)"라고 설명하였다. 그가 사단과 칠정을 이렇게 구분한 주요한 원인은 이기론이 기본적으로는 존재론의 틀이지만 내용상으로는 가치론적 성격도 겸하고 있다는 데 있다. 본래 '리'는 순선·완전한데, 발현되는 과정에서 '기'의 방해를 받지 않을 경우 '리'의 순선·완전함이 온전하게 드러나고, 혼탁하고 거친 '기'에 의해 방해를 받을 경우에 악惡으로도 드러나기 쉽다. 그렇다면 인간의 감정 중에서 사단은 순선純善하고 칠정은 악이 되기 쉬우므로(本善而易流於惡), 가치론적 측면에서 볼 때 순선과 악의 가능성의 근원(所從來)에 초점을 맞춰서 사단과 칠정을 나누어 볼 수 있다. 즉 선과 악의 원인에 주목할 경우, '리'가 '기'의 방해를 받지 않고 발현되는 사단은 '리의 발현'이고, '기'의 영향을 받는 칠정은 '기의 발현'이라고 해도 무방하다는 것이다. 또한 가리키는 바(所指)에 따라 사단의 순선함의 원인(所從來)은 '리'이고, 칠정이 악이 되기 쉬운 불안정함의 원인(所從來)은 '기'라고 구분해서 보아야 차이가 분명히 드러난다는 것이 퇴계의 주장이다.[44]

물론 이것은 '리'가 직접 현상으로 드러나는 물리적 혹은 화학적 '작용'을 한다는 것과는 다른 의미이다. 그렇다면 '기'가 완전히 '리'의 뜻에 따라 작용할 경우에 그것을 결국 '리'理의 작용이라고 간주할 수 있다는 의미로 해석될 수도 있을 것이다. 실제로 고봉이 그렇게 이해하였다. 하지만 고봉이 "리의 발현"이란 "기가 리에 순종하여 발현해서 털끝만큼의 장애도 없는 것"이라고 설명하자,[45] 퇴계는 그렇게 이해하는 것이 '기'를 '리'로 여기는 병통을 면치 못한다고 비판하였다.[46] 고봉은 자신이 이해한 방식으로 "리의 발현"에 동의한다는 뜻을 전한 것이었지만, 퇴계는 자신이 말하는 "리의 발현"은 그런 뜻이 아니라고 지적한 것이다.

물론 퇴계가 말하는 "리의 발현"도 기의 도움을 받아야만 가능하다. 하지만 퇴계의 입장에서 설명한다면, '리의 발현'이란 마음속으로부터 순선한 도덕본성이 자체의 순선한 속성을 현상으로 드러내는 것, 즉 자체의 내재적 잠재력의 발현이라고 할 수 있다. 맹자가 말한 '측은지심'의 발현처럼 내면의 도덕본성이 잠재력을 스스로 드러내는 것이다. 물론 그것을 물리적으로 표현하는 것은 '기'의 역할이겠지만, 퇴계가 말하는 잠재력의 발현은 물리적인 작용과는 다른 차원의 것이다. 하지만 퇴계는 사단칠정논쟁을 마무리할 때까지도 그것을 좀 더 구체적으로 설명하지는 못하였다. 그에 대한 생각은 논쟁 이후, 그의 생을 마감하기 직전까지 지속된다.

논쟁의 마무리

퇴계가 고봉의 편지에 대해 조목조목 반박하는 장문의 서한과 함께 3차 수정안을 보낸 뒤, 고봉이 재반박을 담은 긴 글을 보내왔다. 논의는 더 세밀해지고 깊어졌지만 두 사람의 입장차는 분명했다. 퇴계는 다시 몇 가지 논점을 지적하며 글을 썼지만 고봉에게 보내지 않았고, 논쟁은 중단되었다(1562).

고봉은 그 사이에 소재蘇齋 노수신盧守愼(1515~1590), 초당草堂 허엽許曄(1517~1580)과 이기론 관련 논쟁을 벌였다. 논쟁에서 그들을 설복시키지 못하자, 1566년 7월에 퇴계에게 이기론에 대한 그들의 이해에 대해 우려를 표하는 내용을 담은 편지를 보냈다.[47] 그리고 이 편지의 별지로 〈사단칠정후설四端七情後說〉과 〈사단칠정총론四端七情總論〉을 덧붙였다. 〈사단칠정후설〉[48]에는 그간에 사단칠정 문제와 관련하여 자신의 생각에 변화가 있었다는 사연을 담았고, 〈사단칠정총론〉[49]에서는 주자의 설을 따른 퇴계의 2차 수정안을 중심으로 사단칠정논쟁을 정리하면서 논쟁을 마무리하자고 하였다.

퇴계와의 논쟁을 고봉의 방식으로 정리한 이 글들의 내용에 대해 퇴계는 대체로 동의를 표하고 특별한 이견을 제시하지 않음으로써[50] 논쟁은 사실상 종결되었다. 표면상으로는 합의된 종결인 듯하지만, 글들의 내용을 보면 두 사람이 합의하지 못하는 각자의 입장이 여전히 남아 있음을 알 수 있다.

두 글에서 고봉은 칠정을 '기의 발현'이라고 하는 데 반대했던 기존의 입장을 거두고, "사단은 리의 발현이고 칠정은 기의 발현이다"라는 퇴계의 2차 수정안을 받아들였다. 사단의 경우는 자신의 순수하게 선한 감정인 사단을 키워서 완성시키고자 하는 것이므로 '리의 발현'이라 하고, 칠정의 경우는 타올라서 점점 더 요동치는 감정을 단속하여 절도에 맞게 해야 하는 것이므로 '기의 발현'이라 할 수 있다는 것이다. 이는 '수양론'의 관점에서 사단은 '리의 발현'이고 칠정은 '기의 발현'이라는 설을 수용한다는 것이다.

그런데 뒤에 이어지는 설명을 보면, 칠정을 '기의 발현'으로 보는 것은 수양론의 차원에서 이해할 때 그러하다는 것으로 한정하고 있음을 알 수 있다. 고봉은 이기론의 구조상으로 보면 사단과 칠정의 관계는 칠정이 사단을 포함하는(七包四) 관계이며, 그러한 의미에서는 칠정이 '기의 발현'이 아니라 '리와 기를 겸하는' 구조를 가진다는 관점을 고수하였다. 다만 칠정은 '리와 기를 겸하지만' 혼탁한 기질이 뒤섞인 감정이며 그러한 감정은 극복·통제해야 한다는 수양론적 의미에서 '기의 발현'이라고 규정할 수 있다는 것이다. 또한 발현하여 결과적으로 도리에 맞는 칠정은 사단과 다르지 않다는 생각도 여전히 변함이 없었다.

요컨대 사단은 체득·인식(체인體認)하여 확충하여야 하고 칠정은 성찰하여 극복·통제(극치克治)하여야 된다는 의미에서, 사단은 '리의 발현'이고 칠정은 '기의 발현'이라고 표현할 수 있다는 것을 인정할 뿐이었다. 칠정의 구조는 여전히 '리와 기를 겸하며' 칠정도 근원적으로는 '리'에 의해 발현된 것이라는 입장을 고봉은 여전히 고수하고 있었다.

이에 대해 퇴계는 그동안 자신의 주장에 대해서도 다시 생각해보아야 할 점이 있었다며, 고봉의 〈후설〉과 〈총론〉에 대해서 별다른 이견을 제기하지 않았다. 이렇게 보면 퇴계는 고봉이 "사단은 리의 발현이고 칠정은 기의 발현이다"라는 것을 인정한 〈후설〉과 〈총론〉을 최종안으로 받아들였다고 추정할 수도 있을 것이다.

하지만 '리의 발현'과 '기의 발현'의 의미에 대해 고봉과 퇴계가 달리 이해하고 있다는 점에 대한 해명이 없다는 점, 퇴계가 성인의 칠정(발현하여 중절한 칠정)과 '비롯된 바(소종래所從來)'에 대해 다시 생각해 보겠다고 했을 뿐 명확한 입장을 내놓지 않았다는 점, 그리고 퇴계의 최종설로 확인되는 《성학십도》의 〈심통성정도心統性情圖〉에서 "사단은 리가 발현하되 기가 그것을 따르고 칠정은 기가 발현하되 리가 그것을 타고 있다(四端, 理發而氣隨之; 七情, 氣發而理乘之)"라는 3차 수정안을 따랐다는 점 등을 고려하면, 이후에 남겨진 문제가 적지 않았다.

논쟁 이후 Ⅰ: 이치가 닿는 말

퇴계와 고봉의 사단칠정논쟁 종결 이후 더 의미 있는 논의의 진전을 이룬 것은 무엇보다도 퇴계가 말하고자 하는 '리의 발현'이 정확하게 무엇을 의미하는가 하는 것이었다. 고봉은 '리의 발현'을 "기가 리에 순종하여 발현해서 털끝만큼의 장애도 없는 것"이라고 이해하였고, 그에 대해 퇴계는 그것은 '기'의 발현이지 '리'의 발현이 아니라고 분명하게 지적하였다. 그렇지만 퇴계도 '리의 발현'이 어떤 것인지에 대해서는 명확하게 설명하지 못하였다. '리'의 역할에 대한 논의는 만년에 이르러 마침내 퇴계가 "리가 스스로 이르다(리자도理自到)"라는 명제로 자신의 생각을 정리해 내면서 주목할 만한 진전을 이루게 된다.

'리가 스스로 이른다(理自到)'는 것은 사람이 사事·물物을 인식할 때(格物/物格) 주체와 대상의 사이에서 '리'가 어떤 역할을 하는가를 설명하는 과정에서 나온 말이다. 본래 "리가 이르다(리도理到)"라는 표현이 가능하다고 주장한 것은 퇴계보다 고봉이 먼저였다. 그것은 《대학장구大學章句》의 '물격物格'에 대한 해석에서 비롯된 문제였다. 주자는 '물격物格'에서 '물'을 '사물의 리(事物之理)', '격'을 '이르다(至)'라고 풀이하여 '물격物格'에 대해 "물리지극처무부도야物理之極處無不到"[51]라는 주석을 달았다. 이를 근거로 고봉은 '물격物格'을 '사물의 리가 지극한 곳에 이르지 않음이 없다'라는 의미로 해석하였다. 고봉의 해석에 대해 퇴계는 다소 지나치다는 생각을 하고 있었다. 인식의 주체는 사람의 마음이고 '사물의 리'는 인식 대상인데 인식 대상인 '리'를 주어로 삼는 것은 무리가 있다고 본 것이다.[52] 하지만 고심 끝에 퇴계는 오히려 그 의미를 새롭게 해석해 내었고, 사망하기 약 오십 일 전에 고봉에게 보낸 편지에서 마침내 "리가 스스로 이르다(理自到)"라는 명제를 제시하게 된다. 먼저 논의의 발단이 된 주자의 격물치지格物致知 보망장補亡章을 보자.

"이른바 '앎을 투철히 함(치지致知)'이 '사물에 궁구하여 이름(격물格物)'에 달려 있다는 것은 나의 앎을 투철히 하려면 사물을 마주하여 그 이치를 궁구窮究해야 한다는 말이다. 신령스럽고 총명한(영명靈明) 사람마음에 인지 능력이 없을 수 없고 이 천하의 사물에는 '리理'가 없는 것이 없다. 다만 그 '리'에 채 궁구하지 못함이 있기 때문에 그 인지 능력이 다하지 못한 데가 있게 된다. 그러므로 《대학》에서 처음 가르침을 시작할 때는 반드시 배우는 사람으로 하여금 천하의 사물과 마주하여, 자신이 이미 알고 있는 '리'에 근거하여 더욱 궁구해 가서 그 궁극에까지 도달하게 하였다. 공부에 힘씀이 오래되어 어느 날 아침에 환하게 꿰뚫어 이해하는(활연관통豁然貫通) 경지에 이르게 되면 모든 사물의 겉과 속(표리表裏), 정밀함과 거칢(정조精粗)이 드러나지 않음이 없게 되고, 내 마음의 온전한 본체(체體)와 장대한 작용(용用)이 밝혀지지 않음이 없게 된다. 이를 일러 '물物이 격格하여짐(물격物格)'이라고 하며, 이를 일러 '앎의 투철해짐(知之至)'이라고 한다."[53]

요컨대 격물치지格物致知란 사·물을 하나씩 탐구하여 궁극적으로 세상 전체에 대한 보편적 이치를 획득하는 것이다. 주자에 따르면, 여기서 인식 주체는 인간의 마음이고 인식 대상은 사·물의 '리'이다. 격물格物을 통해 인식하고자 하는 것은 사태나 물체(事·物)의 물리적 특성이 아니라 사·물에 내재되어 있는 '리'이다.[54] 인간의 마음은 사·물의 '리'를 탐구하고 인식할 수 있는 인지 능력을 가지고 있고 만물에는 사·물의 '리'가 있으므로, 인간은 마음의 인지 능력을 발휘하여 사·물의 '리'를 인식한다는 것이다. 그런데 '리'란 결국 인간을 포함한 개별 사·물이 모두 가지고 있는 보편 법칙·규범을 의미한다. 따라서 개별 사·물의 '리'를 하나씩 인식하다 보면 어느 순간 보편의 이치를 환하게 꿰뚫어 이해하는(활연관통豁然貫通) 경험을 하게 된다는 것이다. 주자는 궁극의 보편적 이치를 "사물의 리의 지극한 곳(物理之極處)"이라고 표현하였다.

보편 이치를 환하게 꿰뚫어 이해하는 경지란, 다수의 개별 사물에 대한 탐구를 통하여 사물들이 가진 '리'의 보편성을 통찰한 인식의 수준을 의미한다. 그 경지에서는 모든 사물의 겉과 속, 정밀함과 거칢을 다 알 수 있을 정도로 사물 또는 사태에 대해 정확하게 파악할 수 있다. 또한 자신의 마음의 능력을 가장 적절하게 유지하고 발휘하여 그것을 온 세상에 적용할 수 있을 만큼 충분한 응용력을 가지게 된다.

그런데 주자는 '환하게 꿰뚫어 이해함(활연관통豁然貫通)' 자체를 구체적으로 설명하지 않았다. 주자가 서술한 것은 '활연관통'하기 위해 필요한 공부의 과정과 '활연관통'한 이후의 상태에 관한 것이었다. '활연관통'은 바로 인식 대상으로서 사물에 내재된, 자연·사회에 존재하는 보편적 원리·규범이 인식 주체에게 인식·체득되는 순간을 기술하기 위한 상징적 표현일 뿐이다. 주자는 '활연관통'의 순간, 그 상태를 '물이 격하여짐'(物格) 또는 '앎의 투철해짐'(知之至)이라고 표현한다고 덧붙였다. 그런데 '물격物格'이라는 말은 조선의 학자들에게 논란거리가 되었다. '물격物格'은 한국어로 해석할 경우, "물에 격하다"와 "물이 격하다", 다시 말하자면 "사·물의 이치에 이르다"와 "사·물의 이치가 이르다"라는 두 가지 해석이 가능하기 때문이었다.

주자의 설명에 따르면, '격물格物'이란 "사·물의 이치를 끝까지 탐구하여 지극한 곳까지 이르지 않음이 없도록 하려는 것(窮至事物之理 欲其極處無不到也)'[55]이다. 그리고 '물격物格'에 대해서는 "물리지극처무부도야物理之極處無不到也"[56]라고 주석을 달아놓았다. 풀이하자면, 물격物格이란 사·물의 이치를 끝까지 탐구한(格物) 결과 "사·물의 이치가 그 지극한 곳에 이르지 않음이 없다" 또는 "사·물의 이치의 지극한 곳에 이르지 않음이 없다"라는 것이다.

'격물格物'에 대해서는 주어인 '사람' 또는 '사람마음(人心)'이 생략되어 있는 것으로 보아서, '(인식주체가) 사물의 리의 지극한 곳에 궁구하여 이르지 않음이 없다'라는 의미로 해석하면 문제될 것이 없다. 그런데 '물격物格'에 대해서 "사·물의 이치(물리物理)"를 주어로 해석할 경우 '(인식 대상인) 사·물의 리가 지극한 곳에 이르지 않음이 없다'는 의미를 가지게 된다. 이 경우 원리·규범을 의미하는 개념인 '리'가 일종의 '이동'이라는 '작용'을 한다는 의미로 이해될 수 있으므로 논란이 생길 수 있었다. 그렇다고 해서 "물리지극처物理之極處"를 부사어로 풀이하여 '사·물의 이치의 지극한 곳에 이르지 않음이 없다'라고 해석할 경우 '격물格物'과 별 차이가 없는 언술이 된다.

"물격物格"의 해석에 대한 문제는 퇴계 이전부터 조선의 학자들 사이에 거론되어 왔다. 이는 '리'의 인식이라는 주자학의 핵심 문제와 연관된 것이었기 때문에 그에 대한 해석은 매우 중요한 논제였다. 이에 대해 퇴계는 본래 "사·물의 '리'의 지극한 곳에 이르지 않음이 없다"라고 해석해야 한다는 생각을 가지고 있었다. 고봉은 "사·물의 이치가 지극한 곳에 이르지 않음이 없다"라는 해석이 타당하다며, 논거가 될 만한 용례를 모아 퇴계에게 보냈다.

> 물격物格에 대하여:
> 주자의 〈무신봉사戊申封事〉에 "이치가 닿는 말(理到之言)"이라는 말이 있고, '발미불가현(發微不可見)' 조목 아래의 《통서通書》 주註에는 "그 만나는 바에 따라서 이치가 닿지 않는 바가 없다" 라는 말이 있습니다. 그리고 《대학혹문大學或問》 주에는 "(지선至善 또는 의리義理가) 털끝만큼도 이르지 않은 곳이 없다"라는 말이 있습니다. 이러한 말들을 가지고 반복하여 생각해 본다면, '이치가 그 지극함에 이른다(理詣其極)'는 (《대학혹문》의) 말과 '(이치가) 지극한 곳에 이르지 않음이 없다(極處無不到)'는 (《대학장구》의) 말을 저의 생각과 같이 해석하는 것도 안 될 것은 없을 듯합니다.[57]

고봉이 인용한 세 구절은 모두 '리理'를 주어로 하고 '도到(닿다 또는 이르다)'를 술어로 하는 문장이 가능함을 보여주기 위한 용례들이다. 주자의 〈무신봉사〉의 인용문은 정명도程明道가 불교를 비판한 말에 대해 주자가 "아! 이는 진실로 이치가 닿는 말(理到之言)입니다"[58]라고 한 이야기의 한 구절이다. "리도지언理到之言"의 한국어 해석은 "이치에 닿는 말" 또는 "이치가 닿는 말" 두 가지가 모두 가능하다.[59] 이는 '물격物格'에 대한 해석이 "사물의 리에 이르다"와 "사물의 리가 이르다" 둘 다 가능한 것과 마찬가지이다. 중국어와 달리 한국어는 격조사를 엄격하게 사용하기 때문에 격조사를 사용하지 않은 중국어 문장의 '물物'에 대해 그것이 주어인지 부사어인지 맥락에 따라 밝혀서 격조사를 추가하여 해석해야 한다. '물격'의 해석에 관한 논란은 이 때문에 벌어진 것이었다. 고봉이 인용한 맥락을 고려하면, '리도지언理到之言'은 '이치가 닿는 말'이라고 해석해야 한다. 고봉이 그것을 인용한 것은 '물격'을 '사물의 리가 이르다'라고 해석하는 것이 가능함을 주장하기 위해서였기 때문이다.

《통서通書》 주석의 인용문은 "마주치는 일에 따라 이치가 닿지 않음이 없으니 두루 통하여 막힘이 없다"[60]라는 의미이다. 또한 《대학혹문》의 인용문은 "['지극한 선에 머물다(止於至善)'라고 할 때의] 지선至善이란 지극히 좋은 곳이요 십분 단정하고 좋은 것이니, 털끝만큼도 옳지 않은 것이 없는 곳이며 털끝만큼도 이르지 않음이 없는 곳이다"[61]라는 것이다. 여기서 '지선'은 "지극히 정미한 의리義理" 또는 "태극太極"을 가리킨다.[62] 의리 또는 태극이 "털끝만큼도 이르지 않음이 없는 곳"이라는 것이다. 세 번째 인용문은 다소 다른 해석이 가능할 수도 있겠지만, 앞의 두 인용문과 같은 맥락에서 이해한다면 주어는 지선至善(義理, 太極)이고 술어는 "이르지 않음이 없다"이다.

이상의 세 가지 용례들은 고봉이 "물격物格"을 "물이 격하다", 즉 '사물의 이치가 지극한 곳에 이르지 않음이 없다'라고 해석할 수 있다는 것을 뒷받침하기 위해 제시한 것이다. 주자의 설명에 따르면,

여기서 사·물의 '리'가 이르게 되는 '지극한 곳(物理之極處)'이란 활연
관통豁然貫通의 순간에 인식되는 보편적인 이치를 의미하므로, 결국
'리가 그 보편적인 리의 경지에 이른다'는 것을 의미한다. 이처럼 이
미 중국인들의 말과 글 속에서 이와 같은 용례를 충분히 찾을 수 있
으니 '물격'을 '사·물의 리가 이르다'라고 해석할 수 있다는 것이다.

그렇다고 해서 '리'가 물리적 이동을 해서 간다고 고봉이 주장
하는 것은 아닌 듯하다. 고봉은 단지 '물격'이라는 명제에서 주어를
'사·물의 리'라고 해석하는 것이 어법이나 용례상으로 안 될 것이
없다는 점을 지적하고 있을 뿐이다. 앞에서 살펴보았듯이, 고봉은 사
단에 대해서도 취지나 의미상(所指 또는 所就而言)으로는 '리의 발현'이
라고 표현할 수 있지만, 존재론적 의미(所從來)에서는 사단이 '리로부
터 발현한다(發於理)' 혹은 '리의 발현이다(理之發)'라고 할 수는 없다는
생각을 가지고 있었다. 그러한 관점에 따르면 '리'가 존재론적으로
혹은 물리적으로 '이르다'라는 작용을 하는 것은 아니지만, 의미상
으로 '이르다'라는 술어를 '리'에 적용하여 '리가 이르다' 혹은 '리가
닿다'라고 사용하는 것은 한문 또는 중국어에서 용례를 충분히 찾을
수 있다는 것이다.

가장 적합한 용례는 고봉이 든 첫 번째 인용구이다. "리도지언理
到之言"의 해석은 "이치에 닿는 말" 또는 "이치가 닿는 말" 두 가지가
모두 가능하다. 하지만 그 아래 두 인용구와 같은 맥락에서 보면 '이
치가 닿는 말'이라고 해석하는 것이 타당하다. 고봉이 첫 인용구를
다음 두 인용구와 함께 제시한 것은 바로 그러한 의도로 이해할 수
있다. 퇴계는 고봉의 의견에 전적으로 동의하지는 않았지만, '리'의
역할에 대한 퇴계의 생각을 진전시키는 데 중요한 계기가 된다.

논쟁 이후 II : 리가 스스로 이르다

고봉이 '물격物格'을 '사물의 리理가 지극한 곳에 이르지 않음이 없다'라고 해석할 수 있다고 했을 때, 퇴계는 오히려 '물격物格'의 주어는 마음이어야 한다고 분명하게 지적하였다. 대상인 '(사·물의) 리'를 인식하는 주체는 사람의 마음이므로 "궁구하여 이르다(格)"라는 술어의 주어는 '(사람의) 마음'이라는 것이었다. 그런데 '물격物格'의 해석에 대해 고민하던 퇴계는 고봉이 보내준 위의 용례들을 본 뒤 다른 문헌들도 찾아보며 고심하다가, 사망하기 약 50일 전(1570년 10월 15일)에 다음과 같이 새로운 생각을 담은 편지를 고봉에게 보냈다.

이전에 내가 잘못된 설을 고집했던 까닭은 다만 '리理는 감정·의지도 없고 계산하거나 헤아림도 없고 조작함도 없다(무정의無情意 무계탁無計度 무조작無造作)'라는 주자의 설만을 고수하여, '내가 물리物理의 지극한 곳(極處)에 궁구하여 이를 수 있지 리理가 어찌 지극한 곳에 스스로 이를 수 있겠는가'라고 생각하였기 때문입니다. 그리하여 물격物格의 격格(이르다)이나 무부도無不到의 도到(이르다)를 모두 내가 격格하고 내가 도到하는 것으로만 보았습니다. …… 그러나 (주자는) 또한 말하기를 "리理에는 반드시 작용(용用)이 있는데 어찌 이 마음(心)의 작용(用)을 또 말할 필요가 있겠는가?"라고 하였습니다. 그 ('리'의) 작용은 비록 사람의 마음 밖에 있는 것이 아니지만 그 작용이 오묘하기 때문에 실제로 '리'의 발현은 사람 마음이 이르는 바에 따라 이르지 않음이 없고 다하지 않음이 없다는 것입니다. (그러하니) 다만 내가 사물의 '리'에 궁구하여 이름(格物)이 지극하지 못함을 걱정할 뿐 '리'가 스스로 이를(자도自到) 수 없음을 걱정하지 않습니다. 그러므로 격물格物이라는 말은 진실로 '내가 사물의 리理의 지극한 곳에 궁구하여 이른다'는 것을 의미하는 것이니, 물격物格이라는 말이 어찌 '사물의 리理가 지극한 곳에 나의 궁구함에 따라 이르지 않음이 없다'라고 해석될 수 없겠습니까? 이로써 감정·의지와 조작이 없다는 이것은 리理의 본연本然의 본체(體)이고, 그 궁구함에 따라 발현되어 이르지 않음이 없다는 이것은 리理의 '지극히 신묘神妙한 작용(用)'임을 알 수 있습니다. 이전에는 다만 (리理의) 본체의 작위 없음(무작위無作爲)만 알았을 뿐, 그 묘한 작용이 현상으로 드러날(현행顯行) 수 있음을 알지 못하여, 거의 리理를 죽은 것(死物)으로 여기듯 하였으니 진리(道)와 동떨어짐이 그 얼마나 심하였겠습니까?"[63]

퇴계는 이전에 자신이 '리는 감정·의지도 없고 계산하거나 헤아림도 없고 조작함도 없다'라고 한 주자의 말만 그대로 믿고서 '물격物格'을 '사·물의 리에 이르다'라고 해석하였으나 지금 와서 다시 생각해 보니 '사·물의 리가 이르다'라고 해석하는 것이 옳다는 것이다. '리'는 원리·규범을 뜻하는 개념이므로 '감정·의지도 없고 계산하거나 헤아림도 없고 조작함도 없다(無情意 無計度 無造作)'는 주자의 설명은 원칙적으로 타당하다. 그래서 퇴계는 '물격物格'에 대한 주자의 주석, 즉 "물리지극처무부도야物理之極處無不到也"를 바탕으로 과거에는 "(내가) 사물의 리의 지극한 곳에 이르지 않음이 없다"라고 해석했으나, 이제 "사물의 리가 지극한 곳에 이르지 않음이 없다"라고 해석을 수정하게 되었다는 것이다.

인식의 주체인 나의 마음이 대상인 사물의 '리'를 궁구함에 따라 개별 사물의 '리'는 점차 개별의 '리'가 아니라 인식 주체의 마음에 내재된 본성과 같은 '리', 즉 보편의 '리'임이 인식되게 된다. 그것은 내 마음이 보편의 '리'를 인식하는 과정이지만, 다른 한편으로는 그 보편의 '리'가 나의 마음에 모습을 드러내는 과정이기도 하다. 다시 말하자면 나의 마음이 사물의 '리'를 인식하기 위해 전심전력으로 노력하다 보면 어느 순간 사물의 '리'는 보편의 '리'라는 궁극의 모습을 드러내며 인식된다. 결국 '사물의 리의 지극한 곳'이란 개별 사물의 '리'가 마침내 드러내게 되는 '궁극적인 보편의 리'를 의미한다. 이것은 사실 주자의 설명에 근거한 것이다. 주자는 《대학혹문》에서 물격物格에 대해 다음과 같이 설명하였다.

> "물격物格이란 사·물의 '리'가 각기 그 극한에 완벽하게 이르렀음을 말한다. 사·물에 있는 '리'가 이미 그 극한에 완벽하게 이르면 나에게 있는 인지 능력(知)도 또한 (리가) 이르는 바에 따라 다하지 않음이 없게 된다."[64]

사·물의 '리'가 그 극한에 완벽하게 이르렀다는 것은 개별사물의 '리'가 마침내 '궁극적인 보편의 리'로 드러남을 의미할 것이다. 그것은 다른 한편으로 나에게 있는 인지 능력을 완벽하게 발휘하는 것이고, 그 순간 '궁극적인 보편의 리'를 '환하게 꿰뚫어 인식(豁然貫通)'하는 경험을 하게 된다. 주자는 위의 인용문에서 '물격物格'이 인식 과정에 대해 인식 주체보다는 사물의 '리'의 역할을 중심으로 표현한 것이라고 설명하고 있다. 이에 근거하여 퇴계는 개별사물의 '리'가 보편의 '리'로 드러나 인식되는 것을 내 마음의 역할로만 이해한다면, '리'를 '죽은 것'으로 여기는 것이라고 여겼다. 하지만 퇴계는 '리'가 어떻게 극한에 이르는지에 대해 그것은 결국 마음 안에서 일어나는 일이며, 인식 주체인 마음이 다가감에 따라 인식 대상인 '리' 자체가 자신을 드러내는 것이라고 설명하며 사람마음의 역할을 강조하였다. 그리고 사람마음의 노력에 따라 '리'가 보편의 이치를 나에게 드러내는 작용 없는 작용(不動의 動)을 퇴계는 '리가 스스로 이른다(理自到)'라고 기술하였다.

중요한 것은 원리·규범을 의미하는 개념인 '리'가 '到(이르다)' 또는 '無不到(이르지 않음이 없다)'라는 술어를 가지는 것이 가능하다는 것이다. 퇴계는 고봉이 보내준 용례들, 즉 '리가 이르다(理到)'라는 문장이 가능하다는 용례들을 보고 고심을 했던 듯하다. 퇴계는 '리가 스스로 이르다'라는 명제를 내놓으며 앞의 인용문에서 그 이유를 두 가지 제시하였다.

첫째는 '리'의 본체(體)와 작용(用)을 구분해서 볼 수 있다는 것이다. 잘 알려져 있듯이, 존재를 본체와 작용의 양면으로 설명하는 방법은 불교에서 가져온 온 것이다. '리'는 원리·규범을 의미하는 개념이라는 점에서 일반적으로 '작용성'을 갖지 않는 형이상학적 의미로 이해되어 왔지만, 불교의 체용설體用說을 적용할 경우 이러한 설명이 불가능한 것은 아니다. 작용은 본체의 다른 한 측면이다. 이때 '리'의 물리적 작용은 반드시 '기'의 도움을 받아서 이루어지겠지만, '리'의 본체와 작용이라는 관점에서 보면 '기의 물리적 작용' 이면에 '리의 본체'의 '작용'이 있다. 그것은 '리'가 직접 물리적으로 '작용'하는 것과는 다른 의미이다. 여기서 '(理의) 작용'이란, 현상세계의 변화 또는 움직임을 설명하기 위해 만들어진 '작용'이라는 용어가 현상 너머의 세계를 설명하는 용어로 차용된 것이다. '리'는 '기'의 물리적 작용과는 다른 의미에서 본체를 현상으로 드러내는 '작용'을 한다는 것이다. 그 '작용'을 이해하지 못하는 사람에게 모든 '작용'은 '기'의 몫이 되고 '리'는 '죽은 것(사물死物)'이 된다. 퇴계는 과거에 자신이 바로 그러한 잘못에 빠져 있었다고 고백하였다.

둘째는 '리'의 작용은 사람의 마음 밖에 있는 것이 아니며, 사람의 마음이 이르는 바(所至)에 따라 이르지 않음이 없고 다하지 않음이 없다는 것이다. 격물格物이란 사람마음의 인지 능력으로 외물外物의 '리'를 인식·체득하는 것을 말하지만, 물격物格이란 사람마음이 사물의 '리'를 탐구함에 따라 '리'의 궁극적인 보편적 본질(物理의 極處)이 인식주체의 마음에 남김없이 드러나는 것이다. 그런데 퇴계는 그러한 '리'의 작용은 사람마음의 밖에서 이루어지는 것이 아니라고 한다. 사·물의 '리'의 본체는 외적 대상에게 있을지라도, 물격物格의 순간에 '보편적 이치의 드러남'이라는 '리'의 작용은 인식 주체의 마음 안에서 이루어진다는 것이다. "사물의 '리'가 그 극한에 완벽하게 이르게 되면 나의 인지 능력도 ('리'가) 이르는 바에 따라 다하지 않음이 없다"라고 했던 주자의 표현에 비하면, 퇴계는 인식 주체인 사람마음의 역할을 더 강조한 셈이다. 퇴계는 "다만 내가 사물의 이치를 궁구함(格物)이 지극하지 못함을 걱정할 뿐 '리'가 스스로 이를(自到) 수 없음을 걱정하지 않는다"라고 하였다. 내가 전심전력으로 사·물의 이치를 궁구하여(격물格物) '리'를 환하게 꿰뚫어 인식하는 순간 '리'는 스스로 본질을 드러낸다. 인간이 '리'를 어찌 할 수는 없는 것이니, 다만 인간의 노력을 다할 뿐이며, 인간이 노력을 다하면 '리'는 자연히 '모습'을 드러낸다.

이렇게 '리'가 스스로 이른다(自到)는 것은 바로 보편 원리·규범이 인간의 마음에 인식·체득됨을 의미한다. 물론 그것은 밖에 있던 '리'의 덩어리가 내 마음 또는 몸 안으로 비집고 들어와 물리적 공간을 차지한다는 뜻은 아니다. 사·물이나 사·물의 '리'는 인식 대상으로서 여전히 내 마음의 밖에 있지만, 본래 사물의 '리'는 보편 법칙·규범으로서 내 마음 안에 있는 도덕적 본성과 별개의 것이 아니다. 따라서 내 마음 안의 본성에 기반한 인지 능력으로 나의 '리'(性卽理)와 외물外物의 '리'가 동일한 보편 원리·규범이라는 사실을 인식·체득하는 순간을 '리가 스스로 이른다(理自到)'라고 표현한 것이다. '리가 스스로 이른다'는 것은 나의 마음이 사·물의 '리'에 다가갈 때 보편적 의미의 드러남, 그리고 그 드러남으로 인해 '리'가 외물의 개별적 '리'가 아니라 우주·자연의 보편적 원리·규범으로 인식되어 받아들여짐을 뜻한다.

물론 이것은 고봉이 인용했던 "이치가 닿는다"라는 것보다 훨씬 강한 표현이다. 하지만 이 역시 비유적 표현이다.[65] '리'는 애초부터 추상 개념이었다. 그것은 "道可道非常道(도를 도라고 할 수 있다면 그것은 도가 아니다)"의 "도道"처럼 비유가 아니면 언어로 기술될 수 없는 '그 무엇'이다.[66] 그럼에도 퇴계는 '리'가 '감정·의지도 없고 계산하거나 헤아림도 없고 조작함도 없다(無情意 無計度 無造作)'는 그 속성에 얽매여서, '리'가 그 궁극의 의미를 드러내는 것이 아니라 나의 마음이 '리'의 궁극적 의미에 다가가는 것이라고 생각해 왔다고 반성하였다. 그러나 그러한 속성에도 불구하고 '보편의 리'는 언젠가 '나의 리' 또는 '나의 본성'과 동일한 하나의 이치로서 인식·체득되어야 한다. 주자가 《대학》에서 공부의 첫 단계로 '격물치지格物致知'를 강조했던 것은 이치가 무엇인지를 먼저 알아야 그 방향으로 공부하고 실천하며 살아갈 수 있다고 생각했기 때문이었다. '활연관통豁然貫通'은 바로 보편의 '리'(원리, 규범)가 나에게 스스로 본질을 드러내는 것이다. 그러한 '리'의 인식 혹은 체득의 순간을 퇴계는 "리가 스스로 이른다(理自到)"라는 비유적 언어로 기술하였다.

　형이상학적 논의를 할 때 우리는 일상어에서 차용한 개념들을 사용한다. 필요에 따라 형이상학적 개념을 만들어 내기도 하지만, 그렇게 만들어진 개념들도 다시 일상어의 맥락 속에 들어와 일상어의 개념과 논리 속에서 설명되고 이해된다. 일상어의 세계는 감각기관으로 인식하고 느끼는 물리적 현상계를 기술하는 언어가 중심이 되는 세계이다. 대다수의 일상어는 그러한 현상 세계를 설명하기 위해 만들어졌다. 철학의 추상적 논의, 형이상학적 논의들은 그 언어들을 차용해서 사용한다. 그것은 '은유'이다. 은유를 현상세계의 기술과 같이 이해할 때 발화자와 청자 사이에 해석의 간극이 발생하고, 그로 인해 논쟁이 일어날 수도 있다. 청자가 발화자의 '은유'를 이해하지 못할 때, 개념의 용례와 어법에 어긋난다고 비판하며 논의가 벽에 부딪히기도 한다. 하지만 철학은 결국 현상계를 넘어선 사유가 언어의 한계를 돌파하거나 우회하여, 일상어의 맥락 속에서 '은유'를 통해 철학적 사유를 기술해 내면서 전개된다. 그리고 '은유'를 이해하는 사람들이 그 철학적 사유의 전개에 동참하여 논의를 한 걸음씩 진전시킨다.

　그런데 '작용'을 기술하는 술어는 반드시 현상세계의 실재 또는 존재를 기술하는 주어와 동반해서만 사용될 수 있다고 생각하는 사고의 틀 속에서는 "리가 스스로 이른다"는 말이 이기론理氣論의 기본 원칙 혹은 용례에 어긋나는 것으로 여겨지기 십상이다. 퇴계 자신도 "사단은 리에서 발현하고 칠정은 기에서 발현한다"라는 추만의 설을 처음 보았을 때 다소 그런 느낌을 가지고 있었다. 하지만 '리'는 이미 일상어 속에서 고정된 틀을 넘어서 사용되고 있었다. 고봉이 "이치가 닿는 말(理到之言)"과 같은 용례들을 가져 올 수 있었던 것은 그 때문이었다.

실제로 현대 한국어에서도 그러한 용례를 찾기는 어렵지 않다. 한동안 잘 이해가 안 되거나 공감이 되지 않던 주장이나 개념을 어느 순간 진심으로 이해하게 되었을 때 우리는 "그 말이 마음에 와 닿는다"라고 표현한다. 정말로 이해되지 않던 어떤 일의 이치가 마침내 이해되는 순간 "이제야 그 이치의 참뜻이 마음에 와 닿는다"라고 표현할 수 있다. 10년 전에 나를 냉혹하게 내치셨던 아버지의 진심이 이제야 "내 마음에 와 닿는다"라고 말하기도 하고, 군부 쿠데타가 일어난 뒤에야 "민주주의가 내 가슴을 비수처럼 찌른다"라고 표현하기도 한다. 그것은 결국 추상적인 말 또는 개념이 어떤 상황 조건 속에서 나에게 마침내 의미를 드러낸다는 것이다.

고봉은 그와 같은 용례를 들며 '리가 이르다'가 중국어나 한문의 용례에 어긋나는 것은 아니라고 주장했지만, 그때 고봉이 생각했던 '리가 이른다'는 것은 다만 의미상으로, 취지상으로 그렇게 말할 수 있다는 것이었다. 퇴계는 처음에 고봉의 의견에 반대했지만, 차차 그 생각을 더 진전시켰던 듯하다. 사단칠정논쟁에서 '리의 발현'에 대해 고봉은 취지상으로 혹은 수양론적 의미에서 그런 표현이 가능할 뿐 존재론적 의미에서는 불가능하다고 여겼다. 반면 퇴계는 존재론적 의미를 별개로 설정하여 배제할 필요가 없다고 생각하였다. 하지만 그것을 고봉에게 명쾌하게 설명해 줄 수 없었다. 이제야 퇴계는 그러한 '리의 발현'을 본체(體)와 작용(用)으로 설명하게 된 것이다.

보편적 '리'에 대한 인식의 과정을 인식 주체인 사람 마음의 역할만으로 이해한다면 '리'는 '죽은 것(死物)'이 된다. 도덕감정의 발현이라는 작용을 '기'의 역할만으로 이해한다면, 그때의 '리'도 '죽은 것'이 된다. 도덕본성(性卽理)은 도덕감정으로 드러난다. 그 드러남을 '기'의 작용이라고 기술하는 것은 단지 현상을 기술하는 것일 뿐이다. '기'가 그렇게 작용하도록 하는 '리'의 역할에 주목하고 설명해 내지 않는다면 이는 피상적으로 '기'를 이야기하는 것일 뿐이다. 어린아이가 우물에 빠지려 하는 순간 문득 솟구쳐 나오는 '안타까운 마음', 그렇게 도덕감정이 솟구치도록 하는 '형이상학적 충동'이 바로 '리의 본체의 작용(用)'이며, '리의 발현(發)'이고 '리의 작동(動)'이며 '리가 스스로 드러남(自到)'이라는 것이다.

형이상학적 충동

퇴계의 편지에 대해 고봉이 분명한 의견을 제시하였다면 두 사람 사이에 논의가 더 진전될 수도 있었을 것이다. 하지만 현재로서는 더 이상의 논의를 확인할만한 자료를 찾을 수 없다. 퇴계가 사망하기 약 50일 전(10월15일)에 고봉에게 편지를 보냈기에 고봉으로서는 깊이 논의를 진척시킬 기회가 없었던 듯하다. 고봉이 한 달 뒤(11월15일) 쓴 답장에는 아래와 같이 짤막한 답변이 있을 뿐이다.

"변론하신 '작위 없는 본체(無爲之體)', '지극히 신묘한 작용(至神之用)'
등의 말씀은 깊고 은미한 이치를 밝혀주실 뿐 아니라 지극히 정밀합니
다. 반복하여 음미하니 마치 직접 뵙고 가르침을 받는 것 같아 우러러
따르는 마음이 더욱 깊어집니다. 다만 그 말씀을 자세히 보면 도리道理
가 자재自在하지 못한 하자가 있는 듯한데 어떻게 생각하시는지 모르
겠습니다."67

뒷날 고봉의 문인들이 고봉의 문묘종사를 청하기 위해 작성한
〈청향소請享疏〉에서도 퇴계의 물격物格 해석과 함께 고봉의 이 답변을
인용하며68 이것을 퇴계의 리체용설理體用說 또는 리자도설理自到說에
대한 고봉의 견해로 간주하고 있다. 이에 대해 고봉의 문인들은 "고
봉의 이 말이 비록 담담한 한 마디이긴 하지만 '자재自在'라는 글자를
보건대 참으로 《대학혹문》의 '리가 그 지극한 데 이른다'(리예기극理
詣其極)는 말의 뜻을 체득한 것으로서, 이것이 정밀하고 확실하니 마
땅히 이것으로써 정론을 삼아야 합니다"69라고 칭송하였다. "도리가
자재하지 못하다"는 말은 '일반적인 이치에 비추어볼 때 뭔가 자연
스럽지 못한 점이 있다'는 정도의 의미이므로, 퇴계의 견해가 만족스
럽지 못하다는 뜻이다.
〈청향소〉는 고봉이 퇴계의 적전嫡傳이면서도 퇴계 못지않은 유학
자라는 것을 강조하며 고봉의 문묘종사를 요청하는 글인지라, 고봉
에 대해 다소 과장된 평가가 적지 않다. 더구나 고봉의 한두 마디 언
급만으로는 논의의 진전을 이루었다고 보기 어렵다. 고봉의 입장이
분명하게 정리된 글은 남아 있지 않지만, 다행히 고봉의 생각은 사단
칠정논쟁 과정에서의 입장으로 추론할 수 있다.

이와 관련해서 사단칠정논쟁을 상기해 본다면, 사단과 칠정이 각각 '리'의 발현과 '기'의 발현이라는 말에 대해 고봉은 '가리키는 바(所指)'와 '나아가 말하는 바(所就而言)'로는 동의하면서도 '비롯되는 바(所從來)'의 관점에서는 반대한 반면, 퇴계는 '가리키는 바', '나아가 말하는 바'는 물론 '비롯되는 바'의 관점에서도 모두 인정한 이유를 알 수 있다. 고봉은 사단이 순선한 도덕감정이므로 의미상으로 볼 때 '리'의 발현이라고 할 수 있다고 하였다. 그러면서도 사단이 실제로는 칠정과 마찬가지로 '리'로부터 발현하되 '기'의 도움을 받아서 발현된다는 사실을 간과해서는 안 된다고 주장하였다. 이에 반해 퇴계가 '가리키는 바', '나아가 말하는 바'뿐 아니라 '비롯되는 바'로 볼 때도 사단은 '리'의 발현, 칠정은 '기'의 발현이라고 하였을 때, 퇴계는 인간의 도덕본성에 잠재된 보편적 '리'의 힘, 그 형이상학적인 도덕적 충동을 염두에 두었던 듯하다. 그것은 맹자가 사단이라는 용어와 그에 대한 설명을 통해 말하고자 했던 인간의 선한 본성의 잠재력이었다. 그리고 퇴계는 그 설명 방법을 위의 인용문에서 제시한 '리'의 체용體用에서 찾은 것이다.

고봉은 퇴계가 생각을 진전시키는 데 결정적인 역할을 하였지만, '리'의 의미와 역할을 가치론적 차원과 존재론적 차원으로 나누어 이해했고, 가치론적 차원에서 수양론의 입장을 고려하며 사단은 '리'의 발현, 칠정은 '기'의 발현이라는 명제를 받아들였다. 고봉에게는 가치론과 존재론 사이에 넘을 수 없는 심연의 간극이 여전히 놓여 있었다. 현대 학자들 사이에서도 여전히 논란이 되고 있는 퇴계의 '리의 발현하다(理發)', '리가 스스로 이르다(理自到)'라는 명제에서 '발현하고' '스스로 이르는' '리'를 '존재론'적인 것으로 이해하는 한, 고봉이 부딪혔던 존재론과 가치론 사이의 심연의 간극을 넘지 못한다. 퇴계는 고봉이 보내준 용례를 보고 고심하다가 결국 '이치가 닿는다'는 일상어의 은유를 이해하고는, 본체(體)와 작용(用)을 통해 도덕본성으로부터 도덕감정으로 전화轉化하는 '리'를 상상하며 그 간극을 훌쩍 뛰어넘었다. 존재론과 가치론은 여전히 인간의 관념 속에 나뉘어 있지만, 퇴계는 '리'의 체용體用으로 그 간극을 우회하듯이 슬쩍 건너뛰어 버린 것이다.

건너뛴 흔적은 남지 않아서 존재론은 존재론대로, 가치론은 가치론대로 여전히 있지만 퇴계는 자연의 보편적 이치를 뿌리로 하는 인간 본성으로부터 도덕성이 분출되는 '형이상학적 충동'의 과정을 이기심성론理氣心性論으로 설명해 내고, 그것을 인간이 추구해야 할 도덕적 삶의 이상으로 제시하였다. 퇴계의 생각에 동의하든 안 하든, 고봉과 율곡을 포함한 조선의 학자들은 도덕본성과 도덕감정의 관계에 대해 그리고 선한 도덕감정만을 드러내며 사는 방법에 대해 퇴계가 제기한 명제들을 생각하며 논의에 논의를 거듭하게 되었고, 그것이 조선성리학의 주된 전개방향을 이루게 된다.

4

율곡이 묻고 퇴계가 답하다 2
《중용》에 대하여 (경오庚午·1570. 5〜10)

생애 마지막 해였던 1570년(70세), 퇴계는 율곡으로부터 두 편의 문목을 받고 답서를 썼다. 이때 율곡의 나이는 이미 서른다섯으로 조정에서 국왕 선조의 총애를 받던 7년차 관료였다. 12년 전 과거 준비를 하던 청년으로서 문목을 올리던 때와는 상황이 많이 달라졌다. 그럼에도 율곡은 여전히 공부하며 풀리지 않는 의문점들을 정리하여 퇴계에게 여쭈었고, 퇴계는 하나하나 분명하게 답변하였다.

　퇴계에게 올렸던 첫 번째 문목은 《대학》에 관한 것이었지만, 두 번째, 세 번째 문목은 주로 《중용》과 《성학십도》에 관한 것이었다. 12년 전의 문목이 대체로 큰 질문들이었다면, 이번 문목들은 소주小 註까지 파고들었고, 퇴계가 편찬한 《성학십도》를 조목조목 비판하는 것이었다. 수개월 사이에 오고갔을 두 문목은 반박과 재반박으로 이어지며 두 사람의 생생한 토론을 보여준다. 율곡의 공부가 깊어졌음을 알 수 있고, 그동안 두 사람 사이에 많은 질문과 대답 그리고 토론이 있었으리라 추측할 수 있다. 첫 번째 문목 이후 그 사이에 다른 문목과 답변들도 오갔을 법하지만, 현재는 전하지 않는다.

게다가 두 번째 문목은 퇴계의 답서만 남아 있고 율곡의 문목은 전해지지 않으므로, 퇴계의 답변을 통해 율곡의 문제의식을 엿보아야 한다. 이어지는 세 번째 문목에서는 두 번째 문목의 문제들 중 일부를 재론하며 논의가 심화된다. 장문의 편지이므로, 문목과 답변 중 두 사람의 생각을 이해하는 데 중요하다고 판단되는 문제들을 중심으로 살펴본다. 두 문목의 논의가 이어지므로 《중용》에 관한 것과 《성학십도》에 관한 것으로 문답을 나누어서 주제별로 검토한다.

글 읽는 법

두 번째 문목에 대한 퇴계의 답서를 보면, 율곡은 《중용장구中庸章句》 앞에 실린 《중용》 읽는 법(독중용법讀中庸法)을 읽다가 주석을 보고 퇴계에게 두 가지 질문을 하였음을 알 수 있다. 이 문답에서 주목할 것은 문답의 구체적인 내용보다도, 두 사람이 각기 글을 대하는 방법과 관점 그리고 문답을 주고받는 두 사람의 태도이다. 율곡은 글을 읽으면서 논리적으로 모순된다고 생각하는 지점들을 지목하며 비판하였고, 퇴계는 전체 맥락 속에서 글을 이해해야 한다고 타일렀다. 꼬치꼬치 따져 드는 율곡에게 퇴계의 대답은 거침이 없다. 친숙한 스승과 제자의 모습이다. 12년 전, 다소 조심스러웠던 말투와는 사뭇 다른 분위기이다. 그간 더 없이 가까워지고 신뢰가 쌓인 두 사람의 관계를 느낄 수 있다. 율곡의 문목은 남아 있지 않으니, 퇴계의 답변을 보자.

【1】진서산眞西山(진덕수眞德秀)의 설명은 주자의 뜻과 조금 다른 점이 있습니다. 그렇지만 주자는 본래 독실하고 공경함(독공篤恭)이 지극한 경지에 이르렀을 때 그 신묘함이 이와 같음을 말한 것이니, 소리도 없고 냄새도 없는 신묘함이란 독실하고 공경함으로부터 말미암아 그러한 것임을 알 수 있습니다. 그렇다면 서산도 독실하고 공경함으로 인하여 이러한 신묘함이 있게 됨을 말하였을 뿐입니다. 어찌 독실하고 공경함으로부터 말미암고는 힘써 실천하여 점진적으로 그 경지에 도달한다고 말한 것이겠습니까? 서산의 학문은 그와 같이 엉성하지 않으니, 글로써 뜻을 해치지 않는 것이 좋겠습니다.¹

【2】요씨饒氏(요로饒魯)²의 설명은,³ 《대학》은 사람들을 가르치는 방법이므로 공부는 이러이러하게 해야 한다고 말한 것이고, 《중용》은 도道를 전하는 책이므로 이 도는 이러이러하다고 말한 것입니다. 두 책은 주된 편찬의도가 본래 같지 않으므로, 각각 해당되는 바가 있다는 것을 말한 것입니다. 요씨의 설명이 틀리지 않았는데 이번에 보내준 편지에서 "공부와 도를 나누어 둘로 본 것은 온당하지 않다"라고 하였으니, 바로 그대 자신이 잘못 본 것입니다.【주 선생(주자)이 여자약呂子約⁴에게 답한 편지에서 능能(할 수 있음)과 소능所能(할 수 있는 것)에 대해 설명한 것을 본 적 있습니까? 도와 실천, 배움과 의리의 깊은 뜻이 다름을 분석한 것이 지극히 정밀합니다. 이것을 본다면 그대 자신이 잘못 보았음을 알 수 있습니다. 대개 배운다는 것은 '능'이고 도는 '소능'이므로 뒤섞어서 한 가지의 설로 만들어서는 안 됨이 더욱 분명합니다. 그 편

지는 《주자대전朱子大全》 제48권 27장에 나와 있습니다만, 그 앞에 있는 25, 26장의 편지글과 연결해서 보아야 비로소 그 의미를 알 수 있습니다.』

【1】에서 율곡이 문제 삼은 진덕수의 주석을 직역해 보면 다음과 같다.

서산 진씨가 말하였다. "《중용》이 '하늘이 내려준 것을 본성이라 한다(천명지위성天命之謂性)'라는 말로 시작해서 '소리도 없고 냄새도 없다(무성무취無聲無臭)'라는 말로 끝을 맺으니, 마치 고상하고 오묘한 듯이 보인다. 하지만 '경계하여 삼감(계신戒愼)', '두려워함(공구恐懼)', '홀로만 알기를 삼감(근독謹獨)', '독실하고 공경함(독공篤恭)'을 말하였으니, 이것들은 모두 사람들에게 노력할 방법을 제시해 준 것이다. 반드시 경계하여 삼가고 두려워하며 혼자만 알기를 삼간 이후에 타고난 본성의 선함을 온전히 할 수 있고, 반드시 독실하고 공경한 이후에 소리도 없고 냄새도 없는 경지에 나아갈 수 있다는 것이다. 그러므로 사람들로 하여금 심오한 데에만 마음을 쏟다가 실천을 하지 말라고 한 것이 아니다.⁶

율곡은 "소리도 없고 냄새도 없는 경지"는 독실하고 공경스런 자세의 공부가 지극할 때의 경지이지, 독실하고 공경하는 공부가 완성된 이후에 그 경지에 이른다고 보는 것은 잘못된 것이 아니냐고 물었던 모양이다. 진덕수는 분명히 "반드시 독실하고 공경한 이후(必篤恭而後)"라고 하였으니, 율곡이 근거 없이 비판한 것은 아니다. 하지만 이에 대해 퇴계는 진덕수가 "반드시 독실하고 공경한 이후"라고 표현은 하였지만, 그 내용은 결국 '독실하고 공경함의 지극함'이 바로 그 경지라고 한 주자의 말과 다르지 않다고 대답하였다. 그러면서 "서산의 학문이 이와 같지 엉성하지 않으니, 글로써 뜻을 해치지 말라"고 충고하였다.

【2】에서 배움과 도를 둘로 나누어 보았다는 율곡의 질문도 유사한 종류의 것이다. 이에 대해 퇴계는 《대학》은 사람들에게 공부하는 방법을 알려주는 책이고 《중용》은 도를 전하는 책이기 때문에 각기 편찬 취지가 다르다는 점을 지적하였다. 요로饒魯가 그에 관해 설명한 것을 보고 배움과 도를 둘로 나누었다고 비판한다면, 그것은 율곡 "자신이 잘못 본 것"이라는 것이다.

율곡은 하나의 일관된 논리로 공부와 성과 그리고 배움과 도를 이해하고 설명하려 했지만, 퇴계는 그것들을 나누어서 설명하는 것이 잘못된 것이 아니라고 하였다. 물론 그것이 하나의 일임을 이해하고 있다면 독자의 이해를 돕기 위해 나누어서 설명해도 된다는 의미일 것이다. 어쩌면 퇴계는 이렇게 타인의 글을 비판하는 율곡에게서 사단과 칠정, '리'와 '기'를 나누어 보아서는 안 된다고 주장하던 고봉의 모습을 떠올렸을지 모른다. 퇴계는 고봉과 사단칠정 논쟁을 하면서 고봉의 관점에 대해 다음과 같이 비평한 적이 있었다.

"같은 가운데 나아가 그 사이에 다름이 있음을 이해하고, 다른 가운데 나아가 그 사이에 같은 점이 있음을 보아서, 나누어 둘이라고 해도 '서로 떨어지지 않음'에 해가 되지 않고, 합하여 하나라고 해도 실제로는 '서로 뒤섞이지 않음'으로 귀결되어야, 마침내 두루 갖추어져서 편벽되

지 않게 됩니다.[7]

비교 대상이 되는 모든 것들은 같은 점도 있고 다른 점도 있기 마련이다. 그러므로 서로 다른 점에 주목하면서도 그것들 사이에 서로 같은 측면이 있다는 사실을 이해하고 있어야 하고, 서로 같은 점에 주목하면서도 그것들 사이에 서로 다른 측면이 있다는 사실을 염두에 두어야 한다는 것이다.

퇴계가 사단과 칠정의 차이점에 주목했던 데 대해, 고봉은 사단과 칠정이 모두 감정이라는 관점에서 퇴계의 입장을 비판한 바 있었다. 이에 퇴계는 위와 같은 말을 하면서, 사단과 칠정이 이기론 또는 존재론적으로 같은 구조라는 점만을 고집하는 고봉에 대해 같은 점과 다른 점을 아울러 보아야 한다고 타일렀다. 그리고 선현들이 감정들 사이에서 순선한 사단과 악으로 흐르기 쉬운 칠정을 구분하였던 까닭이 무엇인지 생각해 보라고 하였다.

공부와 그 성과, 배움과 도를 나누어 보면 안 된다며 진덕수와 요로를 비판하는 율곡의 입장은, 그러한 점에서 고봉과 같은 맥락에 있었다. 퇴계에 따르면, 율곡은 같은 점에만 주목하다 보니 진덕수와 요로의 관점이 그 같은 것들 사이의 차이점을 설명하고 있다는 사실을 이해하지 못하고 있었다. 퇴계가 세상을 떠난 지 2년 뒤에 율곡이 우계와 사단칠정을 논하면서 고봉과 유사한 입장을 취하게 되는 것은 자연스런 결과라고 할 수 있다. 사단과 칠정의 관계를 보는 율곡의 관점은 이미 이 문목을 주고받던 1570년경에 사실상 결정되어 있었는지도 모른다. 율곡은 퇴계와 고봉이 8년에 걸쳐 나눈 사단칠정 논의를 지켜보고 있었다.

자신의 머리로 이해할 수 있는 선에서 세상을 하나의 일관된 논리체계로 설명하려는 것은 지식인들에게서 흔히 볼 수 있는 경향이다. 세상을 하나의 논리로 설명하려는 지적 욕망이라고 할 수 있다. 사실 자연의 오묘한 질서를 보면 그처럼 논리적이고 정합적일 수가 없다. 때로는 비논리적인 일탈이 있는 듯하지만, 맥락을 이해하고 보면 일탈도 결국은 정합적인 질서 내에서 이루어지는 과정인 경우가 대부분이다. 문제는 한 개인이 자신이 이해한 범위 내에서 논리를 구성하여 우주·자연의 질서 전체를 끼워 맞추려 할 때 발생한다. 닫힌 이론체계는 그 이론틀로 설명하지 못하는 더 넓고 심오한 세계를 배제하게 된다. 게다가 자신의 이론틀에서 배제된 것들에 관해 이야기하는 데 대해 잘못되었다고 주장하며 비판할 때, 거기서 일종의 지적 폭력이 시작된다.

"같은 가운데 나아가서 그 사이에 다른 측면이 있음을 이해하고, 다른 가운데 나아가서 그 사이에 같은 측면이 있음을 보라"는 퇴계의 말은 자신의 설명틀 밖에 있는 세계에 대해 이해의 지평을 열어 놓으라는 의미일 것이다. 설명의 편의를 위해 어떤 관점과 이론체계를 택하더라도 더 넓은 세상, 즉 자신의 인식틀 혹은 이론체계 밖의 세계가 있음을 염두에 두고 그에 대해 마음을 열어 놓아야 한다는 것이다. 사실을 설명하는 언어와 사실 사이에는 간극이 없을 수 없다. 사실을 이해하고 설명하기 위해서는 어떤 관점을 선택하는 것이 분명히 유용하다. 하지만 자신의 관점을 기준으로 논거를 제시하며 상대가 '틀렸다'고 주장하는 고봉과 율곡에 대해, 퇴계는 상대의 설명방법이 '맥락' 속에서 다르게 읽힐 수 있다는 사실을 일깨워주려 하였다.

공부

공부工夫는 마음이 고요할 때도 하고 마음이 움직일 때도 한다. 성인聖人이라는 높은 이상을 세워놓고 아득한 목표를 향해 끊임없이 노력하며 다가가야 하는 유학에서 공부는 한 순간도 쉴 틈이 없다. 그러나 고요히 있을 때의 공부와 움직일 때의 공부가 같지 않고, 둘 중 어느 쪽에 비중을 더 두는가에 따라 공부 방법이 달라질 수 있다.

율곡은 퇴계에게 '인심人心'과 '도심道心'을 '오직 정밀하게 살피고 오직 한결같이 지킨다(유정유일惟精惟一)'는 공부에 대해 물었다. 이것은 순舜임금이 우禹임금에게 왕위를 넘겨주면서 경계로 삼으라며 전해준 말 중에 나오는 구절이다. 이 말은 유학에서 공부의 핵심을 담은 말로 간주되고, 주자는 이것을 도통道統 전수의 요체로 보았다. 그것은 본래 요堯임금이 순임금에게 천하를 넘겨주며 교훈으로 남겼다는 네 글자에서 비롯된다.

"진실로 그 중도를 잡으라.(允執厥中)"[8]

순임금은 우임금에게 천하를 넘겨주면서 이 네 글자를 열여섯 글자로 늘여서 전해 주었다.

"인심은 늘 위태롭고 도심은 늘 은미하니 오직 정밀하게 살피고 오직 한결같이 지켜서 진실로 그 중도를 잡으라.(人心惟危 道心惟微 惟精惟一 允執厥中)"[9]

이 열여섯 글자의 내용이 천하를 평안히 다스릴 수 있는 비결이라는 것이다. 이 구절은 요·순·우를 성인으로 존경하는 유학에서는 누구나 마음에 새기고 공부의 지표로 삼아야 하는 것으로 여겨져 왔다. 심지어 이 구절이 후대에 위작된 것이라고 결론을 내렸던 다산茶山 정약용丁若鏞(1762~1836)조차, 이것이 위작이긴 하지만 유학의 정신을 충분히 담고 있다는 점에서 이 구절의 가치와 권위를 인정하였다.[10]

인심은 사적 욕망으로 인해 늘 위태로우므로, 정밀하게 살펴서 도리에 어긋남이 없도록 하는 것이 인심을 바로잡는 공부이다. 도심은 도리에 어긋남이 없지만 늘 은미하므로, 한결같이 그 마음을 지키는 것이 바로 도심을 추구하는 공부이다. 인심·도심의 문제는 훗날 율곡이 우계와 사단칠정논쟁을 벌이는 과정에서 본격적으로 논의를 진전시키며 자신의 입장을 주장하게 된다. 그런데 이 문목에서 율곡의 질문을 보면, 아직 율곡의 입장이 서 있지 않았음을 알 수 있다. 또한 훗날 율곡이 자신의 인심도심설을 세우는 데 퇴계의 영향이 있었음을 추정할 수 있다.

〈중용장구 서문(中庸章句序)〉의 주석에서 물재정씨勿齋程氏[11]가 말한 것과 관련하여, 보내온 편지에서는 이 설명이 온당하지 않다고 하였습니다. 그렇다면 마음이 고요한 때의 공부란 어떤 것입니까? 처음에 순임금께서 인심과 도심을 말씀하신 것은 모두 마음이 이미 발현된 데(이발처已發處) 나아가서 말한 것입니다. 그 때문에 정일집중精一執中〔오직 정밀하게 살피고 오직 한결같이 지켜서 진실로 그 중도를 잡으라(惟精惟一 允執厥中)〕이란 모두 그 마음의 발현을 바탕으로 해서 공부를 한다는 것이지, 마음이 고요한 때의 공부를 말한 것이 아닙니다. 그렇다면 본래의 말에 의거하여 탐구하고 몸소 실천해야지, 어찌 없는 것을 억지로 가져다가 불필요한 말을 보태서는 원래의 설명과 합하여 하나의 공부로 만들 수 있겠습니까? 이것은 이른바 다른 곳에서 끌어온 뜻과 이치를 너무 많이 끼워 넣어 본문의 바른 뜻을 어지럽게 한다는 것입니다. 이것은 가장 심한 독서의 병통이 되므로 주자의 문하에서 깊이 경계하였습니다. 보내온 편지에서 말하였듯이, 공자께서 말씀하지 않으신 것을 맹자께서 말씀하셨고 맹자께서 말씀하지 않으신 것을 정자와 주자께서 말씀하신 것이 많습니다. 그런데 지금에 와서 나중에 나온 말을 매번 이전 성현들이 말씀하지 않은 곳에 끌어다가 뭉뚱그려 하나의 설로 조작해 가지고서는 완비된 설로 만들려 해서야 되겠습니까?[12]

퇴계의 답변이 단호하다. 율곡의 문제 제기에 대해 "가장 심한 독서의 병통"을 가지고 있다며 바로잡으라고 꾸짖고 있다. 율곡이 문제 삼은 물재정씨의 주석은 다음과 같다.

물재정씨가 말하였다. "……(마음이) 사물에 감응하여 움직여야 비로소 인심과 도심의 구분이 있게 되는 것이니, '정일집중精一執中(오직 정밀하게 살피고 오직 한결같이 지켜서 진실로 그 중도를 잡으라)'이라는 것은 모두 움직일 때의 공부이다."[13]

율곡은 물재정씨가 인심과 도심에 대한 '정일집중(精一執中)'의 공부를 마음이 외물에 감응하여 움직일 때(動時)의 공부라고 설명한 데 대해 문제를 제기한 듯하다. 공부는 마음이 고요히 있을 때와 움직일 때 모두 해야 하는 것인데, 물재정씨는 '정일집중'의 공부를 마음이 발현된 이후의 '움직일 때의 공부'로 한정지었다는 것이다.

이에 대해 퇴계는 순임금이 인심·도심을 말한 것은 모두 마음이 발현된 곳에 나아가서 말한 것이기 때문에, 물재정씨의 설명이 맞다고 답하였다. 그러면서 본래의 말에 의거해서 글을 이해해야지 다른 데서 의미를 끌어와서 글을 해석하는 것은 "가장 심한 독서의 병통"이라며 단호하게 율곡을 비판한 것이다.

그런데 퇴계가 고봉과의 논쟁 중에 인심·도심에 대해 취한 입장이나 훗날 인심·도심에 대해 율곡이 취하는 입장을 고려해 본다면, 이 문답은 마치 서로의 입장이 바뀐 듯한 감이 있다. 퇴계는 사단과 칠정처럼 도심과 인심도 각각 '리'와 '기'에 분속시킬 수 있다고 하였다. 그것은 도심과 인심이 나누어지는 원인이 각각 '리'의 순선한 도덕성과 '기'의 질료적 장애에 있다는 데 근거한 것이었다. 사단과 칠정, 도심과 인심이 나누어지는 근본적 원인에 주목했던 퇴계는 마음이 움직일 때의 공부보다는 마음이 고요히 있을 때의 공부, 이발시已發時(마음이 외물에 감응하여 발현되었을 때)의 공부보다는 미발시未發時(마음이 아직 발현되지 않았을 때)의 공부의 중요성을 강조하였다.[14] 다만 퇴계는 인심·도심에 대해 언급한 16자 심법을 마음의 미발시와 이발시의 양면에 적용하려는 율곡에 대해 인심·도심이란 본래 마음이 발현된 이후를 가리키는 것이라고 바로잡아 준 것이다.

한편 훗날 율곡은 미발시未發時, 즉 마음이 아직 어떤 지향성을 드러내지 않았을 때는 인간이 의식적으로 마음의 방향을 조절하기가 어려우므로, 마음에서 도덕본성이 도덕감정으로 발현되는 순간부터 마음의 방향을 조절하기 위해 의식적인 노력을 해야 한다고 주장하게 된다. 그래서 마음이 작동하는 순간부터 인심을 도심으로 전환시키도록 하는 데 공부와 수양을 집중하도록 하였다.

인심·도심에 대한 율곡의 입장이 명확하게 드러나는 것은 퇴계 사후 2년, 율곡이 우계와 사단칠정과 인심도심에 관해 논쟁을 벌일 때였다. 율곡이 퇴계에게 이 문목을 보낼 때는 율곡에게 인심·도심과 그에 관한 수양의 방법에 대한 입장이 서 있지 않았다고 볼 수 있다. 이후 율곡의 인심도심설의 변화를 고려한다면, 그는 본래 인심과 도심이란 마음의 본체가 발현된 이후를 가리키는 것이라는 퇴계의 지적과 글을 볼 때는 본래 글의 의미에 충실하게 이해해야 '독서의 병통'을 피할 수 있다는 충고를 받아들였다고 할 수 있다. 이를 통해 율곡은 인심도심에 대한 이해를 새롭게 하였고, 마음이 발현된 이후의 공부에 대해 주목하며 우계와의 논쟁을 통해 '인심도심상위종시설人心道心相爲終始說', 즉 인심과 도심이 서로 변환될 수 있다는 자신의 입장을 세우게 된다.[15]

지각

율곡의 다음 질문은 마음의 지각知覺에 관한 것이다. 〈중용장구 서문〉에서 주자가 "마음의 텅 빈 듯하면서도 신령스런 지각(虛靈知覺)은 하나일 뿐이나……"라고 한 데 대한 격암조씨格菴趙氏[16]의 주석에 율곡이 문제를 제기한 것이다.

마음의 텅 빈듯하면서도 신령스런 지각에 관해 격암조씨가 말한 것에 대해서도 보내온 편지에서는 잘못 보았습니다. 무릇 혈기가 있는 것은 본디 모두 지각이 있습니다. 그러나 새와 짐승의 치우치고 막힌 지각이 어찌 우리 인간의 가장 신령스런 지각과 같겠습니까? 하물며 여기서 지각을 설명한 것은 실로 성인들이 전한 심법心法인 "인심은 늘 위태롭고 도심은 늘 은미하니 오직 정밀하게 하고 오직 한결같이 지켜서 진실로 그 중도를 잡으라(人心惟危 道心惟微 惟精惟一 允執厥中)"라는 뜻에 근거해서, 이 '지각知覺'이라는 두 글자에 '허령虛靈'이란 말을 덧붙여 사람 마음의 본체(體)와 작용(用)의 오묘함을 밝힌 것입니다. 글을 읽는 자는 마땅히 자기 마음이 지각하는 곳에 나아가서 음미하고 체인體認하여 바른 생각을 해내어야 비로소 실상을 올바로 볼 수 있습니다. 멀리 새와 짐승의 지각을 끌어와서 바른 뜻을 어지럽히고, 의심해서는 안 될 것을 의심해서야 되겠습니까? 보통 사람들의 지각이 성현과 다른 까닭은 곧 기질(氣)에 얽매이고 욕심에 가리어서 스스로 (올바른 지각 능력을) 상실하기 때문입니다. 어찌 이것을 근거로 하여 사람의 마음이 (본래부터) 인식하지도 깨닫지도 못한다고 의심하겠습니까?【보내온 편지에서 다음과 같이 말하였습니다. "지각은 아마도 이와 같이 해석해서는 안 될 것입니다. 이제 보통사람으로부터 새와 짐승에 이르기까지 모두 지각이 있으니, 그들이 어찌 그 소당연所當然(마땅히 그러해야 하는 바)을 알고 그 소이연所以然(그러한 까닭)을 깨달을 수 있겠습니까?"】[17]

격암조씨는 '지각'을 다음과 같이 풀이하였다.

지知란 그 소당연所當然을 인식하는 것이고, 각覺이란 그 소이연所以然

을 깨닫는 것이다.[18]

율곡은 이에 대해 지각이란 사람뿐 아니라 금수도 가지고 있는 것인데, 그러한 지각으로 '소당연'과 '소이연'을 안다는 것이 가능하겠냐고 물었다. 더 나아가 성현이 아닌 보통 사람들이 '소당연'과 '소이연'을 지각할 수 있겠냐고 물은 듯하다. '소당연'은 '마땅히 그러해야 하는 바', 즉 당위적인 규범 또는 도덕규범을 의미한다. '소이연'이란 '그러한 까닭', 즉 필연적인 이유 또는 존재법칙을 의미한다. 존재법칙(소당연)과 도덕규범(소이연)이 하나의 원리라는 것을 깨달아 도덕규범의 준수를 존재법칙과 같이 필연적인 것으로 이해하고 실천하는 것이 성리학의 핵심이다. 그렇다면 '소당연'과 '소이연'을 이해한다는 것은 상당한 공부와 수양이 쌓지 않고는 사실상 어려운 일이다. 율곡의 질문은 그러한 '소당연'과 '소이연'을 금수도 다 가지고 있는 '지각'으로 인식한다는 것이 가능하냐는 것이다.

이에 대해 퇴계는 이때의 '지각'은 "인간의 가장 신령스러운 지각"을 말하는 것으로, "금수의 치우치고 막힌 지각"과는 다른 것이라고 하였다. 또한 성인이 아닌 일반인은 기질이나 욕심으로 인해 올바른 지각 능력을 일부 상실하는 경우가 적지 않지만, 그렇다고 해도 신령스런 지각 능력 자체를 본래 갖지 않은 사람은 없다고 지적하였다. 아울러 퇴계는 글을 맥락 안에서 이해해야지 다른 데서 의미를 끌어와서 가져다 붙이면 안 된다며 율곡을 꾸짖었다.

'지각'이란 율곡이 이해한 것처럼 금수도 갖고 있는, 사물에 대한 인지 기능을 의미하기도 한다. 하지만 성리학에서 '지각'은 자연과 사회의 운영원리에 대한 이해를 의미하기도 한다.[19] 성리학에서 '지각'을 이와 같이 사용하는 것은 존재법칙과 도덕규범을 하나의 원리로 규정하기 때문이다. 부모님께 효도해야 한다는 도덕규범의 당위성을 무거운 물체는 아래로 떨어진다는 물리법칙의 필연성과 같은 수준으로 이해한다는 것이다. 나아가 도덕규범을 존재법칙과 동일한 원리로 여기는 것은 도덕규범의 당위성을 존재법칙처럼 필연적인 일로 간주하는 것이다. 그것은 도덕규범의 실천을 사실상 물리법칙을 따르는 것과 같이 필연적인 것으로 받아들인다는 의미를 갖게 된다.

훗날 율곡이 자신의 인심도심설을 펼칠 때 '지각'은 매우 중요한 위치를 차지한다. 그가 인심도심설에 관해 퇴계와 다른 입장을 취하게 되는 결정적인 이유도 인심도심의 해석에서 '지각'이 갖는 의미를 퇴계와 달리 보았기 때문이었다. 그때의 '지각'은 인심과 도심을 가르는 핵심적인 것이고, 인간만이 갖는 특별한 능력으로 간주된다. 퇴계에게 이 문목을 보낼 무렵까지 율곡은 지각에 대해 그러한 입장을 가지지 못한 듯하다. 오히려 '지각'에 대한 퇴계와의 문답을 통해 인심도심에서 지각의 의미와 역할에 대해 다시 생각하게 되었으리라고 추정할 수 있다.

퇴계는 격암조씨의 주석을 글의 맥락에 따라 이해하라고 가르침을 주었지만, 율곡은 그 가르침을 받아 더 천착하면서 '지각'에 관한 자신의 입장을 세우게 된다. '인심도심'과 '지각'에 관해서는 퇴계가 사단칠정과 연관하여 잠시 언급하였을 뿐 깊이 논의하지 않은 문제였다는 점에서, 율곡은 퇴계의 가르침을 받아 퇴계를 넘어선 후학이었다고 할 수 있다.

마음의 수양

도道는 보이지 않는다. 도에서 비롯되었다는 인간의 본성도 감각기관으로 직접 확인할 방법이 없다. 하지만 성리학에서는 인간에게 자연의 도와 근본적으로 일치하는 도덕본성이 있음을 전제로 한다. 순자보다 맹자가 유학의 정통으로 인정되어온 이유는 바로 인간이 선한 도덕본성을 가지고 있다는 명확한 입장 때문이었다. 하지만 인간이 도와 일치하는 순선純善한 도덕본성을 가지고 있다고 할지라도 인간이 처한 상황은 기쁨과 슬픔, 분노와 두려움, 기대와 걱정 등 다양한 감정을 자극한다. 성리학에서는 사람들이 도덕본성으로부터 그러한 감정이 드러나는 과정을 구조적으로 이해함으로써, 스스로 사적 욕망을 통제하고 보편적 질서와 일치하는 선한 본성만을 온전히 구현하면서 사는 삶을 추구하도록 한다.

《중용》에 등장하는 '신독愼獨'은 그러한 삶을 추구하기 위해 제시된 공부·수양 방법이다. '신독'이란 직역하면 '혼자 있음을 삼가라'라고 할 수 있다. 남들이 보지 않는 곳에 '홀로 있을 때' 나태와 방탕의 유혹에 빠지기 쉬우므로 공부·수양의 긴장을 더욱 조이라는 의미이다. 주자는 더 나아가 '홀로만 아는 것을 삼가라'라고 풀이하였다.[20] 선한 감정을 드러내고 선한 행위를 하는 것보다 더 중요한 일은 선한 행위가 스스로에게 정직하고 진실된 마음으로부터 우러나온 것이어야 한다는 점이다. 속으로는 혼자만 아는 어떤 의도를 감추고서 겉으로 위선을 행하지 말라는 뜻이다. 율곡은 《중용》 제1장의 '신독'에 관한 구절을 읽다가 생긴 의문을 퇴계에게 물었던 모양이다. 퇴계가 답하였다.

요씨饒氏(요로饒魯)가 "보이는 것과 드러난 것이 모두 도道이다"라고 한 데 대해, 보내온 편지에서 "그윽하고 어두운 곳이나 미세하고 은미한 일에는 그릇된 것도 있고 바른 것도 있는데, 어찌 '모두 도이다'라고 할 수 있습니까?"라고 하였습니다. 주자와 여러 사람의 설을 보건대 모두 선과 악의 조짐을 가지고 말하였으니, 요씨의 설은 과연 온당하지 못합니다. 대체로 자사子思와 주자의 뜻은, 본래 도가 없는 곳이 없으니 그 도는 비록 은미隱微하지만 그것이 드러나는 것을 가릴 수는 없다고 말한 것입니다. 그러므로 신독愼獨(홀로만 아는 것을 삼가라)이라는 것은 도를 온전히 지키기 위해서 그렇게 하라는 말이지, 보이는 것과 드러난 것이 (모두) 도라는 뜻으로 말한 것은 아닙니다.[21]

먼저 《중용》의 관련 구절을 보자.

도란 한 순간도 떠날 수 없으니, 떠날 수 있다면 도가 아니다. 그러므로 군자는 보이지 않는 곳에서도 조심하고 삼가며 들리지 않는 곳에서도 겁내고 두려워한다. 숨겨진 것보다 더 잘 보이는 것이 없고 미세한 것보다 더 또렷이 드러나는 것이 없다. 그러므로 군자는 홀로만 아는 것을 삼간다.[22]

도란 우주·자연·사회가 굴러가는 근본원리이다. 따라서 도를 떠나서 살 수는 없다. 그런데 도는 자연의 이법理法인 동시에 올바르게 살아가도록 하는 도덕규범이기도 하다. 그것은 상벌을 관장하는 인격신이 아니지만, 한 치의 착오도 없는 엄중한 이법으로 인해 공경심과 두려움을 자아낸다. 아무리 혼자서 숨긴다고 해도 도를 피할 길은 없다. 내 마음 속으로 아무리 감춘다고 해도 도의 '눈과 귀'를 피할 수는 없다.

요씨는 이 구절에 대해 "보이는 것과 드러난 것이 모두 도이다"[23]라고 하였는데, 율곡이 이 주석을 보고 문제를 제기한 것이다. 요씨는 아마도 아무리 감추려 해도 도는 언제 어느 곳에서나 드러난다는 의미로 주석을 단 듯하다. 하지만 율곡은 어두운 곳이나 은미한 일 가운데는 그릇된 것도 있고 바른 것도 있는데 어찌 모두 도라고 하겠냐고 문제를 제기한 것이다. 퇴계도 율곡의 문제제기에 수긍하였다. 이 구절의 취지는 홀로만 아는 것을 삼가며 도에 어긋나지 않도록 하라는 것이었기 때문에, 율곡처럼 이해하는 것이 공부와 수양에 나쁘지 않다고 여겼을 것이다. 두 사람 사이의 본격적인 문답은 그 다음에 이어진다.

요씨가 "《대학》에서는 '계구戒懼(戒愼恐懼, 경계하고 두려워함)'를 말하지 않았다"라고 한 데 대해 보내온 편지에서 뭐라 하였는데, 이 대목에 대해서 의심한 것은 바로 '정일집중精一執中〔오직 정밀하게 살피고 오직 한결같이 지켜서 진실로 그 중도를 잡으라(惟精惟一 允執厥中)〕이라는 구절에는 마음이 고요할(靜) 때의 공부가 없다고 설명한 것과 같은 문제입니다. 대체로 《대학》에서는 본래 '경계하고 두려워함(戒愼恐懼)'을 말하지 않았습니다. 그러므로 주자도 정심장正心章의 주석에서 '살피다(찰察)'라는 말만 가지고 본문의 '바르게 하다(정正)'의 뜻을 곧바로 해설하였습니다.[24] 다만, '보여도 보지 못한다(시불견視不見)'에 대한 주석에서야 비로소 '보존하다(존存)'와 '경건하게 집중하다(경敬)'라는 말을 끌어내어 말하고, 또한 세주細注를 통해 마음을 보존하지 못할 경우(무심無心)의 병통을 말하였습니다.[25] 그러므로 이런 방식으로 그 문제점을 해결하고자 하였으니, '경계하고 두려워함(戒懼)'이라는 것은 말하지 않은 가운데에 은근히 있는 것입니다. 운봉호씨雲峯胡氏[26]가 말한 '생각이 먼저이고 일 처리는 나중이다(전념후사前念後事)'라는 설도 그 뜻은 이와 같습니다. 누구도 〈정심장正心章〉에서 '경계하고 두려워함(戒懼)'을 설명하였다고 말한 적이 없습니다. 그런데 지금 보내온 편지에서 "바로 〈정심장〉은 '경계하고 두려워함(戒懼)'에 해당한다"라고 하였으니, 잘못입니다.【보내온 편지에 말하기를, "경계하고 두려워하는(戒懼) 노력이 없이 어떻게 하늘로부터 부여받은 밝은 덕(명덕明德)을 밝힐 수 있겠습니까?"라고 하였는데, 그 말은 맞습니다. 그러므로 주자께서 말씀하시기를, "옛사람이 본원을 함양하는 데 대해서는 《소학》에서 이미 극진히 다루었으므로, 《대학》에서는 바로 격물格物·치지致知를 먼저 해야 할 일로 삼았다"라 하였고, 또 후세에 그렇게 하지 못할까 걱정하여 '경건하게 집중함(敬)'이라는 것으로 《소학》의 부족한 공부를 보완하였습니다. 그렇다면 다만 이에 의거하여 공부해야 합니다. 또 《대학》에서 '경계하고 두려워함(戒懼)'을 말하지 않았지만, '항상 돌아보았다(고시顧諟)'[27], '늘 경건하였다(경지敬止)'[28]라고 말한 것이 있으니 그 속에 저절로 '경계하고 두려워함'의 뜻을 겸한 것입니다. 그리고 '안정되다(정定)', '고요하다(정靜)'라고 한 것은 '머물 곳을 앎(知止)'으로 인한 효과이지만 고요할(靜) 때의 공부도 여기에서 벗어나지 않음을 알아야 합니다. 이렇게 말하면 되는데, 말하지 않은 것을 이미 말하였다고 우겨서야 되겠습니까?】[29]

율곡은 《중용》의 이 구절과 관련하여 다시 요씨의 말을 문제 삼았다. 요씨가 《대학》에서는 '홀로만 아는 것을 삼감(愼獨)'만을 이야기하고 '경계하고 두려워함(戒懼)'에 대해서는 이야기하지 않았다"[30]라고 하였는데, '경계하고 두려워하는' 공부 없이 어떻게 밝은 덕을 밝히는(明明德) 공부가 될 수 있겠느냐는 것이다. 율곡은 《대학》의 "〈정심장正心章〉이 바로 '경계하고 두려워하는' 공부에 해당한다"고 주장하였다. 이에 대해 퇴계는 요씨가 《대학》에서 말하지 않은 것을 말하지 않았다고 하였는데 그것을 문제 삼아서는 안 된다며 율곡을 나무랐다. 말하지 않은 것을 이미 말하였다고 억지를 부려서는 안 된다는 것이다.

하지만 퇴계도 《대학》에서 '경계하고 두려워함(戒懼)'의 공부가 완전히 배제될 수는 없다는 것을 인정하고, 주자와 운봉호씨의 예를 들어 그것이 어떻게 포함되었는지 설명하였다. 퇴계가 주목한 것은 '보존함(存)', '경건하게 집중함(敬)' 그리고 '마음을 보존하지 못했을 경우(無心)의 병통' 등이다. 주자가 말하였듯이 "옛사람이 본원을 함양하는 데 대해서는 《소학》에서 이미 극진히 다루었으므로, 《대학》에서는 바로 격물(格物)·치지(致知)를 먼저 힘써야 할 일로 삼았다." 하지만 그렇다고 해서 본원을 함양하는 '경계하고 두려워하는' 공부, '마음이 고요할 때(靜)'의 공부를 안 해도 된다는 것은 아니다.

사실 마음이 아직 외물에 반응하여 움직이기 전의 공부, 고요할 때의 공부를 더 중시한 것은 퇴계였다. 율곡은 그러한 공부가 《대학》에서도 있어야 하며 실제로 있다고 주장하였지만, 퇴계는 선인들의 설명을 보면 그러한 공부가 어디에서나 스며들어 있다는 것을 지적하였다. 마음이 고요할 때의 공부와 발현하였을 때의 공부의 차이와 그 관계, '경계하고 두려워함(戒懼)'과 같은 의식적·의도적인 수양의 층위와 역할 등에 관한 논의는 훗날 율곡이 수양론에 관한 자신의 입장을 세우는 바탕이 된다. 율곡은 훗날 마음이 고요할 때의 공부보다는 마음이 움직이기 시작한 이후의 의식적인 공부·수양을 더 강조하게 되는데, 이 무렵에는 율곡의 입장이 아직은 분명하게 세워지지 않았음을 알 수 있다.

성인과 현인

12년 전 율곡은 퇴계에게 보낸 문목에서, 누구나 노력하면 안회顔回과 같은 경지에 이를 수 있는 것이 아니냐는 취지의 질문을 한 적이 있었다. 주자가 《대학》 첫 장에 대한 주석에서 "마음이 편안해진 뒤에야 깊이 생각할 수 있다(安而後能慮)'는 것은 안자顔子가 아니면 할 수 없는 일이다"라고 했는데, 그렇다면 공자의 수제자인 안자 정도 되는 사람이 아니면 그 경지에 이를 수 없다는 것이냐는 문제 제기였다. 그에 대해 퇴계는 "개략적으로 이야기하자면, 중간 등급 이하의 사람도 오히려 그것을 힘써 행할 수 있겠지만, 아주 정확하게 이야기하자면 대현大賢 이상이 아니고는 진실로 불가능한 점이 있다"라고 답하였다.

열두 해가 지난 뒤 두 번째 문목에서 율곡이 다시 비슷한 질문을 하였던 모양이다. 이번에는 안자와 증자도 공자의 경지에는 이르기 어렵다는 구절에 대한 문제 제기였다. 이에 대해 퇴계가 답하였다.

《중용》 첫 장과 관련된 《중용혹문中庸或問》의 글에서 진씨陳氏[31]가 말하기를, "중화中和(중도中道의 조화)와 위육位育(天地位焉 萬物育焉, 천지가 제자리를 잡고 만물이 자라게 하는 일)은 성인聖人이나 신인神人이 할 수 있는 일이지만, 가르침(敎)을 통해 학문에 들어가는 자도 만일 중화中和를 이루기 위한 노력을 극진히 할 수 있다면 (그 공부의 궁극적인 성과 또한 거의 그 수준에 가까울 것이다)……"[32]라고 하였습니다. 이에 대해 보내온 편지에서 뭐라 하였는데, 어찌 중화中和를 완성하고도 오히려 천지가 제자리를 잡고 만물이 자라게 하는 일을 다하지 못하는 경우가 있겠습니까? 다만 '천지가 제자리를 잡고 만물이 자라게 하는 일에 거의 가깝다'는 것은 현인賢人의 공부를 말하는 것입니다. 비록 "공을 이루게 되면 (성인과) 똑같다"[33]라고 하지만, 신통한 변화와 오묘한 작용까지 논하자면, '편하게 해 주면 모여들고 고무시키면 화합한다'[34]는 공자의 경지를 어찌 안자顔子나 증자曾子가 대번에 미칠 수 있겠습니까?[35]

이것은 《중용》 제1장의 "중도의 조화를 극진히 하면 천지가 제자리를 잡고 만물이 자라난다(致中和 天地位焉 萬物育焉)"의 주석에 대한 논의이다. 주자의 설명에 따르면 '중화中和'란 내 마음의 도덕본성이 온전히 도덕감정으로 잘 드러나서 세상에 두루 원만하게 적용되는 것을 말한다. 도덕본성이란 우주·자연의 보편 원리·규범과 일치하므로 그것을 온전히 구현한다면(致中和), 같은 원리·규범에 따라 굴러가는 하늘과 땅이 제자리를 잡고(天地位焉) 만물이 잘 자라나게 된다(萬物育焉). 이것은 내 안의 도덕본성을 발휘함으로써 천지의 운행과 만물의 번성에 적극적으로 기여할 수 있는 단계이므로, 정말로 성인의 경지이다. 그런데 개인적으로 도덕본성을 온전히 발휘할 뿐 아니라 효과가 천지와 만물에게까지 긍정적인 영향을 미치는 것은 공자 수준의 경지이므로, 안자나 증자도 그 경지에 이르기는 어렵다는 것이다. 이것은 성인인 공자와 현인인 안자, 증자를 구분하는 언술이다. 모든 사람은 성인이 될 수 있다는 것을 굳게 믿는 율곡의 입장에서는 받아들이기 어려웠기에 문제를 제기한 것이지만, 퇴계로부터 만족스런 답변을 얻지는 못한 듯하다.

유학에서 최고의 성인은 공자이다. "일흔 살에는 마음이 하고 싶은 대로 해도 도리에 어긋나지 않았다"[36]라는 공자 자신의 말은 인간으로서 이룰 수 있는, 그리고 이루어야 할 인격 완성의 경지를 보여준다. 그것은 개인의 감정·판단·행위가 우주·자연의 보편 원리와 자연스럽게 일치하는 '천인합일天人合一'의 경지이다. 그런데 그 경지는 공자가 뛰어난 자질을 타고나서 단박에 도달한 것이 아니라 별달리 내세울 것 없는 가난한 집안 출신으로서 비속한 일들을 하면서 평생 노력한 끝에 일흔이 되어서야 이룬 것이다. 공자는 스스로 "태어나면서부터 안 자가 아니라 옛 것을 좋아하여 부지런히 그것을 추구한 자"[37]라는 것을 오히려 자부심으로 삼았다. 그는 그것을 "낮은 데서 배워서 높은 곳에 이르렀다"[38]라고 표현하였다.

성인은 타고나는 것이 아니라, 누구나 공자처럼 노력해서 될 수 있다는 것은 유학의 대단히 중요한 입장이다. 신분에 따른 차별이 크던 시절에 공자가 신분을 가리지 않고 제자를 받아들였던 사실에서도 그러한 유학의 입장이 공자 당시부터 실천되어 왔음을 확인할 수 있다.

물론 유학에는 성인의 자질을 규정하는 다른 관점도 있다. "최상급의 지혜로운 자와 최하위의 어리석은 자는 변하지 않는다"[39]는 것이다. 공자에 따르면 세상에는 태어나면서부터 아는 자, 배워서 아는 자, 곤경을 겪고서야 배우는 자, 그리고 곤경을 겪고서도 배우지 않는 자가 있다.[40] 이것은 곤경을 겪고서도 배우려 하지 않을 만큼 어리석은 자가 성인이 될 수는 없다는 것을 의미한다고 볼 수도 있다. 하지만 일반적으로는 어떻게든 배워서 알게 되면 그 알게 된 것은 같고, 그것을 실천하여 공을 이루었다면 그 공도 같다는 것이 유학의 기본적인 입장이라고 할 수 있다.[41] 율곡은 그 관점에 입각하여 문제를 제기한 것이고, 퇴계도 "공을 이루게 되면 (성인과) 똑같다"는 것을 인정한다.

하지만 현실 역사에서 노력해서 성인이 된 것은 공자가 마지막이다. 요－순－우－탕－문－무－주공으로 이어지는 성인의 도통은 공자에서 더 나아가지 못하였다. 공자와 이전의 성인들은 현실의 권력자들을 견제하는 모범으로 상정되었고, 군주들이 끊임없이 본받고자 노력해야 할 상징이 되면서, 성인들은 점점 더 현실에서 먼 '이상'이 되었다.[42] 퇴계는 일반적으로는 누구나 성인이 될 수 있다는 것을 인정하면서도, 엄밀하게 살펴보자면 요·순이나 공자 같은 성인, 안자나 증자 같은 현인 그리고 자신과 같은 후대의 선비들 사이에 차이가 없을 수 없다는 생각을 가지고 있었다. 유학은 존경심을 바탕으로 성현을 본받는 것을 이상으로 삼으며 선비와 군주에게 성현이 되기 위한 끊임없는 노력을 요구해 왔다는 점에서, 퇴계의 생각이 잘못되었다고 할 수는 없다.

그런데 12년 전에 자신 같은 일반인은 안자와 같이 될 수 없냐고 물었던 율곡은, 이제 안자나 증자도 공자와 같이 될 수는 없느냐고 물은 것이다. 퇴계는 엄밀하게 말하자면 그러하다고 답하였으나, 율곡은 여전히 받아들이기 어려웠던 모양이다. 율곡은 이어 보낸 세 번째 문목 서두에서 다시 이에 대해 질문하였다.

【문】《중용》첫 장과 관련된《중용혹문》에서 진씨陳氏(진력陳櫟)가 "가르침(敎)을 통해서 들어가는 자는 천지가 제자리를 잡고 만물이 자라게 하는(位育) 경지에 거의 가깝다"라고 하였습니다. 저는 가르침을 통해서 들어가는 자도 공을 이루는 데 이르러서는 한 가지가 아닌가 하고 의심하였습니다. 이제 하교의 편지를 받으니, "공자의 '편하게 해 주면 모여들고 고무시키면 화합한다'는 경지는 안자顏子와 증자曾子가 대번에 미칠 수 없다"라고 하셨습니다. 이 말씀은 진실로 옳습니다. 다만 저의 생각에는, 태어나면서부터 아는 자(생이지지生而知之)와 배워서 아는 자(학이지지學而知之)는 자질이 비록 같지 않더라도 크게 변화하는 (대이화지大而化之)[43] 경지에 이르면 차이가 없는 듯합니다. 안자가 비록 '배워서 알았다'고 하더라도 다만 성인과는 한 칸의 간격이 있을 뿐이니, 만약 몇 년을 더 살아서 변화하였다면 '편하게 해 주면 모여들고 고무시키면 화합한다'는 경지 또한 공자와 같아졌을 것입니다. 만약 진씨의 설과 같다면 배워서 아는 자가 끝내 천지가 제자리를 잡고 만물이 자라나게 하는 성과를 다 이룰 수 없을 것입니다. 이것이 어찌 학자가 성인이 되려는 뜻을 막는 일이 아니겠습니까. 또 하교하신 말씀에 이른바 '대번에 미칠 수 없다'라고 한 것은 진실로 옳겠지만, 만약 '끝내 미칠 수 없다'고 한다면 안 됩니다. 이것이 제가 진씨의 설에 의심을 가지는 까닭입니다.[44]

율곡이 반 발쯤 물러서서 다시 질문을 던진 듯하다. 안자와 증자 같은 이가 공자의 경지에, 퇴계의 말처럼 "대번에 미칠 수 없다"면 납득할 수 있겠지만, 만약 "끝내 미칠 수 없다"고 한다면 옳지 못하다며 퇴계의 명확한 답변을 요구하였다. 그러나 퇴계는 이 질문에 답하지 않았다. 세 번째 문목에 대한 퇴계의 답변은 첫 번째 항목을 건너뛰고 두 번째 항목에 대한 답으로 시작된다. 퇴계로서는 이미 할 말을 다 했다고 생각한 듯하다. 여하튼 세 번의 문목에서 한 번도 빠지지 않고 제기한 이 문제에 대해 율곡이 요구하는 답은 분명하다. "누구나 노력하면 성인이 될 수 있다"는 것이다. 그는 "나는 성인이 되겠다"고 목표를 세우는 것이 공부의 출발점이라고 여겼고, 초학자를 위한 교과서인 《격몽요결》에서도, 군왕을 위한 교과서인 《성학집요》에서도 바로 그 목표를 세우는 것을 공부의 출발점으로 삼았다.

퇴계는 아무리 공자가 "본성은 서로 가깝지만 습성은 서로 멀다"[45]라고 하여 모든 사람의 근본은 같다고 했을지라도, 인간의 노력으로 할 수 있는 일에 한계가 있다고 여겼다. 이에 반해 율곡은 누구나 노력에 의해 공자와 같은 성인이 될 수 있다고 생각하였다. 성인이 중도의 조화(中和)를 천하에 실현하여 천지가 제자리를 잡고 만물이 자라게 하듯이, 자신과 같은 인간의 노력에 의해 이 세상을 이상사회로 만들어 나갈 수 있다고 믿었다.

합쳐 보기와 나누어 보기

율곡은 《중용》을 읽으며 '중화中和'와 '중용中庸'의 관계에 대해 물었다. '중화'와 '중용'을 구분해서 설명하는 요씨饒氏의 설에 대해 율곡은 그렇게 나눌 수 없다며 집요하게 질문을 하였고, 퇴계는 그에 대해 '합하기를 좋아하고 나누기를 싫어하는 병(희합오리지병喜合惡離之病)'이라며 책망하였다. '중화'와 '중용'은《중용》의 핵심에 관련된 문제였고, 사실상 개념들 각각의 함의에 관해서 두 사람 사이에 이견이 있는 것은 아니었다. 다만 그 개념들 간의 관계를 보는 두 사람의 관점이 서로 달랐고, 관점의 차이는 결국 그들의 철학적 입장 차이와 연관되는 근본적인 것이었다. 퇴계의 답변에 율곡은 물러서지 않았고, 세 번째 문목을 통해서 반론과 재반론이 이어졌다. 먼저 두 번째 문목에 대한 퇴계의 답변을 보자.

제2장에 대한 요씨饒氏(요로饒魯)의 설명[46]과 관련해서 보내온 편지에서는 "'중화'와 '중용'은 안과 밖으로 나눌 수 없다"라고 하였습니다. '중화'와 '중용'은 그 이치로 말하자면 진실로 두 가지 일이 아니지만, 그 개념들 각각의 취지로 논한다면 어찌 다르지 않겠습니까? 만약 유씨游氏[47]의 설명으로 본다면, 성정性情(본성과 감정)을 가지고 말할 경우에 '중화'라고 한다'는 것이니, 이미 성정이라고 하였다면 안이 아니고 무엇이겠습니까? 덕행德行(덕과 행위)를 가지고 말한다면 '중용'이라고 한다는 것이니, 이미 덕행을 거론하여 성정과 대비시켰다면 어찌 밖이라고 말할 수 없겠습니까?【퇴계의 보충설명: 덕德이란 도道를 실천하여 얻은 것을 가지고 말하는 것이므로 이미 안과 밖을 겸하여 칭하는 것이지만, 행行이란 오로지 날마다 볼 수 있는 자취를 가지고 말하는 것이니 어찌 밖이 아니겠습니까?】

그렇다면 요씨는 유씨의 설명에 근거하여 미루어서 부연 설명한 것인데, 거기에 옳지 않은 곳이 있는지 아직은 알지 못하겠습니다. 그대의 말과 같이 한다면, 합치기를 좋아하고 나누기를 싫어하는 병통이 있음을 면치 못하게 되어, 결국에는 상황에 따라 용어를 달리 사용하여 정밀하고 정확하게 설명하려 한 자사子思의 본뜻을 제대로 보지 못할 것입니다. 【퇴계의 보충설명: 첫 장에는 '중용'이라는 용어를 쓸 수가 없고, 2장 이후에는 '중화'라는 용어를 또한 쓸 수가 없습니다.】[48]

요약하자면, 요씨가 유씨의 말에 근거하여 '중화'와 '중용'을 각각 안과 밖, 즉 본성·감정에 관련된 것과 덕·행위에 관련된 것으로 나누어 본 데 대해 율곡이 문제를 제기하였고, 퇴계는 그에 대해 요씨의 입장을 지지하였다는 것이다. 먼저 《중용》 제1, 2장에 설명된 '중화'와 '중용'의 의미를 보자

"기쁨·성남·슬픔·기쁨(喜怒哀樂)과 같은 감정이 아직 드러나지 않은 상태를 '중中'이라 하고, 드러나서 모두 가장 적절하게 (이치에) 들어맞는 것을 '화和'라고 한다. '중'이란 천하의 큰 근본이요, '화'란 천하에 두루 통하는 길이다. '중'과 '화'를 극진히 다하면 하늘과 땅이 제자리를 잡고 만물이 잘 자라게 된다.

공자께서 말씀하셨다. "군자는 중용을 실천하고 소인은 중용을 거스른다. (주자의 주석: 중용이란 편벽되거나 치우치지 않고 지나치거나 모자람이 없는 평범하고 떳떳한 이치, 즉 하늘이 명한 마땅히 그렇게 해야 할 바로서 지극히 정밀하고 신묘한 것이다. 오직 군자만이 이를 몸소 실천할 수 있고 소인은 이를 거스른다.) 군자가 중용을 실천한다는 것은 군자답게 상황에 맞춰서 가장 적절하게 판단·행동한다는 것이요, 소인이 중용을 거스른다는 것은 소인으로서 처신에 거리낌이 없다는 것이

다.[49]

　'중화'란 마음에 내재되어 있던 도덕감정이 발현되어 도리에 적절하게 들어맞는 것을 가리킨다. 이러한 도덕감정의 발현은 개인적인 감정의 발산이 아니라 우주·자연의 보편 원리와 일치하는 도덕 본성이 현상으로 드러나는 것이다. 따라서 '중화'를 지극하게 잘 이루어 내면, 천지가 제자리를 잡고 만물이 번성하게 된다는 것이다. 도덕감정의 발현을 궁극으로 밀고 나가면, 우주·자연의 이치에 따라 느끼고 생각하고 행동하는 것이 되고, 그것은 천인합일天人合一의 삶이 된다. 그러한 삶을 실천한다면 천지가 제자리를 잡고 만물이 번성하게 하는 우주·자연의 운행질서에 주도적으로 동참하게 된다는 것이다. 《중용》이 만들어질 당시에는 아직 본성과 감정의 구분이 명확하지 않았기 때문에 원문에서는 "희노애락喜怒哀樂"이라고 하였겠지만, 성리학의 학문 기반을 가진 요씨는 이를 도덕본성과 도덕감정을 아우르는 것으로 이해하고 "성정性情"이라 하였다.

　'중용'이란 그러한 '중화'를 몸으로 실천하는 것을 말한다. 중용을 몸으로 잘 실천하는 자가 군자이고, 중용에 어긋나게 살아가는 자가 소인이다. 주자는 '중용'에 대해 "편벽되거나 치우치지 않고 지나치거나 모자람이 없는 평범하고 떳떳한 이치, 즉 하늘이 명한 마땅히 그렇게 해야 할 바로서 지극히 정밀하고 신묘한 것"이라고 설명하였다. 그러한 의미에서는 '중용'이 '중화'의 의미를 내포하는 용어로 사용되기도 한다.

　물론 이치로 말하자면 '중화'와 '중용'이 크게 다를 것이 없다. 하지만 《중용》 원문에서 '중'과 '화'를 각각 '감정이 아직 드러나지 않은 상태'와 '감정이 드러나 (이치에) 가장 적절하게 들어맞은 것'으로 설명하고, '중용'은 군자와 소인의 행위로 설명하였으니, 성정과 덕행, 또는 안과 밖으로 나누어도 잘못된 것은 아니다.

그럼에도 번번이 이렇게 나누어 보는 관점을 문제 삼는 율곡에게 퇴계도 조금은 짜증이 났던 모양이다. 그것을 "합하기를 좋아하고 나누기를 싫어하는 병"이라고 책망하였다. 나아가 퇴계는 《중용》 첫 장에서 '중용'을 언급하지 않고 그 이후에는 '중화'를 말하지 않은 것을 증거로 들어, 율곡의 비판에 대해 쐐기를 박으려 하였다. 하지만 율곡은 거기서 물러서지 않았다. 세 번째 문목에서 이에 대해 다시 반론을 제기하였다.

【문】'중화'와 '중용'을 안과 밖으로 나눈 요씨饒氏(요로饒魯)의 설 대해서는 비록 가르침을 받았음에도 불구하고 끝내 의심을 없애지 못하였습니다. 대체로 "성정性情을 가지고 말하면 '중화'라고 하고 덕행德行을 가지고 말하면 '중용'이라 한다"는 유씨游氏(유작游酢)의 설[50]이 정확하고 타당합니다. 그러나 '치중화致中和(중도의 조화를 극진히 함)'라고 한 것은 성정으로 덕행을 포함하여 말한 것이고, "'중용'의 중中이 실제로 '중화'의 뜻을 겸한다[51]라고 한 것은 덕행으로 성정을 겸하여 말한 것입니다. 이는 '치중화致中和(중도의 조화를 극진히 함)'와 '천중용踐中庸(중용을 실천함)'을 안과 밖의 공부로 구분하여 이처럼 번잡하고 어지럽게 만든 요씨의 설과는 같지 않습니다. 대본大本(큰 근본)과 달도達道(두루 통하는 도)라는 것[52]은 성정이요, 대본을 세우고(立大本) 달도를 실천하는(行達道) 것은 덕행입니다. 만약 대본을 세우는 것을 내적인 것을 키우는 것으로 여기고 달도를 실천하는 것을 외적인 것을 기르는

것이라고 한다면 옳습니다. 그런데 만일 '치중화'를 내적인 것을 기르는 것이라 한다면, 이는 대본을 세우고 달도를 실천하는 것을 모두 내적인 것을 기르는 것이라고 하는 것입니다. 이것 이외에 또 어찌 '천중용'의 공부가 있겠습니까? 만약 '대본'과 '달도'의 밖에서 중용을 구한다면 그 병통은 침상 위에 또 침상을 얹어 놓은 데 그치지 않습니다. 또한 자사子思가 분명히 말하기를 "'중화'를 극진히 하면 천지가 제자리를 잡고 만물이 잘 자라게 된다"라고 하였으니, 어찌 외적인 것을 기르는 공부 없이 곧장 천지가 제자리를 잡고 만물이 잘 자라는 지극한 성과를 이룰 수 있겠습니까? 요씨의 설은 끝내 온당치 않으니, 다시 가르침을 주시는 것이 어떻겠습니까?[53]

율곡은 '중화'와 '중용'의 문제를 '치중화'와 '천중용'의 문제로 끌고 갔다. '중화'와 '중용'을 각기 '성정'과 '덕행'으로 나누어 볼 수는 있겠지만, 자신이 이에 대해 문제를 제기한 것은 요씨가 '치중화'와 '천중용'을 그렇게 둘로 나누었기 때문이라는 것이다. '치중화'란 '중화'를 남김없이 다 이룬다는 의미이므로, 결국은 그것을 실천하는 것까지 포함할 수 있다. 율곡은 퇴계에게 다시 가르침을 달라고 요구하였다. 이에 대해 퇴계가 다시 답변하였는데, 퇴계의 말투도 이전과는 조금 달라진 듯하다.

요씨가 '중화'와 '중용'을 안과 밖으로 구분한 설에 대해서 다시 깨우쳐 주는 글을 받았긴 하였으나, 아무래도 그대가 사람을 나무라는 것이 너무 지나친 게 아닌가 싶습니다. 요씨의 설을 살펴보니 "이것은 내면 공부이고, 저것은 외면 공부이다"라고 말하지 않았고, 다만 "내면과 외면을 상호간에 기르는 방법이다"[54]라고 말하였습니다. 이것은 '중화'를 극진히 하는(致中和) 데 '중용'을 실천하는(踐中庸) 일이 있고, '중용'을 실천하는(踐中庸) 데에는 '중화'를 극진히 하는(致中和) 뜻이 있음을 말한 것이니, 서로 도움이 되기 때문에 서로 길러주는 방법이라고 말했을 따름입니다.

만일 안과 밖을 구분하여 각각 한쪽 편의 공부를 한다면 서로 길러준다는 뜻이 어디에 있겠습니까? 또 보내온 편지에 이르기를, "중화를 극진히 한다는 것은 성정性情으로 덕행德行을 포함하여 말한 것이고, (중용中庸의) 중中이 중화의 뜻을 겸했다는 것은 덕행德行으로 성정性情을 겸하여 말한 것이다"라고 하였습니다. 이미 "이것으로 저것을 포함하였다"라고 말하였고, 또 "저것으로 이것을 겸한다"라고 말하였으니, 또한 어찌 안팎이 서로 길러주는 뜻이 아니겠습니까? 내 생각으로는 보내온 편지에서 말한 그대의 설과 요씨의 설이 서로 큰 차이가 없는데도 요씨의 설에 대해서만 유독 가혹하게 배척하니, 요씨가 진심으로 받아들이지 아니하지 않겠습니까?[55]

퇴계는 율곡의 주장이 요씨의 설과 다르지 않다고 지적하였다. 율곡이 주장하는 대로 '중화'와 '중용', '중화를 극진히 함(致中和)'과 '중용을 실천함(踐中庸)', 안과 밖, 성정과 덕행이 서로를 포함한다는 것을 이미 요씨가 다 알고서 그렇게 나누어서 설명하였다는 것이다. 실제로 요씨는 중화와 중용, 치중화와 천중용을 안과 밖으로 나누면서도, 그 뒤에는 "그 두 가지(치중화와 천중용)가 안과 밖에서 서로 기르는 길이다(二者內外交相養之道也)"이라고 덧붙였다.

요씨의 설을 바라보는 두 사람의 태도가 다름을 알 수 있다. 요씨의 설을 계속 비판하는 율곡에게는 요씨가 중화와 중용을 안과 밖, 성정과 덕행으로 나눈 것은 둘 사이에 서로 포함하는 관계, 서로 연계된 관계를 자신만큼 모르기 때문이라는 생각이 자리 잡고 있는 듯하다. 하지만 퇴계는 요씨가 충분히 알고 있음에도 설명을 위해서 편의상 나누어 설명하고 있고, 설명의 맥락을 보면 요씨의 수준을 함부로 볼 수 없다는 점을 강조하고 있다. 율곡은 문구의 논리적 정합성에 초점을 맞춰서 상대를 비판하는 반면, 퇴계는 전체 맥락 속에서 상대를 이해하려고 하는 태도를 보여준다. 이 역시 사단칠정논쟁에서 사단과 칠정의 관계를 규정하는 두 사람의 태도·입장과 연관된다고 할 수 있다.

도道와 사람

공자께서 말씀하셨다.

> "도道가 행해지지 않는 이유를 내가 안다. 똑똑한 자는 지나치고 어리석은 자는 미치지 못하기 때문이다. 도가 밝혀지지 않는 이유를 내가 안다. 유능한 자는 지나치고, 모자란 자는 미치지 못하기 때문이다."[56]

《중용》 제4장에 나온 공자의 말에 대해 율곡이 물었다. 요씨가 이 구절에 대해 "(여기서 '행해지지 않는'이라고 할 때의) '행行'이란 사람이 도를 행하는 것을 말한 것이 아니라"[57]라고 하였는데, 율곡의 생각으로는 도가 행해지고 행해지지 않는 것과 밝혀지고 밝혀지지 않는 것은 모두 사람에 의해 이루어지는 것이 아니냐는 것이었다. 이에 대해 퇴계는 기본적으로 도를 행하고 밝히는 것은 사람임을 인정하였지만, 다른 관점에서 본다면 행하고 밝히는 주체가 도일 수 있다고 설명하였다. 퇴계의 말을 들어보자.

> 제4장에서 요씨饒氏(요로饒魯)가 "(여기서)'행行'은 사람이 도를 실천하는 것을 말한 것이 아니라"라고 한 데 대하여, 그대의 편지에서 "도가 행해지고 행해지지 않는 것과 밝혀지고 밝혀지지 않는 것은 모두 사람에게서 기인한다"라고 하였습니다. 진실로 사람이 도를 행하지 않기 때문에 도가 행해지지 않고, 사람이 도를 밝히지 않기 때문에 도가 밝혀지지 않는 것입니다. 그러나 여기에서 "행해지지 않는다"라고 한 것은 도가 행해지지 않는 것을 가리켜 말한 것이지 사람이 행하지 않음을 말한 것이 아닙니다. 여기에서 "밝혀지지 않는다"라고 한 것은 도가 밝혀지지 않음을 가리켜 말한 것이지 사람이 밝히지 않음을 말한 것이 아닙니다. 요씨의 설은 정확하고 타당하므로 그르다고 할 수 없습니다.[58]

퇴계와 율곡의 사상을 비교할 수 있는 논점들은 여러 가지가 있지만, 도와 사람의 역할에 대한 생각만큼 두 사람의 입장차를 분명하게 드러내주는 것도 드물다. 단적으로 말하면, 퇴계는 도의 역할에 주목하고 율곡은 사람의 역할에 초점을 맞춘다. 하지만 두 사람을 비교할 때 분명하게 염두에 두어야 할 것이 있다. 두 사람은 모두 주자학을 자신들의 학문적 토대로 한다는 사실이다. 당시 주자학은 동아시아 한자문화권에서 가장 선진적인 철학에 속해 있었다. 퇴계와 율곡은 그러한 주자학을 자신들의 학문적 토대로 삼고 당대 조선의 현실과 마주하여 더 나은 세상을 만들기 위한 방법을 탐구하고 실천하였다. 지금 퇴계와 율곡의 철학이라고 알려진 것은 바로 그 성과로 나온 것이다. 그들은 각각 처했던 현실의 상황, 문제의식 그리고 개인적 취향 등에 따라 서로 다른 철학과 현실적 대안, 정치적 실천 등의 양상을 드러내었다. 그렇지만 그러한 차이에도 불구하고 그들은 차이점들보다 훨씬 견고한 공통의 기반을 가지고 있었다.

주자학은 그 공통 기반의 중요한 부분을 차지한다. 하지만 주자학은 그들의 도구였다. 중요한 것은 당시 그들이 당면한 현실의 문제에 대해 어떤 문제의식을 가지고 어떠한 대안을 찾았는가 하는 것이다. 가장 효과적인 대안을 찾기 위해 당시에 그들이 이용할 수 있는 최선의 이론적·경험적 도구들을 사용하는 것은 당연한 일이다. 한국철학자라고 인정하는 데 조금도 의심의 여지가 없는 원효, 지눌, 다산 정약용 등이 모두 그런 사람들이다. 그 시대에 각각이 이용할 수 있는 최선의 방법을 활용하여 당대의 문제를 파악하고 철학적 대안을 제시하였고, 그 대안들이 역사에서 의미 있게 받아들여지면서 한국철학사의 중요한 지점들을 차지하였다. 퇴계와 율곡도 그러한 학자들 중 하나이고, 그들의 노력과 성과가 당시 조선에서 의미 있게 인정되어 크나큰 영향력을 장기간 동안 미칠 수 있었다.

그들은 모두 우주·자연에 관통하는 보편의 원리·규범이 있으며, 원리·규범에 일치하는 삶을 살아가는 것이 가장 이상적인 삶이라는 주자학의 전제에 기본적으로 동의하고 있었다. 그들은 이상적 삶을 지향하며 살 수 있는 사회·국가를 만들기 위해 이론적으로 탐구하고 정치적으로 실천하며 일생을 바쳤다. 그런데 위에서 율곡이 제기한 문제는 그러한 삶을 살아가고 그러한 세상을 만들어가는 데 핵심이 되는 보편 원리·규범, 즉 도道와 그것을 현실에서 실천하는 인간의 역할을 어떻게 이해하고 설명할 것인가에 관련된 일이다.

단순하게 본다면 동일한 현상 또는 사실을 보는 관점의 차이로 이해할 수도 있다. 주자가 구분하였듯이 '능能'과 '소능所能', 즉 '할 수 있음'과 '할 수 있는 것'[59]으로 나누어 둘 중 어느 쪽의 관점으로 보느냐의 차이로 이해하면 된다. '능'을 중심으로 본다면, 도가 행해지거나 행해지지 않고 도가 밝혀지거나 밝혀지지 않는 것은 인간이 그렇게 하기 때문이다. 도를 행하고 밝히는 것은 인간이므로 인간이 도를 행하거나 행하지 않고 도를 밝히거나 밝히지 않는다고 해야 한다는 것이다. 이것은 율곡의 관점인데, 공자도 말하였듯이 "사람이 도를 넓힐 수 있지 도가 사람을 넓히는 것이 아니기"[60] 때문이다.

다른 한편으로 사람이 그러한 역할을 한다고 해도, 행해지는 것은 도이고 밝혀지는 것도 도이다. 사람이 그렇게 되도록 역할을 한다고 해도 결국은 도가 행해지고 도가 밝혀진다는 것이다. 이것은 주자가 말한 '소능'에 초점을 맞춘 설명 방식인데, 율곡이 비판한 요씨의 주는 그러한 관점을 명확히 보여준다.

"행해진다는 것은 사람이 도를 실천하는 것을 말하는 것이 아니라 도가 스스로 천하에 흘러 다님을 말하는 것이고, 밝혀진다는 것은 사람 자신이 이 도를 안다는 것을 말하는 것이 아니라 도가 스스로 천하에 환하게 드러남을 말하는 것이다."[61]

물론 이 경우에도 실제로 도를 행하고 도를 밝히는 것은 사람이 아니냐고 율곡처럼 반문할 수 있다. 하지만 그렇게 실천되고 밝혀지는 것은 바로 도 자체라는 데 주목하는 관점은 그 행함과 밝힘의 주체를 사람으로 보는 것 이상의 효과를 기대하는 것일 수 있다.

퇴계는 사단칠정논쟁을 하면서 사단과 칠정이 나뉘는 이유, 특히 사단이 사단인 원인을 '리理'에서 찾으려 했다. 사단이 순선한 이유는 바로 '리'의 순선함에 있었다. 어린 아이가 우물로 기어가는 것을 볼 때 문득 일어나는 측은한 감정의 발현은 바로 도덕본성의 순선함으로부터 자신도 모르게 튀어나오는 본능적 감정의 분출이다. 거기에 '기'의 역할이나 인간 의지의 개입은 부차적인 것에 불과하며, 심지어 그것을 무시해도 된다. 그것을 무시한다고 해도 그런 상황에서는 순선한 도덕본능으로부터 순선한 도덕감정이 발현되어 나오기 때문이다. 퇴계는 선한 감정의 강렬한 근원적 힘에 주목하고 형이상학적 원동력을 이해함으로써 도덕적 삶의 당위적 필연성을 인지하고, 그러한 삶을 살아가도록 하는 사회·국가 건설의 당위적 필연성을 역설한 것이다. 그래서 그는 '도'나 '리'가 단지 '기'의 물리적 역할을 빌려서야 현상화되는 원리·규범에 그치는 것이 아니라 스스로 온 천하에 두루 흘러넘치는 천명의 도도한 흐름의 주체임을 강조하였다.

이에 반해 율곡은 우주·자연·사회의 구조와 운영을 서로 떨어지지도 않고 서로 섞이지도 않는 '리'와 '기'의 엄밀한 협동작용으로 이해하였다. 특히 '리'는 본래 순선완전하기 때문에 더 이상 인간이 어찌 손써볼 방법이 없는 것이라고 생각하였다. 퇴계의 관점에서 본다면 이러한 관점은 '리'를 '죽은 것'으로 보게 되는 위험이 있지만, 율곡의 입장에서는 오히려 퇴계의 관점이 '리'의 절대적인 순선·완전성을 훼손하는 것일 수 있었다. 율곡은 가변적인 '기'를 정화淨化함으로써 '리'가 그 정화된 '기'의 작용을 통해 온전히 그 순선·완전성을 실현할 수 있도록 하는 방법을 찾았고, 또한 그렇게 '기'를 변화시킬 수 있는 인간의 의지에 주목하였다. 인간과 도의 역할에 대한 두 사람의 견해차는 이 시기에 이미 드러나고 있었고, 그것은 특히 그들이 지식인관료로서 당시의 정치현실에 어떻게 대처하는가 하는 문제와 연관되어 더욱 분명하게 나타나게 된다.

5

율곡이 묻고 퇴계가 답하다 3

《성학십도》에 대하여 (경오庚午 · 1570. 5~10)

율곡의 세 번째 문목은《중용》에 대한 부분과《성학십도》에 대한 부분으로 나뉜다.《중용》과 관련된 부분은 두 번째 문목에 이어지는 내용이므로, 앞 장에서 함께 다루었다.《성학십도》에 대한 질문은 총 10개의 그림 중 〈서명西銘〉, 〈심학도心學圖〉, 〈인설도仁說圖〉에 관한 것이다. 그 중 주된 질문은 〈심학도〉에 대한 것이고, 그에 대한 퇴계의 설명과 반박도 상세하다.

《성학십도》는 1568년 겨울에 퇴계가 편찬해서 선조에게 올린 책이다. 17세의 청년 군주가 장차 성군이 되기를 기원하면서 만든 성학聖學의 교과서이다. 당시 68세의 퇴계는 자신이 평생 공부한 내용을 바탕으로 성리학의 핵심을 10장의 그림과 그에 대한 해설에 담았다. 퇴계 말년의 완숙한 학문을 기반으로 완성된 것이기 때문에 섣불리 평하기 어려운 책이다. 하지만 율곡은《성학십도》를 보고 몇 가지 문제를 제기하였다. 퇴계는 선조에게 이 책을 바친 뒤에도, 고봉이나 율곡과 같은 학자들의 평을 들으면서 내용을 수차례 수정하였다.[1] 율곡의 비판과 지적도 일부는 수용되고 일부는 반박되었다. 율곡과의 주된 논점은 정복심程復心(1257~1340)[2]의 설에 대한 평가와 연관된다. 퇴계가 심학心學, 즉 마음공부를 학문의 중심에 놓고 자신의 철학을 구축해 간 데는 정복심의 영향이 적지 않았고, 그만큼 퇴계는 정복심을 높이 평가하였다. 그러나 율곡은 정복심의 학문을 전혀 인정하지 않았고, 그를 신랄하게 비판함으로써 퇴계와 다른 입장을 보여준다. 이를 통해 마음과 마음공부에 대한 두 사람의 생각이 이 시기에 이미 상당히 달랐음을 엿볼 수 있다.

〈서명〉

《성학십도》에 대한 율곡의 첫 질문은 〈서명〉에 대한 것이다. 〈서명〉은 북송대 학자로 성리학 성립에 중요한 역할을 한 장재張載(1020~1077)의 대표작 중 하나이다. 하늘은 아버지요 땅은 어머니이며, 그 사이에 있는 사람들은 모두 동포이고 만물은 나의 동료라는 생각을 담고 있다. 그러한 세계의 구도 속에서 군왕, 대신, 성인, 현인 등의 위상과 역할을 설명해 준다. 이것은 장재가 자신의 기氣철학을 바탕으로 지상에서 공존하는 만물과 사람들 사이의 관계를 설득력 있게 설명해 준 것이기에 성리학에서 주요한 글로 받아들여졌다.

따라서 성리학에 입각한 성학의 교과서를 만든다면 당연히 들어가야 할 글이다. 정복심이 장재의 〈서명〉을 바탕으로 〈서명도〉를 그렸고, 퇴계는 〈서명도〉와 〈서명〉 그리고 자신의 해설을 덧붙여서 《성학십도》의 제2장으로 만들었다. 그런데 율곡은 정복심이 그린 〈서명도〉의 일부 내용에 대해 문제를 제기하였다.

《성학십도》는 그 명목과 의미가 정확하고 적절하기 때문에 후학이 그에 대해 함부로 논의해서는 안 될 것입니다. 다만, 소생의 소견에 한두 가지 의문이 나는 부분이 있는 듯한데, 의문은 마땅히 여쭈어보아야 하겠기에 외람되게도 끝내 입을 다물고 있을 수 없었습니다. 그것은 〈서명〉에 이른바 "맛있는 술을 싫어한 것(惡旨酒)"이하로부터 "백기伯奇"까지입니다. 이것은 자식이 어버이를 섬기는 것으로 사람이 하늘을 섬기는 것을 비유한 것입니다. 여기서는 어떤 일은 '부모의 봉양을 생각한 것(고양顧養)'이고, 어떤 일은 '(효성스런) 무리를 잇게 한 것(석류錫類)'이라는 등의 이야기를 한 것일 뿐이지, 열거한 사람들이 모두 도리를 극진히 한 자라고 말한 것은 아닙니다. 다만, (그 사람들의 행적 중에서) 그 한 가지 일을 취하였을 뿐입니다. 그런데 〈서명도〉에서는 그에 대해 말하기를 "성인과 현인이 각각 도리를 다하였다(聖賢各盡道)"라고 하였습니다. 만일 이 말과 같다면 순 임금과 우 임금과 증자는 진실로 도리를 다하였겠지만, 저 영봉인潁封人(영고숙潁考叔)이나 신생申生 같은 이들이 어찌 도리를 다한 자이겠습니까?[3]

율곡이 〈서명〉 가운데 문제 삼은 부분은 아래와 같다.

맛있는 술을 싫어한 것은 우禹가 부모의 봉양을 생각한 것이었고, 영재를 기른 것은 영고숙潁考叔처럼 효성스런 무리를 잇게 한 것이었다. 힘들어도 게을리 하지 않아서 끝내 어버이를 기쁘게 한 것은 순舜의 공적이었으며, 도망하지 않고 가마솥에 삶겨 죽기를 기다린 것은 신생申生의 공손함이었다. 부모에게서 받은 몸을 온전히 지켜 돌아간 자는 증삼曾參이었고, 용감하게 부모의 뜻을 따라 명령에 순종한 자는 백기였다."

율곡이 비판은 "자식이 어버이를 섬기는 것으로 사람이 하늘을 섬김을 비유"하기 위해 제시된 사례에 관한 것이다. 장재가 그러한 모범이 될 만한 예로 몇 사람을 거론하였는데, 〈심학도〉에서 정복심이 그 예들을 "성인과 현인이 각각 도를 다한 것(聖賢各盡道)"이라는 범주로 묶어 놓은 것이 적절치 않다는 것이었다. 예로 든 사람들 중에는 순임금, 우임금, 증자와 같이 성현으로 공인된 사람들뿐 아니라 영고숙, 신생, 백기 같이 그 정도로는 평가되지 않는 이들도 있었기 때문이다. 춘추시대 사람인 영고숙과 신생이나 《시경》에 나오는 백기가 모두 지극히 효성스런 행적을 남긴 것은 사실이겠지만, 그들을 우임금과 순임금 그리고 증자와 같은 수준으로 비교할 수는 없을 것이다. 그러므로 그들이 "도를 다하였다"라고 할 수는 없다는 것이다. 이에 대해 퇴계는 다음과 같이 답하였다.

영봉인, 신생 등에 대해서는 애초에 장자張子(장재張載)의 뜻도 이 사람들이 도리를 다 구현하였다고 말한 것이 아닙니다. 다만 그들이 한 일들을 예로 들어서 하늘을 섬기는 사람의 본분에 대하여 말하였으면, 마땅히 그러한 점에서 그 도리를 다하였다고 말해야지, 순임금 우임금 등과 인품의 차이를 나누어 가지고서는 그들이 도리를 다한 사람들은 아니라는 뜻으로 뒤죽박죽 섞어서 말해서는 안 됩니다. 그렇게 한다면 하늘을 섬기는 사람이 이러한 일들을 당하더라도 또한 뒤죽박죽 혼란스럽게 되어 그 도리를 다하지 못할 것입니다. 임은(林隱, 정복심의 호)은 이러한 뜻을 알았기 때문에 이들 모두에 대해 "도리를 다하였다"라고 하였을 뿐입니다. 보내온 편지에서 "장자(장재)는 다만 그 한 가지 일만 취하여……"라고 하였으니, 진실로 또한 장자의 본뜻이 어디 있는지를 안 것입니다. 그렇다면 임은의 〈서명도〉 또한 마땅히 그러한 뜻으로 보아야 합니다.【퇴계가 덧붙인 말: 어찌 반드시 임은이 사람됨을 과도하게 인정하였다고 비판해야만 하겠습니까?】

　　퇴계는 율곡의 이의 제기가 지나치다고 여겼다. 율곡도 지적하였듯이 장재는 다만 그 사람들 각각이 행했던 한 가지 일 때문에 그들을 예로 든 것이고, 정복심의 〈서명도〉도 한 가지 일에서 도리를 다했다는 의미로 그 사람들을 평가한 것으로 이해해야 한다는 것이다. 정복심은 퇴계가 《성학십도》를 만들면서 주자 다음으로 가장 많이 인용한 사람이다. 〈서명도〉뿐 아니라 〈심통성정도心統性情圖〉의 상도上圖와 〈심통성정도설〉, 〈심학도〉와 〈심학도설〉이 모두 정복심의 작품이다. 퇴계의 답변을 보면, 율곡도 이해한 것을 정복심이 이해하지 못해서 그렇게 그림을 그린 것이 아니라는, 다소 나무라는 말투가 느껴진다. 퇴계는 정복심을 높이 평가하였지만, 율곡은 정복심에 대해 인정할 수 없었던 모양이다. 율곡은 정복심의 그림과 설을 중심으로 만들어진 〈심학도〉에 대해 조목조목 문제를 제기하였고, 마침내는 《성학십도》에서 그것을 삭제할 것을 권하게 된다.

〈심학도〉

〈심학도心學圖〉는《성학십도》중 퇴계와 율곡 사이에서 가장 이견이 크게 드러난 부분이다. 율곡의 문제 제기에 대해 퇴계는 강력하게 반박하였고, 나중에 퇴계는《성학십도》안에 반박 내용을 포함시켜 자신의 입장을 더 분명하게 밝힌다. 그러한 이견의 표출은 〈심학도〉와 〈심학도설〉의 본래 저자인 정복심에 대한 두 사람의 평가가 달랐을 뿐 아니라 '심학' 자체에 대한 생각이 달랐기 때문이었다. 먼저 율곡의 문제 제기를 보자.

임은정씨林隱程氏(정복심)의 〈심학도〉는 의심할 만한 부분이 매우 많습니다. 우선 그 대략을 말해보자면, 대인심大人心(큰 사람의 마음)이란 곧 성인聖人의 마음이고 이는 바로 부동심不動心(동요하지 않는 마음), 종심從心(從心所欲不踰矩, 하고 싶은 대로 해도 도리에 어긋나지 않는 마음)[6]과 같은 부류인데, 무슨 이유로 도심道心의 앞에 둔 것입니까? 본심本心의 경우는 비록 어리석은 자라 할지라도 이 본심을 가지고 있지만, '대인심'이란 바로 공부를 극진히 하고 공효를 지극히 하여 본심을 완전하게 보존한 것입니다. 어찌 공부를 하지 않고서 대인의 마음을 저절로 가질 수 있겠습니까? 또한 인욕人欲을 막는 것과 천리天理를 보존하는 것을 두 가지 공부로 나눈 것이 이미 온당치 않고, 공부의 차례도 그 순서를 잃어서 심재心在(마음이 보존됨)와 심사心思(마음이 생각함) 또한 그 위치가 뒤바뀐 듯합니다.

　이미 "신독愼獨(혼자만 아는 것을 삼감), 극복克復(克己復禮, 자신을 이기고 예禮로 돌아감), 심재心在(마음이 보존됨)"라고 하고 이어서 "구방심(求放心, 흩어진 마음을 모아들임)"이라 하였으니, 비록 반복해서 생각해보아도 끝내 순서를 잃은 것입니다. 선생님께서 부연설명하시어 안자顔子가 구방심求放心을 하였다고 하셨는데, 이 또한 온당치 않습니다. 대체로 성인과 현인의 말씀은 정밀한 것(精)과 거친 것(粗)이 있으므로 정밀한 것을 가지고 억지로 거친 것을 구해서는 안 되고, 거친 것을 가지고 억지로 정밀한 것을 구해서는 안 됩니다. 맹자의 '구방심'에 관한 설[8]은 범범하게 학자들을 위하여 말한 것이니 이는 거친 것이고, 공자의 극기복례克己復禮의 설[9]은 오직 안자만을 위해서 말한 것이니 이는 정밀한 것입니다. 만일 정밀한 것에 대해서는 반드시 눌러 낮추어 거친 것으로 만들고, 거친 것에 대해서는 반드시 끌어 높여 정밀한 것으로 만든다면, 비록 이 설이 행해질 수는 있겠지만, 어찌 이것이 공평하고 공정한 도리이겠습니까?

　또한 신독愼獨을 알인욕遏人慾(인욕을 막음) 쪽에 두었다면 성찰省察의 일이 모두 여기에 속해야 하고, 계구戒懼(경계하고 두려워함)를 존천리存天理(하늘의 이치를 보존함) 쪽에 두었다면 함양涵養의 일이 모두 여기에 속해야 합니다. 그러나 진심盡心(마음을 극진히 함)은 바로 지知에 해당하는데도 함양에 소속시켰고, 정심正心은 바로 행行에 해당하는데도 성찰에 소속시켰으니, 이는 또한 이해할 수 없습니다. 저의 생각에 이 〈심학도〉는 말들이 중첩될 뿐 별다른 의미가 없으니, 굳이 취하지 않아도 될 듯합니다.[10]

〈심학도〉와 〈심학도설〉에 대한 율곡의 비판은 거의 비난에 가깝다. 그림의 구조와 배열, 순서 그리고 공부 방식의 분류 등 어느 하나 제대로 된 것이 없다는 것이다. 비판의 초점은 정복심의 〈심학도〉에

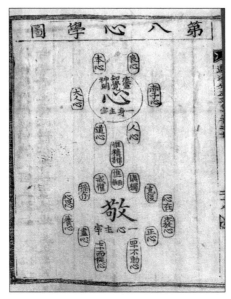

그림 6 퇴계의 《성학십도》 중 〈심학도〉

서 윗부분의 심心과 아랫부분의 경敬 주변에 배치한 항목들이 논리적 순서로 보나, 공부의 순서로 보아 체계적이지 않다는 것이다. 또한 정복심은 〈심학도설〉에서 '신독愼獨' 이하를 '알인욕遏人欲', '계구戒懼' 이하를 '존천리存天理'의 공부라고 나누었는데, 율곡은 그러한 분류 방식도 납득할 수 없다고 하였다. 율곡의 글에서 정복심의 학문적 수준에 대한 존중은 전혀 보이지 않는다. 마침내 율곡은 정복심의 〈심학도〉를 《성학십도》에서 빼버리라고 제안하였다.

하지만 퇴계의 생각은 달랐다. 그는 율곡에게 장문의 답변을 썼다. 율곡의 질문도 짧지 않지만, 퇴계의 답변은 중간에 인용하기에 부담스러울 정도로 길다. 정복심의 〈심학도〉를 빼버리라는 율곡의 비판에 퇴계는 적잖이 화가 났던 모양이다. 《성학십도》를 보았을 테니, 율곡도 퇴계가 정복심을 높이 평가한다는 사실을 알 수 있었을 것이다. 그럼에도 율곡은 정복심의 설을 집중 비판하였고, 그에 대해 퇴계는 더 격렬하게 장문의 답변을 쓴 것이다. 원문은 너무 길어서 생략하고, 내용에 관해 살펴보자.

퇴계의 답변 내용은 요컨대 항목 배치의 순서나 논리적 구성으로 보자면 율곡의 말에 일리가 전혀 없는 것은 아니지만, 〈심학도〉는 율곡이 비판하듯이 그렇게 공부의 선후와 순서를 구분한 것이 아니라는 것이다. 그러므로 율곡의 비판을 수용할 수 없다는 것인데, 그 답변의 초점은 오히려 정복심에 대한 옹호 그리고 선현들의 글을 보는 율곡의 태도에 대한 비판에 놓여 있다.

퇴계는 "젊은 시절에 《심경》을 얻어 보고는 그 중에도 이 그림(〈심학도〉)을 매우 좋아했다"[11]고 밝히고 있다. 〈심학도〉는 《심경부주》의 맨 처음에 나오는 그림이다. 《심경부주》는 이 그림과 그에 대한 정복심의 설명으로 시작된다. 《심경부주》는 주자의 문인인 진덕수가 선현의 글 중에서 마음 수양에 관련된 글들을 모아 편찬한 《심경》에 정민정이 부주附註를 추가한 성리학 계열 수양론 교과서이다. 퇴계의 문인들이 퇴계의 문하에서 배운 학문을 '심학心學'이라 일컬을 정도로, 심학은 퇴계 학문의 중심에 있다. 현대의 일부 학자들도 퇴계의 학문을 리학理學보다는 심학의 관점에서 접근한다.[12] 퇴계의 '심학'이란 말 그대로 '마음공부'다. '마음공부'는 늘 안팎의 유혹에 불안정한 마음을 다스리는 공부이다. 마음과 본성과 감정의 구조와 작용을 이해하는 것도 필요하긴 하지만 이론적 · 분석적 이해는 마음을 다스려 바른 방향으로 나아가게 하는 실천적 공부를 위한 기초일 뿐이다.

퇴계 자신도 〈심학도〉의 구조에 대해 의심하는 바가 없지 않았으나, 10여 년 전에 정복심의 온전한 그림과 도설을 얻어 읽고서 정미한 뜻을 깨닫게 되었다고 밝히고 있다. "대개 여섯 가지 마음을 두 갈래로 나누어 설명한 것은 그 이치와 맥락이 자연스러우면서도 분명하게 꿰뚫고 있으며 공부의 공효와 선후 등의 설명에 대해서는 언급하지 않았지만 그 견해가 얕지 않다"[13]는 것이다.

그러면서 율곡이 정복심의 〈심학도〉를 이해하는 수준을 "바보 앞에서 꿈 이야기를 하는 것"과 다르지 않다고 힐난하며, "숙헌의 고명하고 초탈한 견해로도 이 그림을 보는 데 이렇게 구애되고 막힐 줄은 생각지 못했다"고 실망감을 감추지 않았다. 그리고는 율곡의 비판을 과한 욕심이 앞섰기 때문이라고 여겼는지, 율곡에게 "갑작스럽게 반론을 만들어 그를 능가하기는 쉽지 않을 듯하다"[14]고 충고하였다. 퇴계는 나중에 《성학십도》에 율곡의 비판과 그에 대한 자신의 반론을 추가하면서 그 뒤에 정복심의 사람됨에 대한 언급으로 〈심학도〉를 마무리하였다.

"정씨의 자는 자견子見이고 신안新安 사람입니다. 은거하여 벼슬하지 않았으며, 의義를 실천함이 매우 훌륭하였습니다. 늙도록 경전을 궁구하여 깊이 얻은 바가 있었으며, 《사서장도四書章圖》 3권을 저술하였습니다. 원나라 인종仁宗 때(1311~1320) 천거되어 임금의 명으로 장차 등용하고자 하였으나 자견이 원치 않았습니다. 곧 향군박사鄕郡博士로 삼았지만 벼슬을 그만두고 고향으로 돌아갔습니다. 그의 사람됨이 이와 같으니 어찌 아는 것도 없이 함부로 그림을 만들었겠습니까?"[15]

정복심은 벼슬에 뜻이 없이 위기지학爲己之學에 매진한 사람이니, 그런 사람이 만든 〈심학도〉를 함부로 폄하하지 말라는 것이다. 어쩌면 십여 년 간을 교류하면서도 율곡은 퇴계의 심학에는 공감할 수 없었는지도 모른다. 달리 생각하면 퇴계가 정복심의 심학에 경도된 것을 못마땅하게 생각하던 차에 《성학십도》를 계기로 그것을 비판한 것일 수도 있다. 어떻든 정복심의 〈심학도〉와 그것을 바탕으로 한 심학에 대해 퇴계와 율곡 사이에는 넘기 어려운 벽이 있었던 듯하다. 이것은 결국 퇴계 사후에 율곡의 사단칠정론과 인심도심론으로 명확해진다. 율곡은 퇴계의 심학을 이해하지 못하였거나 혹은 그에 반대하였고, 결국 그것은 퇴계와 다른 길을 가게 된 하나의 원인이 되었다고 할 수 있다.

《성학십도》의 순서

〈심학도〉를 둘러싼 두 사람의 논박을 보면 이제 서로 등을 돌리려는 게 아닌가 생각하게 될 정도로 오가는 말들이 다소 거칠게 느껴지기도 한다. 그렇게 상대에 대해 솔직하게 자기 생각을 이야기할 만큼 두 사람의 사이가 가까워진 것이기도 하겠지만, 상대의 감정을 상하게 할 수도 있는 말들까지 적잖이 담겨 있기 때문이다. 하지만 그것은 기우인 듯하다. 문목의 다음 항목에 대해 퇴계는 적극 동조하며 율곡의 제안을 흔쾌히 받아들인다. 율곡은 〈인설도仁說圖〉와 〈심학도〉의 순서를 바꿀 것을 제안하였다.

【문】〈제팔 인설도〉는 〈심학도〉의 앞에 있어야 할 듯한데, 어떻게 생각하실지 모르겠습니다.[16]

【답】"〈인설도〉는 〈심학도〉의 앞에 있어야 한다"는 말씀은 매우 좋습니다. 이 견해는 매우 탁월합니다. 나는 작년에 (한양에서) 돌아와서야 비로소 이와 같이 해야 함을 알았고, 보내온 편지를 보고서 더욱 확신을 갖게 되어 곧바로 이 말씀에 의거해서 (두 그림의 순서를) 서로 바꾸어 놓았습니다. 그밖에 고칠 곳도 너댓 군데는 넘을 텐데, 잘못된 곳이 있으면 곧 고칠 것이고 비록 고쳐야 할 것이 많을지라도 싫증내지 않을 것입니다. 다만, 경연에서 《성학십도》를 임금께 올린 뒤에 번거롭게 자주 임금께 아뢰기는 지극히 어려운 일입니다. 학문을 연구하는 것에 본디 밝지 못하여 스스로를 이처럼 죄와 허물에 빠뜨리니 두려움이 점점 더해집니다. 직접 글을 올려 아뢰고 아울러 죄를 기다리고자 하지만 벼슬에서 물러나고자 하는 일이 아직 결말이 나지 않아서, 다른 일에 미처 겨를이 없기에 아직 실행하지 못하고 있습니다. 부득이 이 일이 끝나기를 기다려서야 할 수 있겠습니다. 수정한 여러 설들은 모두 김성일金誠一(1538~1593)과 김취려金就礪(1526~?) 등의 처소에 있으니 가져다 보시면 됩니다.[17]

《성학십도》의 전체 구조를 보면 퇴계가 왜 〈인설도〉와 〈심학도〉의 순서를 바꾸라는 율곡의 제안을 바로 수용했는지 알 수 있다. 퇴계는 《성학십도》의 전체 구성을 크게 1~5장과 6~10장으로 나누었다. 그에 따르면 1~5장은 "천도天道에 근본하고 있지만 그 공효는 인륜을 밝히고 덕업에 힘쓰도록 하는 데 있고,"[18] 6~10장은 "심성心性

에 근원한 것인데, 그 요점은 일상생활에서 힘써 공부하고 경외하는 마음을 높이는 것이다."[19] 다시 말하면 1~5장은 자연의 이치에 대한 이해를 기반으로 인륜을 실천하기 위한 것이고, 6~10장은 인간의 심성에 대한 이해를 바탕으로 일상에서 경건하게 도덕적 삶을 살아가도록 하기 위한 것이다.

퇴계는 제1도 〈태극도〉와 제2도 〈서명도〉에서 성리학의 존재론적 기반을 설명하되, 분명하게 주자학적 관점인 리일분수理一分殊(근원적 동일성과 현상의 다양성이 상호 내포 관계에 있다)의 체계를 기본틀로 하여 주리主理적 관점에서 해설하였다. 그 뒤에 〈소학도〉, 〈대학도〉, 〈백록동규도〉를 배치함으로써 원리·법칙으로서의 '리理'를 우선시하는 존재론적 이론이 도덕윤리의 실천을 목표로 하고 있음을 분명히 보여 주려 하였다. 특히 〈소학도〉와 〈대학도〉에서는 실제적인 공부의 자세와 방법으로서의 '경敬'을 줄곧 강조함으로써 실천지향적 학문으로서의 '성학'의 성격을 명확히 하였다.

제6·7·8도에서는 인간의 도덕적 본성이 자연에서 비롯되므로 본성으로부터 발현되는 감정 또한 자연의 이치에 따라야 함을 지적하고, 도덕적 본성과 감정의 작용과정을 조절하는 방안으로 '신독愼獨(혼자만 아는 것을 삼감)'·'계구戒懼(경계하고 두려워함)' 등을 제시하였다. 그리고 이러한 실천 방법은 결국 자신이 줄곧 강조해 온 경敬으로 귀결될 수 있음도 밝혔다. 제 9·10도는 도덕적 본성과 감정을 일상에서 어떻게 실천하며 살아갈 수 있는가에 대한 방안으로 제시된 것이다. 특히 실천을 위해서는 자연과 인간의 이치를 이해하고 따를 뿐 아니라 '리理'·'도道'·'상제上帝' 등으로 상징되는 형이상적 존재에 대한 경외심까지도 견지해야 함을 강조한 데서, 성리학에 대한

이론적 천착을 넘어선 퇴계의 사상적 깊이를 엿볼 수 있다.[20]

그런데 6~10장의 순서는 본래 〈심통성정도〉, 〈심학도〉, 〈인설도〉, 〈경재잠도〉, 〈숙흥야매잠도〉였다. 율곡은 이것을 보고서 〈인설도〉와 〈심학도〉의 순서를 바꾸라고 제안했고, 퇴계는 제안을 받아들였다. 지금 《퇴계집》에 전해지는 《성학십도》는 율곡의 제안을 수용하여 수정된 것이다. 그런데 〈심통성정도〉는 도덕본성이 감정으로 드러난 과정과 원리를 세 개의 그림으로 설명한 것이므로 "심성에 근원한 것"이라는 6~10장의 제일 앞에 있는 것이 당연하다. 그런데 〈인설도〉는 유학에서 도덕적 본성을 대표하는 개념인 인(仁)이 '생명(生)'이라는 자연의 이치에 근거한 것임을 밝힘으로써 도덕적으로 살아가는 것이 가장 자연스런 삶임을 설명한다. 그리고 〈심학도〉는 몸은 마음이 주재하고 마음의 작용은 '경(敬)'의 자세가 주도해야 한다고 설명하면서, 성학의 공부가 실천으로 온전히 구현되는 과정과 방법을 밝히고 있다. 그 다음에 오는 〈경재잠도〉와 〈숙흥야매잠도〉는 일상에서 그러한 도덕성의 실천 방법을 설명한 것이므로 뒤에 놓인다.

그렇다면 성학의 공부 방법을 설명하는 〈심학도〉가 심성의 원리를 설명하는 〈심통성정도〉〈인설도〉와 그 실천 방법을 설명하는 〈경재잠도〉〈숙흥야매잠도〉 사이에 놓이는 것이 취지에 맞을 것이다. 《성학십도》의 구조를 한눈에 간파한 율곡은 단도직입적으로 두 장의 순서를 바꾸라고 제안하였고, 퇴계는 흔쾌히 제안을 받아들였다. 이 시기에 두 사람은 서로의 적잖은 입장차에도 불구하고, 비판할 것은 솔직하게 비판하고 인정할 것은 주저 없이 인정하는 사이가 되어 있었다.

6

사단칠정과 인심도심

율곡과 우계의 논쟁

퇴계 사후 2년이 지난 1572년, 율곡은 평생 친구이자 정치적 동지인 우계牛溪 성혼成渾(1535~1598)과 학문적 논쟁을 벌이게 된다. 우계가 퇴계의 사단칠정설에 동의를 표하고 그에 대해 율곡의 의견을 물으면서 논쟁이 시작되었다. 율곡은 이 논쟁을 통해 퇴계의 학설을 비판적으로 검토하며 자신의 학설을 체계적으로 제시한다. 율곡은 이미 퇴계와 고봉의 논쟁 과정을 지켜보면서 어느 정도 자신의 입장을 세우고 있었던 듯하다.

　　우계는 기본적으로 퇴계의 입장을 따르면서도 조심스럽게 자신을 낮추어 율곡에게 문제를 제기하였고, 율곡은 개념을 정의하고 이론의 구조를 설명하며 마치 성리학 교과서를 집필하듯이 명료하게 답변하였다. 우계가 자신의 견해는 율곡과 다름에도 불구하고, "말로 설명할 수가 없다"라고 토로하는 것과는 매우 대조적이다. 논리 정연하고 논지가 분명한 율곡의 편지들을 보면 그가 왜 '구도장원공

九度壯元公(아홉 번 장원급제한 분)'²이라 불리게 되었는지 알 수 있다. 형이상학적이고 중층적인 의미를 가진 성리학 개념들의 관계를 그처럼 명쾌하게 정리해 낼 수 있는 사람도 드물 것이다. 퇴계에 대한 기억이 아직 선명한 때였지만, 율곡은 분명한 자신의 관점과 그것을 표현할 능력을 가지고 있었기에, 퇴계와는 다른 자신의 입장을 더 이상 감출 수 없었다.

인심과 도심

우계가 사단칠정에 관해서 퇴계에 동조하면서 율곡에게 문제를 제기한 것은 인심人心과 도심道心의 구분법을 사단四端과 칠정七情에도 적용할 수 있다고 생각하였기 때문이다. 인심과 도심은 현상적으로 드러난 마음을 도덕적 기준에 따라 두 가지로 분류한 것이다. 인심은 생리적 욕구나 사적인 이익 등을 지향하는 마음이고, 도심은 도덕적 원리나 공적인 도의를 지향하는 마음이다. 사단과 칠정이 도덕감정을 의미한다면, 인심과 도심은 도덕감정을 포함하여 도덕감정을 판단하고 조정하는 마음의 영역을 포괄하는 개념이다. 우계는 이상적인 도덕감정(사단)과 일반적인 도덕감정(칠정)을 나누는 구분법이 기본적으로 도심과 인심을 나누는 방법과 다르지 않다고 생각하였다.

> "도심과 인심에 관한 설명은 그와 같이 '리'의 발현과 '기'의 발현으로 나누어서 하는 것을 예로부터 성현들이 존중해 왔습니다. 그렇다면 퇴계 선생의 논지도 그 자체가 잘못되었다고 할 수는 없지 않겠습니까?"³

도심과 인심을 각각 '리'의 발현과 '기'의 발현으로 나누어 보는 것이 옛 성현들의 뜻이므로, 사단과 칠정을 그와 같은 방식으로 구분한 퇴계의 설도 잘못된 것이 아니라는 것이다.[4] 도심과 인심, 사단과 칠정을 나누는 기준은 유학 또는 성리학의 도덕원리이다. 그에 대한 일치 여부를 이기론으로 설명하자면, '리'가 '기'의 방해 없이 온전히 드러날 때 도심/사단이 되고, '기'의 방해로 '리'의 도덕적 순선함이 왜곡되어 드러날 때 인심/칠정이 된다. 우계는 도심과 인심이 나뉘는 원인이 결국 각각 성명性命(타고난 본성)과 형기形氣(형질과 기질), 즉 '리'와 '기'라고 설명한 주자의 말을 근거로 그러한 구분법을 사단과 칠정에도 적용할 수 있다고 보았다.

그러나 율곡은 인심과 도심은 본래 하나의 마음이기 때문에 근원이 다를 수는 없다고 반박한다. 마음은 본래 하나인데, 다만 외물에 감응하여 지각이 일어나는 순간부터 인심과 도심으로 나뉜다는 것이다. 우계는 인심과 도심이 '나뉘게 되는 원인'을 각각 '리'와 '기'로 나누어 볼 수 있다고 한 것인데, 율곡은 인심과 도심의 '근원'이 하나의 마음이라는 점에 초점을 맞춰 반박한 것이다. 인심과 도심의 구분법을 근거로 퇴계의 사단칠정설을 정당화하는 우계의 논지는 문제를 제기한 첫 편지부터 논쟁이 끝나는 여섯 번째의 편지까지 일관된다. 율곡은 인심과 도심도 본래 둘로 나누어져 있는 것은 아니라고 반박하면서, 사단과 칠정의 관계는 인심과 도심보다는 본연지성本然之性(본래의 순수한 본성)과 기질지성氣質之性(기질의 영향 속에 있는 본성)의 관계와 같다고 주장한다. 두 사람의 입장은 끝내 합일점을 찾지 못하지만, 논쟁을 통해 조선유학의 이기심성론에 대한 논의는 더욱 심화되고, 율곡의 학설이 체계적으로 제시된다.

논쟁의 단서가 된 것은 인심과 도심에 대한 주자의 말, 즉 "어떤 것(인심)은 형기의 사사로움에서 생겨나고, 어떤 것(도심)은 성명의 바름에 근원한다(或生於形氣之私, 或原於性命之正)"라는 구절이다. 주자는 〈중용장구 서문〉에서 자사子思가 도학道學을 전하기 위해 《중용》을 편찬하였다고 하면서, 《서경書經》을 인용하여 유학의 도통道統에 대해 설명하였다. 도통 전수의 핵심은 요임금에게서 순임금에게로 전해진 "윤집궐중允執厥中(진실로 그 중도를 잡으라)", 그리고 순임금에게서 우임금에게로 전해진 "인심유위人心惟危, 도심유미道心惟微, 유정유일惟精惟一, 윤집궐중允執厥中(인심은 늘 위태롭고 도심은 늘 은미하니 오직 정밀하게 분별하고 오직 한결같이 지켜서 진실로 그 중도를 잡으라)"이라는 것이다. 주자는 인심과 도심에 대해 다음과 같이 풀이하였다.

> "마음의 텅 빈듯하면서도 신령스러운 지각(虛靈知覺)은 하나인데 인심과 도심의 다름이 있다고 여기는 것은, 어떤 것은 형기形氣의 사사로움에서 생겨나고, 어떤 것은 성명性命의 바름에 근원하여서, 그 지각하는 것이 다르기 때문이다.……"[5]

여기서 우계가 주목한 것은 "어떤 것은 형기의 사사로움에서 생겨나고, 어떤 것은 성명의 바름에 근원"한다는 구절이다. 마음의 신묘한 지각능력이 발휘되는 것을 보면 마음은 분명히 둘이 아니라 하나이다. 그럼에도 순 임금이 인심과 도심이라는 두 가지 마음이 있는 것처럼 말한 것은 인심은 형기(氣)의 사사로움에서 생겨나고 도심은 성명(理)의 바름에서 비롯되기 때문이라는 것이다. 적어도 주자의 이 말에 근거하는 한, 그 취지에 따라 마음을 인심과 도심으로 나누어 보고, 나아가 그러한 이기론적 구분법을 사단과 칠정에 적용한 퇴계의 설이 잘못되었다고 할 수 없다. 이상적인 도덕적 마음과 그밖의 일반적인 마음이 나뉘게 되는 원인을 각각 '리'와 '기'에서 찾을 수 있다면, 그 기준을 이상적인 도덕감정과 일반적인 도덕감정의 구분에도 적용할 수 있다는 것이다. 그런데 주자의 〈중용장구 서문〉에서 이 구절 바로 뒤에는 다음과 같은 말이 이어진다.

"…… 지각하는 것이 다르기 때문이다. 그러므로 어떤 것(人心)은 위태롭고 불안하며 어떤 것(道心)은 미묘하여 인식하기 어렵다. …… (따라서) 이러한 공부에 종사하여 끊임없이 노력하며, 도심으로 하여금 늘 한 몸의 주인이 되도록 하고 인심은 언제나 그 명령을 듣도록 한다면, 위태로운 것(人心)은 안정이 되고 미묘한 것(道心)은 분명하게 드러나, 움직이거나 고요히 있거나 혹은 말하거나 행동할 때에 저절로 지나치거나 모자라는 잘못이 없게 된다."[6]

율곡은 바로 이 구절을 논거로 삼는다. 즉 인심과 도심은 발현되기 전(未發之前)에 그 근원에서부터 나뉘는 것이 아니라, 외물外物에 감응하여 마음의 지각이 작용하는 순간부터 구분이 나타난다는 것이다. 이때 감정이 발현되는 과정에서 잘 절제하여 인심이 도심을 따르도록 해야 한다. 율곡의 해석을 받아들인다면, "어떤 것은 형기의 사사로움에서 생겨나고, 어떤 것은 성명의 바름에 근원한다(或生於形氣之私 或原於性命之正)"라는 말은 인심과 도심이 각기 다른 근원에서 비롯된다는 것이 아니라, 단지 지각 작용 이후에 인심과 도심이 드러난 현상을 보고 그렇게 나뉘게 되는 이유를 설명한 것에 불과하다.

"이른바 '어떤 것은 형기形氣의 사사로움에서 생겨나고, 어떤 것은 성명性命의 바름에 근원한다'라는 것은 (마음이) 이미 발현된 것을 보고 논한 것입니다. 그 발현된 것이 이치와 도의(理義)를 위한 것일 경우에, 그 까닭을 추론하여 어떤 원인으로 인해 이 이치와 도의의 마음이 있게 되었는지 탐구해 보니, 이것은 마음의 성명性命에서 비롯된 것입니다. 그러므로 이 도심이 있게 됩니다. 그 발현된 것이 식색食色을 위한 것일 경우에, 그 까닭을 추론하여 어떤 원인으로 인해 이 식색의 마음이 있게 되었는지 탐구해 보니, 이것은 혈액과 기질로 이루어진 형체(혈기성형血氣成形)에서 비롯된 것입니다. 그러므로 이 인심이 있게 됩니다. 이렇게 말하는 것일 뿐이지 (퇴계의) 호발설互發說(리와 기가 서로 발현된다는 설)처럼 어떤 것은 '리'의 발현이고 어떤 것은 '기'의 발현이라고 하여 큰 근본이 하나가 아니게 되는 것과는 다릅니다."[7]

인심과 도심을 둘로 나누어 볼 수는 있지만, 퇴계나 우계의 주장처럼 근원에서부터 나뉘는 것이 아니라 지각 작용이 일어나는 순간부터 나뉜다는 것이다. 율곡의 설명에 따르면, 마음이 이미 현상으로 드러난 것을 보고 그것이 이치와 도의를 위해 발현된 것인지 혹은 식색食色을 위해 발현된 것인지 구분하여 각각의 원인을 추론해서, 원인이 성명性命의 바름이냐 혈기의血氣 사사로움이냐에 따라 각기 도심과 인심이라고 구분하여 말할 뿐이라는 것이다.

하지만 도의를 위해 발현된 마음과 식색을 위해 발현된 마음이 현상에 드러난 것을 보고, 그 이유를 각기 성명과 형기로 나눈다는 것은 보기에 따라 그렇게 나뉘게 된 근원을 둘로 나눈 것으로 이해할 수도 있다. 우계는 바로 그 점을 지적하며, 그렇기 때문에 도심과 인심이 각기 '리'와 '기'에서 발현한다는 것이며 그 관계를 사단과 칠정에 적용할 수 있는 것이라고 반박하지만,[8] 율곡의 동의를 얻어내지는 못한다. 율곡은 인심과 도심이 모두 하나의 본성에서 발현하는데, 다만 '기'에 의해 가려지면 인심이 되고, '기'에 의해 가려지지 않으면 도심이 될 뿐이라고 주장하였다.[9]

율곡은 사단과 칠정의 경우에, 인심과 도심처럼 둘로 나누어 볼 수 없으며 서로 전환될 수도 없다고 강조한다. 대신 본연지성과 기질지성의 관계를 끌어와 사단·칠정의 관계를 설명한다.

본연지성과 기질지성

인심과 도심이 나뉘는 이유를 각각 형질·기질(形氣)과 부여받은 본성(性命)에 연결시켜 이해한다면 둘의 차이를 '기'와 '리'로 설명할 수 있다. 이에 대해서는 퇴계와 우계뿐 아니라 율곡도 인정한다. 다만 율곡은 그럼에도 불구하고 인심과 도심은 본래 하나의 마음이라는 점을 강조한다. 본성을 내재하고 감정을 발현하는 마음 자체는 하나뿐이라는 것이다. 그래서 율곡은 퇴계나 우계와 달리 하나의 마음이 외물을 지각하는 순간, 즉 마음이 외물에 반응하는 순간을 인심과 도심이 나뉘는 시점으로 본다. 이러한 주장의 바탕에는 '리'와 '기'가 본래 서로 떨어지지 않는다(理氣不相離)는 이기론의 원칙이 있다. 인심과 도심도 본래는 서로 떨어질 수 없는 관계에 있는 '리'와 '기'로 구성된 것이다. 따라서 인심과 도심의 차이는 '리'가 온전히 드러나는데 '기'가 방해를 하느냐의 여부에 따라 생겨나는 것이지, 본래부터 인심과 도심의 근원이 다른 것은 아니라는 것이다. 이를 바탕으로 율곡은 '기'를 변화시킴으로써 인심을 도심으로, 또는 도심을 인심으로 전환시킬 수 있다는 '인심도심상위종시설人心道心相爲終始說'(인심과 도심이 서로 시작과 끝이 된다는 설)을 주장하게 된다.

율곡이 볼 때 사단과 칠정의 경우는 서로 대비가 가능한 인심/도심과 달리 칠정이 사단을 포함하는 관계이다. 사단이란 도덕감정을 통칭하는 칠정 중에서 '기'의 방해를 받지 않고 '리'의 순선성이 온전히 드러난 것을 가리키는 개념이라는 의미이다. 율곡은 사단과 칠정의 이러한 관계를 설명하기 위해 인심/도심이 아닌 본연지성/기질지성의 설명방식을 빌려온다. 그에 따르면, 도심과 인심의 관계가 주리主理와 주기主氣로 대비해 볼 수 있는 관계인 데 비해, 본연지성과 기질지성은 본연지성이 기질지성에 포함되는 관계이다. 그리고 이기론으로 말하자면 본연지성은 기질지성 가운데서 '리만을 가리켜 말한 것(專言理)'이고 기질지성은 '기를 더불어 말한 것(兼言氣)'이다.

본연지성과 기질지성은 맹자의 성선설과 순자의 성악설에 비해 좀더 발전된 본성 개념이다. 인간의 선한 특성에 주목한 것이 성선설이고 악한 특성에 주목한 것이 성악설이라면, 본연지성과 기질지성은 인간에게 잠재하는 선과 악의 복합성을 좀더 설득력 있게 설명해 준다. 그것은 성리학의 이기설을 본성 개념에 적용하여, '리'의 순선한 가치론적 특성과 '기'의 다양한 질료적 특성의 결합이라는 방식으로 본성의 복합적 성격을 설명한다.

성리학에 따르면 인간의 본성은 천리가 부여된 것(性卽理)이라는 점에서는 '리'와 동일하지만, '기' 안에 들어와 있는 '리'(氣中之理)라는 점에서는 '리' 자체와 구분된다. 율곡에 따르면 기질지성이란 기질 또는 형질 가운데 들어와 있는 '리'와 그 기질·형질을 함께 가리키는 말이다. 본연지성(천지지성天地之性, 천명지성天命之性)[10]이란 그렇게 '리'가 기질·형질과 결합되어 있는 가운데서 '리'만을 지목하여 말하는 것이다.[11] 그러한 의미에서 기질지성은 '기를 더불어 말한 것(兼言氣)'이고 본연지성은 '리만을 가리켜 말한 것(專言理)'이다. 퇴계는 본연지성과 기질지성을 취지(所就而言之 또는 所指)의 차이에 따라 주리主理와 주기主氣로 구분하지만, 율곡의 설명 방식은 본연지성과 기질지성의 이기론적 구조를 좀더 명확하게 보여준다.

이처럼 본연지성(천지지성)과 기질지성을 개념적으로 대비시켜 구분하는 것은 본래 북송北宋의 장재張載(1020~1077)에게서 비롯되었다. 그는 개체의 본성이 사적私的으로 얻어진 것이 아니라 만물의 유일한 근원에서 비롯되었다는 점을 지적하며,[12] "형질을 갖춘 뒤 기질성이 있게 되므로, 그 근원을 잘 회복하면 천지지성이 보존된다"[13]라고 하였다. 장재가 본성을 이렇게 기질지성과 천지지성으로 대비시킨 것은 우주를 구성하고 있는 '기'로 인한 장애를 극복하고 천명天命(하늘의 명령 또는 자연의 이법)에 따라 인간이 살아가도록 하려는 것이었다. 천명에 따라 주어진 인간 자신의 천지지성을 다하여야 만물의 천지지성도 온전히 다하도록 할 수 있으며, 나아가 천명과 일치하는 삶에 이를 수 있다는 것이다.[14]

주자는 장재의 천지지성과 기질지성의 구분에 주목하면서 이를 기질변화의 수양론과 연결시켰다. 천지지성이란 본성이 아직 발현되기 전(未發之前)의 순수한 지선至善의 상태를 의미하고, 기질지성이란 태극太極의 온전한 본체가 기질 가운데 들어와 있는 것을 가리킨다. 그러므로 혼탁한 기질을 변화시켜서 천지지성, 즉 태극의 구현에 장애가 되지 않도록 해야 한다는 것이다.[15] 이처럼 처음부터 천지지성과 기질지성의 구분은 천명에 따라 주어진 본성의 본래 특성을 온전히 구현할 수 있도록 기질의 역할을 경계하고 조절하기 위해 제시된 것이었다.

퇴계는 바로 옛 성현들이 본연지성(천지지성)과 기질지성을 나눈 본래의 취지가 무엇이었는가에 주목하며, 본성의 근원으로서의 '리'를 가리켜 말할 때는 본연지성이라 하고, '기'와 결합되어 생겨난 뒤의 본성을 가리킬 때는 기질지성이라 한다며 가리키는 바(所指)에 따른 구분을 하였다. 그는 자사子思가 말한 '천명의 성(天命之性)', 맹자가 말한 '선한 본성의 성(性善之性)', 공자의 '자연의 선함을 계승하여 본성을 완성한다는 설(繼善成性說)', 주돈이周惇頤의 무극·태극설(無極太極說)이 모두 '리'·'기' 가운데서 '리'의 근원(原頭本然處)을 가리켜 말한 것이라면서, 성현들이 본성(性)을 말한 본뜻이 바로 '리'의 순선무악純善無惡함을 가르치려는 데 있었다고 주장하였다. 그에 비해 기질지성은 정자程子와 장재張載 이후에 개체를 설명하기 위해 부득이하게 거론하게 된 것이라고 하였다.[16] 성현들이 지향한 것은 천지지성의 온전한 구현이며 기질지성이란 천지지성의 구현을 위해 설정된 장치라는 점을 고려하여, 천지지성과 기질지성을 취지에 따라 선명하게 구분함이 중요하다는 것이다. 그래서 그는 "천지지성은 '리'만을 가리키고 기질지성은 '리'와 '기'가 섞여 있는 것"이라는 고봉의 지적에 대해, '리'와 '기'는 서로 떨어지지 않는다(理氣不相離)의 원칙을 고려한다면 천지지성 역시 '리'만 있고 '기'는 없는 것은 아니라고까지 반박한 바 있다.[17] 이는 이기론의 형식적 구조를 중심으로 한 설명 방식이 유일한 이해의 방법이 아님을 지적하며 천지지성과 기질지성을 나눈 본래 취지에 주목할 것을 요구한 것이다. 나아가 천지지성과 기질지성의 관계를 사단과 칠정에도 적용할 수 있다고 하였다. 이것은 도심과 인심을 둘로 구분한 것과 같은 논리로, 본연지성(천지지성) – 도심 – 사단을 주리主理로, 기질지성 – 인심 – 칠정을 주기主氣로 나누어 볼 수 있다는 것이다.

하지만 율곡은 고봉과 마찬가지로 기질지성 가운데에서 '리'만을 가리킨 것이 본연지성(천지지성)이라고 보고, 기질지성과 본연지성의 관계를 칠정과 사단에 적용하였다. 사단은 칠정 가운데 선한 것을 가리킬 뿐이라는 것이다. 본연지성 – 사단은 '리만을 가리켜 말한 것(專言理)', 기질지성 – 칠정은 '기를 더불어 말한 것(兼言氣)'라고 보는 율곡의 설명방식은 '기 안의 리(氣中之理)'로서의 본성에서 '리'와 '기'의 역할을 선명하게 구분하는 데 도움이 된다. 이에 비해 퇴계와 우계가 도심과 인심의 관계를 사단칠정의 관계에 적용한 '리'의 발현과 '기'의 발현 또는 '주리'와 '주기'의 구분법은 둘의 차이가 가치론적으로 무엇으로부터 비롯되는가를 분명하게 보여준다.

하지만 율곡은 '리'와 '기'가 서로 떨어지지 않는(不相離)의 관계에 있다는 점에 주목하고, 본연지성이나 사단은 '리'와 '기'가 결합되어 있는 상태인 기질지성이나 칠정 가운데 '리'의 측면만을 가리킨다고 설명한다. 본연지성과 사단은 '리'만으로 존재하는 것이 아니라, '리'와 '기'가 결합되어 있는 기질지성 또는 칠정 가운데 '리'만을 '가리켜서 말한 것'이라는 것이다. 율곡은 퇴계나 우계처럼 '리'의 발현과 '기'의 발현, 또는 '주리'와 '주기'을 구분할 경우, '리'와 '기'가 떨어졌다 붙었다 할 수 있으며 선후를 나눌 수 있다는 것으로 이해된다고 비판한다. 율곡은 '리'·'기' 관계에 대한 설명이 퇴계의 호발설互

發說을 논파하기 위한 관건이 된다고 보고 '리통기국理通氣局(리는 통하고 기는 국한된다)'이라는 새로운 설명 방식을 제시한다.

리통기국理通氣局

율곡에게서 '리만을 가리켜 말하기(專言理)'와 '기를 더불어 말하기(兼言氣)'로 구분하는 설명방식은 '리'와 '기'는 서로 떨어질 수 없다(理氣不相離)는 원칙을 견지하면서도 본연지성과 기질지성 또는 사단과 칠정의 특성을 구분할 수 있는 설명틀로 자리 잡는다. 하지만 율곡은 우계가 퇴계의 호발설에 동조하는 것을 보면서 '리기불상리'의 원칙을 좀더 명확하게 드러내 줄 수 있는 방법을 찾으려 한 듯하다. 그 과정에서 율곡은 '리만을 가리켜 말할' 경우의 '리'와 '기', '기를 더불어 말할' 경우의 '리'와 '기'를 달리 정의함으로써, '리만을 가리켜 말할' 경우에도 '리기불상리'의 원칙이 여전히 관철되고 있음을 보여준다.

정자께서 말씀하시기를, "사람이 태어날 때 '기'를 부여받으므로 '리'에 선과 악이 있다(人生氣稟, 理有善惡)"라고 하셨습니다. 이것은 사람들을 깊고 절실하게 깨우쳐 주는 여덟 글자의 말씀입니다. 여기서 말하는 '리'란 '기'를 타고 흘러다니는 '리'(乘氣流行之理)를 가리키는 것이지, 본디 그대로의 '리'(理之本然)를 가리키는 것이 아닙니다. 본디 그대로의 '리'(本然之理)는 참으로 순선하지만 '기'를 타고 흘러 다닐 때는 그 나뉨이 수만 가지로 다릅니다. (사람이) 태어날 때 '기'를 부여받아서 선

과 악이 있게 되므로 '리' 또한 선과 악이 있게 됩니다.[18]

율곡은 "리에 선과 악이 있다"는 정자의 말을 근거로 리를 본연지리本然之理와 승기(유행)지리乘氣(流行)之理로 구분한다. 이는 본연지성과 기질지성의 틀을 '리'에도 적용한 것이다. 즉 '리'와 '기'는 언제나 떨어지지 않으므로 '리'에 대해 '기를 더불어 말하면' '승기지리'가 되고, '리만을 가리켜 말하면' '본연지리'가 된다는 것이다. 이처럼 '리만을 가리켜 말하기'와 '기를 더불어 말하기'의 설명 방식은 만물이 순선한 '리'를 내포하고 있음에도 실제로는 서로 떨어지지 않는 '리'와 '기'로 구성되어 있다는 점을 드러내기 위한 방법으로 율곡이 자주 사용하였다. 하지만 그는 더 나아가 본연지리의 경우에도 '리'와 '기'는 서로 떨어지지 않는다는, 즉 '기' 없이 홀로 존재하는 '리'는 아니라는 것을 드러낼 수 있는 방법을 찾는다. 본디 그대로의 리(本然之理)도 '리' 혼자 있는 것이 아니라 '본디 그대로의 기(本然之氣)'와 결합되어 있다는 것이다. 그는 '본연지리'는 '본연지기本然之氣'와 결합되어 있고, '승기지리乘氣之理(기를 탄 리)'는 '소변지기所變之氣(변화하는 기)'와 함께 한다고 설명한다. 이를 통해 율곡은 본연지성과 기질지성, 사단과 칠정은 물론 인심과 도심 역시 '리기불상리'의 원칙에서 벗어날 수 없음을 지적하며, 퇴계와 우계의 설을 반박한다.

"도심은 성명性命에 근원하지만 발현하는 것은 '기'이므로 그것을 '리'의 발현이라고 해서는 안 됩니다. 인심과 도심은 모두 '기'의 발현입니다. '기'가 본연지리를 따르는 경우는 그 '기'도 또한 본연지기입니다. 그러므로 '리'가 본연지기를 타고 있는 것이 도심이 됩니다. 기가 본연지리를 어지럽히는 경우는 또한 본연지기도 어지럽혀집니다. 그러므로 '리' 또한 그 소변지기를 타고 있는 것은 인심이 되어 때로는 지나치고 때로는 모자라게 됩니다."[19]

이처럼 율곡은 본연지리는 본연지기와 결합하고, 승기지리는 소변지기와 결합한다고 설명함으로써 리기불상리의 원칙을 다시 한번 강조한다. 그리고는 퇴계의 호발설에 대해 냉정하게 비판한다.

퇴계의 '호발互發(서로 발현한다)'이라는 두 글자는 표현상의 실수가 아니라, 아마도 리기불상리의 미묘한 이치를 깊이 보지 못하였기 때문인 듯합니다.[20]

율곡이 이처럼 '리기불상리'를 강조하는 데는 또 다른 이유가 있다. 율곡은 훗날 퇴계와 대비되어 주기론자主氣論者로 평가되기도 하지만, 그는 '리'와 '기'의 관계에서 '리'와 '기'의 역할이 다르다는 점, 특히 '리'가 늘 '기'에 대한 주재主宰(지배적 위치에서 통솔함)의 위치에 있다는 점을 놓치지 않으려 한다. '리'는 순선완전한 원리·법칙·규범으로서 언제나 '기'를 주재하는 역할을 담당하므로, 본연지성과 사단은 물론이고 기질지성과 칠정의 경우에도 '리'의 주재를 간과해서는 안 된다는 것이다. 다시 말하면, 본연지성 – 사단의 경우는 물론, '기'의 영향으로 '리'의 특성이 온전히 드러나지 못하는 기질지성 – 칠정의 경우에도 '리'가 '기'의 지배·통솔자로서 '기'와 동반함 잊어서는 안 된다는 것이다. 이 때문에 그는 본연지성 – 사단의 경우에는 '주리主理'라는 표현을 사용하면서도 기질지성 – 칠정에는 '주기主氣'

라는 용어를 사용하지 않는다.

율곡은 '리'와 '기'의 관계에 대한 이같은 관점을 리기불상리의 원칙 위에서 설명하기 위해 '리통기국理通氣局(리는 통하고 기는 국한된다)'이라는 명제를 제시한다.

'리'와 '기'는 본래 서로 떨어지지 않으므로 마치 하나의 물체인 듯합니다. 그러나 이들이 서로 다른 이유는 '리'는 형상이 없고 '기'는 형상이 있으며, '리'는 작용함이 없고 '기'는 작용함이 있다는 것입니다. 형상도 없고 작용도 없으면서(無形無爲) 형상도 있고 작용도 있는(有形有爲) 것의 주인이 되는 것이 '리'이고, 형상도 있고 작용도 있으면서 형상도 없고 작용도 없는 것의 도구가 되는 것이 '기'입니다. '리'는 형상이 없고 '기'는 형상이 있습니다. 그러므로 '리'는 (어디에나 두루) 통通하고 '기'는 (일정한 시공간에) 국한(局)됩니다(理通氣局). '리'는 작용이 없고 '기'는 작용이 있습니다. 그러므로 '기'는 발현하고 '리'는 그것을 탑니다(氣發理乘).[21]

이통기국설理通氣局說은 정주성리학程朱性理學에서 '리일분수理一分殊(리는 하나이지만 나뉘어짐은 다양하다)'나 '리동기이理同氣異(리는 같고 기는 다르다)' 등으로 설명되던 '리'와 '기'의 관계를 율곡이 새로운 설명방식으로 제시한 것이다. 정이천과 주자의 '리일분수理一分殊'는 우주 만물의 근원적 동일성과 현상적 다양성을 '리' 중심으로 설명한 것이고, '리동기이理同氣異'는 서로 떨어지지도 않고 서로 섞이지도 않는(理氣不相離·不相雜) '리'와 '기'의 기능 차이에 초점을 맞춘 것이었다. 그런데 율곡은 리기불상리·불상잡 원칙에 입각하되 '리'의 무형

무위無形無爲한 특성과 '기'의 유형유위有形有爲한 특성을 부각시키면서 근원적 동일성과 현상적 다양성의 관계까지도 포괄하여 설명한 것이다.

율곡의 설명에 따르면, '기'는 원래 담일청허湛一淸虛(담담하고 일정하며 맑고 텅빈듯함)하다. 그러나 음陰과 양陽이라는 모순적인 성격을 내재한 '기'는 끊임없이 제멋대로 오르락내리락하여(승강비양升降飛揚) 일정하지 않으므로(참치부제參差不齊) 온갖 생성·변화·운동이 생겨나게 된다. 이러한 '기'가 흘러다니면서 '기'는 본래의 성질을 잃는 경우도 있고 잃지 않는 경우도 있다. 본래의 성질을 잃으면 '기' 본래의 모습은 이미 사라지고 온전한 기(全氣)·맑은 기(淸氣)·담담하고 순일하며 맑고 텅빈듯한 기(湛一淸虛之氣)가 아닌 치우친 기(偏氣)·혼탁한 기(濁氣)·찌꺼기나 잿더미 같은 기(糟粕煨燼之氣)가 된다. 이는 '리'가 만물 어디에서나 본래의 미묘한 특성을 유지하고 있는 것과 대조적이다. 이것이 바로 "기가 국한된다(氣局)"는 것이다. 그러나 '리'는 함께 있는 '기'가 편벽되든 온전하든(偏全), 맑든 탁하든(淸濁), 순수하든 잡박하든(粹駁) 그와 관계없이 '리' 본래의 미묘함을 그대로 유지한다. 이를 일러 "리가 통한다(理通)"라고 한다.[22] '리'는 언제나 온전히 내재하고 있는 본연의 특성을 기준으로 '기'의 다양한 작용을 지배적 위치에서 이끈다. 이러한 리통기국理通氣局의 관계로 존재하는 방식이 '기가 발현하되 리가 그것을 타고 있다(氣發而理乘之)'는 것이다. 이것은 본연지성과 기질지성, 사단과 칠정, 도심과 인심 모두에 해당된다.

우주 만물이 끊임없이 다양하게 존재·변화하면서도 동일성·일관성을 가지고 있을 수 있는 것은 '기'의 동일성 때문이 아니라 '리'

의 '통通'이라는 특성 때문이고, '리'가 현상세계에서 다양성을 가질 수 있는 것은 '기'의 '국局' 때문이다.[23] 동일성·일관성과 다양성의 근거를 각각 '리'의 보편성(通)과 '기'의 특수성(局)에서 찾는 것이다. 그런데 어떤 경우든 '리'의 주재를 통해 일정한 질서가 유지되지만, '기'의 맑음·혼탁함·순수함·잡박함이라는 성질이 '리'의 온전한 구현에 장애가 될 수 있다. 그러므로 모든 수양과 단속은 바로 '기'를 단속하여 '기의 본래성(氣之本然)'을 회복하는 데 초점이 맞춰진다. 그러나 '리'는 본래 선하므로(理本善) 더 덧붙일 수식어도 닦을 것도 없다. 다만 '기의 본연성' 회복을 통하여 '리의 본연성'이 제 모습이 드러날 수 있도록 하면 된다.[24] 이렇게 볼 때 어떤 경우에도 '리'는 '기'와 함께 미묘한 본래의 특성(本然之妙)으로서 존재하는 것이고, 또 그렇게 존재해야만 수양을 통한 '리' 본래성의 드러냄이 가능하다. 이 때문에 율곡은 칠정과 기질지성을 주기主氣·기발氣發로 보려는 퇴계의 관점을 비판하며 '기'와 함께 항상 '리'가 '기'에 대한 주재자로서 존재함을 놓치지 않으려 한 것이다.

리기불상리를 강조하는 율곡은 리일분수理一分殊를 '체용體用'으로 설명하여 하나의 근본으로서의 '리'는 '리'의 체體, 다양한 현상의 '리'는 '리'의 용用이라고 한다. 왜 다양한 현상이 있게 되는가에 대해서는 '기'의 고르지 못함(不齊) 때문이라고 한다. '리'는 항상 '기'를 타고 흘러다니기 때문이다.[25] 이는 앞서 언급하였듯이 본연지리는 본연지기와 결합하고, 승기지리는 소변지리와 결합한다는 것으로 설명된다. 그러므로 이러한 관점에서 보면 정암整庵 나흠순羅欽順(1465~1547)은 '리'와 '기'를 하나로 보고, 퇴계는 '리'와 '기'에 선후가 있다고 보는 문제점이 있다고 지적한다. 이들조차도 각각 정명도의 "그릇이 또한 도이고 도가 또한 그릇이다(器亦道, 道亦器)"라는 말과 주자의 "리과 기는 결단코 둘이다(理氣決是二物)"라는 말을 편파적으로 오해한 측면이 있다는 것이다.[26]

하지만 율곡은 '리'와 '기'를 하나로 보았다고 비판 받는 나흠순보다 퇴계의 잘못이 크다고 평한다. 주자가 '리'와 '기'를 둘로 나눈 것이 아닌가 의심한 것은 나흠순이 주자를 잘못 이해한 것이지만, 오히려 '리기불상리'라는 근본 원칙에 대해서는 나흠순이 제대로 이해한 것이라고 율곡은 평가한다. 하지만 퇴계는 '리'와 '기'의 '호발互發'에 집착하여 '리기불상리'라는 이기론의 대원칙을 간과하였다는 것이다.[27] 이와 같이 율곡은 리기불상리·불상잡의 균형을 잃지 않으려 하였다. 율곡이 추구하고자 했던 것은 퇴계처럼 '리'와 '기'를 선후로 나누거나 나흠순처럼 '리'와 '기'를 하나로 보지 않으면서 리기불상리·불상잡의 균형을 유지하는 것이었다.

이 때문에 율곡은 '리'와 '기'의 관계에 대하여 '리'는 '기'의 주재主宰, '기'는 '리'가 타는 것(所乘)이라고 규정하되, 둘은 하나인 것도 아니고 둘인 것도 아닌 관계, 즉 "하나이면서 둘이고 둘이면서 하나(一而二, 二而一)"인 관계라고 한다.[28] 이는 '리'와 '기'가 불상리·불상잡이라는 미묘한 관계에 있음을 말한다. 따라서 '리'와 '기' 사이의 선후를 말할 수가 없다.[29] 그리고 이러한 관계를 '리기지묘理氣之妙(리와 기의 미묘한 관계)'라고 하였다.

율곡이 주리主理·주기主氣, 리발理發·기발氣發과 같은 방식의 설명을 피하고 리기불상리·불상잡의 원리를 고수하는 기본 논리는, 현상계의 모든 사물이나 작용은 '리'와 '기'의 합으로 이루어지지만 순선純善한 '리'는 원리상으로 언제나 존재한다는 것이다. 율곡이 이렇게 주장한 것은 현실에서의 리기불상리불상잡을 고수하면서도 순선한 존재로서의 '리'를 강조하고자 했기 때문이었다.

이상과 같이 살펴보면 '리통기국理通氣局'을 중심으로 한 율곡의 이기설은 리기불상리·불상잡 원칙에 기초하여 자연의 생성·변화·운동(자연관)과 인간사회의 도덕적 이상실현(인간관·사회관)을 하나의 틀 속에서 함께 해명하려 했던 성리학적 이기론의 전개에서, 논리적 정합성이라는 측면에서 대단히 높은 수준에 이른 것이라 할 수 있다.[30]

인간의 의지

이통기국의 설명 방식은 현실에서 벌어지는 일들이 왜 선한지 혹은 악한지에 대해 이기론의 틀로 해명하는 데 유용하지만, 악이 만연한 세상을 선한 세상으로 만들어 가는 데는 무기력하다. 다시 말해서 율곡의 이기론 구조는 원리·규범인 '리'가 질료·에너지인 '기'의 다양한 성질에 따라 여러 가지 양태로 현상화되면서 세상에 선과 악의 다양한 스펙트럼이 존재한다는 '사실'을 설명하는 데는 상당히 유용하다. 그러나 이러한 이기론 체계 내에는 세상을 선한 방향으로 이끌어 갈 수 있는 동력動力 또는 동인動因을 찾을 수 없다. 내성외왕內聖外王을 목표로 하는 유학 또는 성리학은 현상을 '설명하기' 위한 이론체계가 아니라 세상을 도덕적 이상사회로 '만들기' 위한 학문이다. 현실에서 선을 확충하고 악을 억제하거나 악을 선으로 바꾸는 방법이 필요하다는 것이다. 따라서 율곡의 이기론이 단지 현상을 설명하는 데 그친다면 유학 또는 성리학으로서의 의미를 잃게 된다. 이에 율곡은 악을 선으로 회복시킬 수 있는 인간의 의지意志에 주목한다.

이것은 자연과 인간을 하나의 유기체로 보고, 만물 중에서도 인간의 역할을 강조한 율곡의 자연관을 바탕으로 한다. 율곡은 이기론 체계를 통해 인간과 우주·자연이 특별한 연관관계를 가진다고 생각한다. 물론 우주·자연이 모두 '리'와 '기'의 결합으로 이루어져 있다고 보는 성리학의 기반 위에 서 있으므로, 그의 이기론 구조는 금수초목과 인간에게 모두 적용된다. 그러나 그 중에서도 인간은 우주·자연을 구성하는 여타의 구성원들과는 다른 위치에 있다는 것이다. 그것은 우주의 구성원 중 인간이 하늘, 땅과 함께 우주의 운용을 담당하는 3대 주체 중 하나라는 유가의 전통적인 삼재설三才說을 근거로 한 것이다. 다른 존재들이 고정된 탁박한 기질을 가지고 태어나는 것과 달리, 인간은 다양한 성질의 '기'를 가지고 태어나며 스스로의 의지와 노력으로 기질을 맑고 깨끗하게 변화시킬 수 있는 능력을 가진다는 점에 율곡은 주목한다. 그는 자연과 인간사회의 현상을 불상리·불상잡의 관계에 있는 '리'와 '기'로 논리적으로 설명할 수 있다고 여겼고, 또한 그러한 현실을 변화시키는 것은 바로 인간이라고 주장하는 것이다.

그는 리통기국설을 통해 필연·당위로서 실현되어야 할 이상으로서의 '리', 유일한 보편적 이치로서의 '리'(理通)가 우주의 근원뿐만 아니라 현상계 어디(氣局)에도 존재함을 정합적으로 설명해내려고 하였다. 그리고 만물 중에서 인간의 마음은 텅빈듯하면서도 신령스러운 통찰력을 가지고 있으며 온갖 이치를 다 갖추고 있다는 데 근거하여, 인간은 스스로 혼탁하고 잡박한 '기'를 맑고 순수한 '기'로 변화시킬 수 있으며, 그러한 수양의 의지와 능력은 인간만이 가지고 있다고 보았다.³¹ 하늘과 땅은 맑고 순수한 기질만으로 만들어져 있고, 다른 금수초목들은 혼탁하고 잡박한 기질만 타고나기 때문에 그 기질을 바꿀 수가 없는 점을 고려한다면, 다양한 성질의 '기'를 타고나는 인간은 기질을 바꿀 수 있는 유일한 존재이다.

그러한 점에서 율곡은 인간의 판단과 행동이 우주·자연에도 큰 영향을 미친다고 생각하였다. 율곡의 〈천도책天道策〉은 이러한 자연과 인간의 관계를 잘 설명해 준다. 이 글은 그가 퇴계를 처음 만난 그해 겨울(1558)에 장원급제하였을 때 제출한 답안이다. 이것은 과거시험의 답안지라는 점에서 어느 정도는 출제자의 의도에 맞추어 작성되었으리라는 점을 고려해야 한다. 그럼에도 그 안에는 이기론 구조 속에서 천·지와 인간의 관계에 대한 율곡의 입장이 상당히 분명하고 논리적으로 정리되어 있다. 〈천도책〉 외에도 현재 전해지는 율곡의 여러 '책문策文'들은 성리학의 원리로 세상을 어떻게 설명하고 어떻게 바로잡을 수 있는가를 여러 측면에서 설명하고 있다. 그 시대 고급공무원시험의 문제인 책문의 주제가 그러한 것들이었다는 사실은 성리학 이론으로 세상의 선악과 공과功過를 설명하고, 그 이론으로 세상을 바로잡는 것이 당대 지식인 관료들의 보편적 관심사였음을 보여준다. 율곡은 바로 그러한 문제들에 대해 모범적인 답안으로 줄곧 높은 평가를 받았고, 거기에는 당연히 그의 관점과 입장이 담겨 있다.

율곡에 따르면, 인간은 자연을 구성하는 구성원 중에서도 천지의 '마음'에 해당하는 존재로서, 그 작용은 자연 전체에 적지 않은 영향을 주게 된다. 성왕聖王이 천하를 잘 다스릴 때는 천지의 운행도 조화롭고, 세상이 어지러울 때는 자연에 이변이 일어난다는 것이다.[32] 그러한 점에서 인간의 역할은 단지 인간들의 사회 안에 국한되는 것이 아니라 자연 전체에 영향을 미치게 된다.[33]

그런데 앞서 언급한 바와 같이, 율곡의 이기론 체계의 논리에 따를 경우에는 선과 악이 다양하게 병존하는 현상세계를 선한 방향으로 전환시킬 동인動因이 존재할 여지가 없다. 율곡에 따르면, '기'가 제멋대로 오르락내리락하며 맑아지거나 혼탁해지고 순수해지거나 잡박해지는 것은 '(기의) 자질 자체가 그러한 것(기자이機自爾)'이고, '리'는 그 원인(소이所以)이다. 불상리·불상잡 관계에 있는 '기'와 '리'의 역할은 이렇게 분명하게 구분된다. 그렇게 역할이 구분된 '리'와 '기'는 '리통기국'의 관계로 늘 함께 있다고 설명된다. 그런데 악의 존재 이유를 '기자이'에게만 돌릴 수는 없다. '기자이'의 원인(所以)이 바로 '리'이기 때문이다. '기'가 고르지 못하여 '리'를 방해하는 것은 '기'의 소행일지라도 거기에는 반드시 '리'의 주재主宰(지배적 위치에서의 통솔)가 있다. '리'가 그렇게 주재하지 않는데 '기'가 독자적으로 그렇게 할 수는 없다.[34]

그렇다면 순선한 원리·규범인 '리'가 '기'를 혼탁하거나 잡박해지도록 한다는 것인가? 존재론의 관점에서 '기'의 다양성이 현상적 다양성을 만들어 낸다는 점을 이해하고 설명하는 데만 초점을 맞춘다면 별 문제가 안 될 수도 있다. 그러나 율곡이 간과할 수 없는 것은 가치론의 관점에서 그것이 선악의 문제와 직접 연관된다는 사실이다. 순선한 '리'가 '기'의 원인 또는 주재자로서 기능함에도 불구하고 현실에는 선뿐만 아니라 악이 존재한다는 것이 해명되어야 한다. 나아가 그러한 악을 선으로 바꾸어 도덕이상사회를 만들고자 하는 성리학의 목표에도 충실해야 한다.

그래서 율곡이 주목하는 것이 인간의 '의意(의식 또는 의지)'이다. 의意는 마음의 핵심적 기능으로서 본성이 감정으로 발현될 때 정밀하게 관찰하고(精察) 따져보며 생각하는(計較商量) 역할을 한다.[35] 즉 의意는 마음의 의식적인 인식·판단·의지 기능을 가리킨다.

그런데 '의'는 감정이 드러남을 계기로 그러한 역할을 한다는 점에서 '의'의 역할은 마음의 드러남(已發)을 전제로 한다.[36] 이는 마음이 아직 드러나지 않았을 때(未發時)의 원인에서부터 사단과 칠정, 인심과 도심을 구분하려 했던 퇴계와는 다른 입장이다. 퇴계는 선한 감정과 선하지 않은 감정을 그 근원으로부터 구분하여, 마음이 아직 드러나지 않은 상황에서부터 선한 감정의 근원을 보존하고 양성하며 성찰하는 데 공부·수양의 초점을 맞추었다. 반면 율곡의 공부·수양은 감정의 발현 이후에 집중된다.

퇴계는 도덕감정이 아직 발현되지 않았을 때부터 본성(性=理)에 경건하게 집중하는 경敬의 자세를 강조하였다. 이는 본성(性=理) 자체가 완전한 원리·규범으로서 순선이 구현되도록 할 수 있는 경향성을 가지고 있다고 보았기 때문이다. 따라서 퇴계는 '리가 발현하다(理發)', '리가 움직이다(理動)', '리가 스스로 이르다(理自到)' 등의 명제를 통해 이러한 '리'의 특성에 주목하도록 하고, '리'와 그 '리'의 근원으로서의 천명天命에 대한 경외敬畏를 강조면서 '리'의 온전한 구현에 공부·수양을 집중하였다. 하지만 율곡이 주목한 의意는 자체로 선한 의식이 아니다. '의'란 감정이 드러나는 순간부터 따져보며 생각하는(計較商量) 것이므로, 그 "따져 생각해 봄이 '리'를 따르면 선한 감정이 바로 드러나므로 악한 생각이 생겨날 수 없으나, 따져 생각함이 마땅함을 잃으면 악한 생각이 일어난다."[37] 율곡에 따르면 선한 감정이란 본성(性=理)의 잠재태가 저절로 드러나는 것이 아니다. 본성이 외물에 반응하여 감정으로 드러나는 순간, '의'가 감정으로 하여금 '리'의 기준에 따라 작용하도록 함으로써 감정을 선한 방향으로 이끌어야만 선한 감정으로 온전히 드러나게 된다. 율곡이 공부·수양의 방법으로 성의誠意('의'를 진실되게 함)를 강조한 이유는 이러한 '의'가 진실로 '리'의 준칙을 따라서 작용하도록 하는 것이 도덕적 판단·행위의 관건이 되기 때문이었다.

물론 경(외)敬(畏)과 성(의)誠(意)은 성리학에서 공부의 기본자세이므로 퇴계와 율곡 모두 두 가지를 중시한다. 다만 공부·수양의 방법 면에서 두 사람을 비교할 경우 상대적으로 퇴계는 경(외)敬(畏)을 강조하고 율곡은 성(의)誠(意)을 강조한다는 것이다. 두 사람의 입장을 비교해서 평가할 때 이러한 경향은 매우 뚜렷하기 때문에 각각 경敬과 성誠으로 퇴계와 율곡의 학문적 특성을 대비하는 것은 다소 도식적이기는 하지만, 이미 학계의 통설로 자리 잡았다. 여기서 지적하고자 하는 점은 그러한 차이가 바로 리理(자연의 원리에서 비롯된 도덕적 자발성)와 의意(도덕적 판단과 의지) 중 어느 쪽에 더 주목했느냐에서 비롯된다는 것이다.

논쟁의 마무리

우계와 율곡은 열두 차례의 왕복서한을 통해 논쟁을 진행하였지만, 사실상 주목할 만한 의견 접근을 보지는 못하였다. 수개월에 걸쳐 장문의 편지가 오가면서도 실질적인 합의점을 찾지 못한 이 논쟁을 보면, 토론을 통해 상대를 설득하거나 설복시키는 것이 얼마나 어려운 일인지 절감하게 된다. 우계는 도심과 인심의 비교틀을 사단과 칠정에 적용하여 사단과 칠정을 각각 주리主理와 주기主氣 또는 '리'의 발현과 '기'의 발현으로 나누어 보는 관점에서 퇴계의 사단칠정설을 끝까지 지지하였다. 율곡은 본연지성과 기질지성의 설명틀을 사단과 칠정에 적용하여 사단과 칠정을 각각 '리만을 가리켜 말하기(專言理)'와 '기를 더불어 말하기(兼言氣)'로 보는 관점을 견지하며 퇴계의 설을 비판하였다.

물론 우계의 생각이 퇴계의 설과 완전히 일치한다고 볼 수는 없다. 우계는 도심과 사단을 주리, 인심과 칠정을 주기로 보는 퇴계의 관점에 동의하였지만, 다만 그 가리키는 바에 따라 의미상으로 주리와 주기로 나누어 볼 수 있다는 것이었다. 우계는 주리/주기의 구분을 '가리키는 바(所指)', '나아가 말하는 바(所就而言)'의 관점에 한정한다는 점에서 오히려 고봉과 같은 입장에 있었다. '비롯된 바(所從來)'의 관점을 존재론적 의미로 이해했던 고봉과 마찬가지로 우계도 '비롯된 바(所從來)'의 관점에서는 주리/주기의 구분을 적용할 수 없다고 보았다. 우계는 그러한 의미에서 고봉과 마찬가지로 퇴계가 말한 '리의 발현(理發)'을 '기가 리에 순종하여 발현함(氣之順理而發)'이라고 이해하였다.[38] 하지만 앞에서 살펴본 바와 같이 퇴계는 그러한 이해가 자신이 말한 '리의 발현'을 잘못 이해한 것이라고 고봉에게 분명하게 밝혔다.

논쟁 과정을 통해서 율곡은 '리통기국설理通氣局說', '인심도심상위종시설人心道心相爲終始說' 등을 제시하면서 학문적으로 상당한 진전을 이루었다. 이 논쟁을 거치고 나자 율곡은 비로소 퇴계의 이기심성설에 비견될 만한 학문적 입장을 갖추게 된다. 이후 퇴계와 율곡의 학문에 대한 비교 평가는 바로 이기심성설을 바탕으로 이루어진다. 그리고 16세기 조선을 대표했던 지식인 관료로서 두 사람의 학문적 차이는 곧 정치현실에서의 입장 차이로 이어진다. 그들의 정치적 입장이 가장 잘 드러나는 것은 현실 정치에서 두 사람의 행적이겠지만 그에 대해 평가하는 것은 역사학자의 몫이다. 여기서는 그러한 행적의 기반이 된 철학과 정치관을 현실 정치에 대한 그들의 저술을 통해서 확인할 것이다.

사단칠정논쟁의 이해와 평가[39]

사단칠정논쟁은 조선유학의 가장 중요한 학술논쟁 중 하나였고, 이후 조선유학의 전개에 결정적인 영향을 준 학문적 성과였다. 적어도 조선의 지식인이라면 이 논쟁에 대하여 독창적 학설은 아닐지라도, 나름의 입장과 견해를 가지고 있어야 했다. 하지만 도덕본성과 도덕감정의 문제를 '리'·'기' 개념으로 논의할 때 추상적 개념들의 관계와 역할을 명쾌하게 설명해 내는 것은 여간 어려운 일이 아니다. 당시의 유학자들은 어려움을 극복하기 위해 리理·기氣·심心·성性·정情 등의 개념과 용례를 비교·분석하며 효과적인 설명방법을 모색해 왔고, 현대 학자들도 그러한 설명방식을 이용해서 어려움을 해소하기 위해 노력해 왔다.

퇴계에게 고봉이 제기했던 대설對說/인설因說, 성호학파에서 논의되어 다산茶山 정약용丁若鏞이 정리한 전專(특수적 용법)/총總(보편적 용법), 대산大山 이상정李象靖, 한주寒洲 이진상李震相, 노백헌老柏軒 정재규鄭載圭 등이 사용했던 횡간橫看/수간竪看 등은 바로 조선시대 학자들이 제시했던 이해·설명의 틀이다. 현대 학자들도 그러한 틀을 이어받아 조선유학의 이기심성설을 설명해 왔다.

퇴계의 계승자를 자처했던 성호星湖 이익李瀷(1681~1763)에서 다산 정약용(1762~1836)까지 이어진 성호학파의 논의에서 주된 방향은 관련 개념들에 대한 분석을 통해 '리'·'기'의 용법을 '특수'와 '보편'으로 나누는 것이었다. 다산은 성호를 비롯하여 하빈河濱 신후담愼後聃, 정산貞山 이병휴李秉休 등 성호학파 선배들의 논의를 바탕으로 퇴계와 율곡의 사단칠정설을 비교하였다. 다산은 그들이 서로 다른 입장을 취하게 된 이유를 '리'·'기' 개념의 함의를 서로 달리 사용한 데서 찾았다. 퇴계는 '리'·'기'를 마음이라는 특정 영역에 적용되는 개념으로 사용하였고, 율곡은 자연 전체에 적용되는 보편적 개념으로 사용하였다는 것이다. 다산은 이를 각각 특수적 용법(전專)과 보편적 용법(총總)이라고 구분하였다. 그런데 사단칠정에 관한 논의는 인간의 마음에 관한 문제이므로, 마음의 영역에 적용되는 특수적 용법의 '리'·'기' 개념을 사용하여 사단칠정을 설명한 퇴계의 입장이 더 적절하다고 평가하였다.[40]

특수적 용법에 따른 퇴계의 리기를 '마음의 리기'라고 한다면, 보편적 용법에 따른 율곡의 리기는 '자연의 리기'라고 할 수 있다. 퇴계는 사단과 칠정의 결정적 차이는 사단이 순선純善한 데 반해 칠정은 악惡으로 흐르기 쉽다는 데 있다며, 사단·칠정의 문제를 마음의 선악 문제로 환원시켰다. 그러한 사단과 칠정을 각각 순선·완전한 '리'

와 맑고 순수하거나 혼탁하고 잡박한(청탁수박淸濁粹駁) '기'로부터 비롯되는 것이라고 구분하였는데, 이는 바로 '마음의 리기'를 이용한 가치론적 관점 위주의 설명이었다. 이에 비해 율곡은 발현하는 것은 '기'이고 발현하게 하는 원리는 '리'라는 성리학 이기론의 기본 용법을 충실히 따르면서, '자연의 리기' 개념을 활용해 사단과 칠정의 존재론적 구조에 초점을 맞춰 설명하였다.

"퇴계는 인간학적 가치면에서 리기"를 보았고, "이에 반해 율곡은 자연을 먼저 리기로 이해하고 나아가서는 그 원리로써 인간존재를 해명"[41]하였다는 배종호의 평가는 바로 성호에서 다산으로 이어진 리기의 '특수적 용법/보편적 용법' 그리고 특히 다산의 '마음의 리기/자연의 리기'라는 설명방식을 따른 것이다. 리기 개념이 갖는 중의성重意性, 그리고 그것이 심성론과 결합되고 나아가 공부·수양론과도 연계되어 사용되는 성리학의 중층적 이론구조 때문에, 이처럼 용례나 관점에 따라 리기 개념의 사용법을 대비시키는 설명의 방식은 현대 학자들에게도 유용한 점이 있다. 다산의 방식 외에도 흔히 사용되는 것으로 대설對說/인설因說, 횡간橫看/수간竪看의 방식이 있다.[42]

대설/인설은 고봉이 퇴계와 사단칠정논변을 벌이던 중 제시한 대비적 관점이다. 고봉은 대설/인설의 의미에 대해 다음과 같이 설명하였다.

"대설은 왼쪽과 오른쪽을 말하는 것과 같으니 곧 상대가 된다는 것이고, 인설은 위와 아래를 말하는 것과 같으니 곧 이어진다는 것입니다."[43]

고봉은 퇴계가 자신의 리기호발설理氣互發說을 뒷받침하기 위해 인용한 주자의 "사단은 바로 리의 발현이고 칠정은 바로 기의 발현이다"라는 설명도 대설이 아닌 인설이라고 주장하였다.[44] 즉 인설의 관점에 섰던 고봉은 사단과 칠정을 각각 '리'의 발현과 '기'의 발현으로 나누어 본 주자의 설명마저도 인설의 관점에 입각한 것이라고 주장한 것이다. 이는 물론 퇴계의 생각과 달랐지만, 퇴계는 이같은 대설/인설의 대비적 설명 방식 자체에 대해서는 별다른 이의를 제기하지 않았다.[45]

대설과 인설의 방식을 적용하면, 사단과 칠정을 각각 '리가 발현하되 기가 그것을 따른다(理發而氣隨之)', '기가 발현하되 리가 그것을 타고 있다(氣發而理乘之)'라고 나누어 보는 퇴계의 관점은 대설이다. 그리고 사단과 칠정을 모두 '기가 발현하되 리가 그것을 타고 있다(氣發而理乘之)'로 보는 고봉의 관점은 인설에 해당한다. 이는 퇴계와 고봉 각각의 사단칠정설의 특성을 선명하게 드러내 주는 설명방식이다. 이상은은 바로 이러한 설명력에 주목하여 퇴계와 고봉 사이에 전개된 사단칠정논변의 과정을 대설/인설의 구도로 상세히 정리하였다.[46]

횡간/수간은 '가로로 보기'와 '세로로 보기'라는 의미로 조선시대에 흔히 사용되었던 대비적 관점이다. 이기심성설에 적용하기 이전부터 회계장부나 물품목록 같은 표를 볼 때 흔히 사용되어 왔기 때문에 용례는 조선시대 문헌에서 헤아릴 수 없을 만큼 많이 나타난다. 당시 사람들에게 매우 익숙했던 단순한 대비 방식은 자연스럽게 이기심성설을 설명할 때도 사용되었고, 퇴계와 율곡의 사단칠정설을 대비하는 데도 적용되었다. 대산大山 이상정李象靖(1710~1781), 한주寒

洲 이진상李震相(1818~1886), 노백헌老柏軒 정재규鄭載圭(1843~1911) 등 여러 학자들이 그러한 방식을 유용하게 사용하였다. 노백헌은 횡간/수간을 다음과 같이 설명하였다.

"가로로 보면(橫看) 천지만물의 이치는 홀로 있는 것이 없고 반드시 상대가 되는 것이 있으며, 세로로 보면(竪看) 천지만물의 이치는 또한 본래 상대가 되는 것이 없다."[47]

이것은 노백헌이 '리'와 '기'의 관계를 설명하는 맥락에서 기술한 것이지만, 두 관점을 퇴계와 율곡의 사단칠정설에 적용해 보면 유용성을 쉽게 확인할 수 있다. 퇴계의 리기호발설理氣互發說은 사단과 칠정을 순선함(純善)과 악으로 흐르기 쉬움(易流於惡)으로 나란히 대비하며 그 발출의 근원을 각각 '리'와 '기'로 나눈다. 횡간의 관점은 퇴계의 사단칠정설이 사단을 리발理發(而氣隨之), 칠정을 기발氣發(而理乘之)로 서로 대비시킨다는 점을 선명하게 드러내 준다. 그리고 율곡의 기발이승일도설氣發理乘一途說은 사단과 칠정이 모두 발현하는 것은 '기'이고 발현하게 하는 원인이 되는 것은 '리'라는 동일한 구조로 구성·작용됨에 주목한 것이다. 수간의 관점은 사단과 칠정이 동일한 리기의 구조라는 율곡의 입장을 잘 보여준다. 이러한 설명 방식은 최근까지도 재활용되고 있다.[48]

대설/인설과 횡간/수간의 대비적 관점이 가진 장점은 사단과 칠정의 이기론적 구조를 공간적 배치방식으로 보여줌으로써, 사단칠정논변의 주요 쟁점을 시각적으로 도식화해서 이해할 수 있게 한다는 것이다. 우선 대설과 횡간은 사단과 칠정의 구분이 근원적으로 각각 '리'와 '기'로부터 비롯된다는 점을 강조한 퇴계의 리기호발설理氣互發說의 특성을 잘 묘사해 준다. 인설과 수간은 사단과 칠정이 모두 '리'의 주재 하에 있는 '기'의 작용을 통해 발현한다는 율곡의 기발이승일도설氣發理乘一途說의 구조를 잘 드러내 준다. 그런가 하면 대설과 횡간은 사단과 칠정이 서로 대비되는 감정이라는 퇴계의 관점을 보여주고, 인설과 수간은 칠정이 사단을 포함한다는 율곡의 입장을 잘 보여준다.

그런데 '내성외왕內聖外王'을 목적으로 하는 유학 또는 성리학에서 공부(內聖)는 사상·이념의 구현(外王)을 위한 것이다. 성리학은 도덕적 이상사회의 구현을 목적으로 하는 학문이기 때문에, 가치를 배제한 사실의 인식·판단·행위는 성리학의 관심사가 아니다. 도덕적 인식·판단·행위와 유리된 사실 분석으로서의 학문적 탐구와 논의는 유학 또는 성리학에서 무의미하다는 것이다.

오랜 옛날에 공자·맹자의 유학사상이 제시되었고, 북송北宋 시기에 그 사상에 공감하는 자들이 사상·이념의 정당성을 이론적으로 뒷받침하기 위해 이기설理氣說을 체계화하여 기반으로 삼았다. 하지만 이론의 구조를 이기설의 관점에서 대설/인설으로 설명하든 횡간/수간으로 도식화하든, 그것은 사단칠정의 논점을 대비하기 위한 설명의 틀 혹은 초학자初學者들을 위해 성리학의 이기심성설을 설명해주는 방편이었다. 또한 학자들의 관심에서 멀어졌던 이기심성설이나 사단칠정설을 현대적 언어와 논리로 설명하려 했던 근대학문의 초기 단계에서도 그러한 방식이 유용했음은 부정할 수 없다.

그러한 도식은 양측의 입장을 대립적 구도로 배치하여 설명하지만, 본래 사단칠정논쟁과 같은 성리학 논의의 쟁점은 누가 맞고 누가 틀리냐를 밝히는 것이 아니었다는 점에 유의할 필요가 있다. 특히 사단칠정논쟁은 사단과 칠정의 이기론적 구조가 어떤 것인가를 밝히려는 사실 논쟁 또는 진위 논쟁이 아니었다. 고봉은 퇴계의 호발설互發說이 '리'와 '기'를 별개의 것으로 이해하게 할 우려가 있다고 지적하였고, 퇴계는 보는 관점에 따라 서로 다른 의견이 있을 수 있지만 성리학의 본래 취지에 비추어 볼 때 자신의 설명방식이 교육·교화의 측면에서 더 유용하다고 생각이었다. 논쟁은 애초부터 한 쪽이 맞으면 다른 쪽이 틀리는 다툼이 아니라, 어느 관점이 성리학적 가치관 또는 세계관의 이해와 실천에 더 효과적이냐를 논하는 것이었다.

그렇다면 이기심성설에 대한 이해와 평가의 초점은 이기론적 구조의 분석과 비교가 아니라 어느 관점이 성리학의 목적 구현에 더 효과적인 역할을 하며 어느 것이 그 상황에서 더 적합한가에 맞춰져야 한다. 이것은 또한 현재의 관점에서 성리학을 논의하는 의의가 무엇인지에 대한 문제와도 연관된다.

퇴계, 고봉, 우계, 율곡과 같은 조선유학자들은 이기심성의 존재론적 구조를 밝히려고 논쟁한 것이 아니었다. 그들은 도덕감정의 조절 방법을 찾아서 도덕적인 삶을 구현하기 위해 논의한 것이었다. 그들은 서로의 '리'·'기' 개념이 자연·보편의 용법과 마음·특수의 용법을 겸하고 있음을 인지하면서, 그 중 주로 어떤 측면에 초점을 맞추는가에 따라서 동중유이同中有異 또는 이중유동異中有同의 관점을 택하였다.[49]

즉 사단칠정논변에 참여했던 학자들은 선과 악이라는 가치론적 기준으로 인간의 도덕감정들을 구분하는 데 초점을 맞추는 방법(同中有異)과 도덕감정들이 이기론적 구조상 동일한 기반을 가지고 있다는 데 초점을 맞추는 방법(異中有同) 중 어느 것이 사람들로 하여금 도덕감정의 성격을 이해하고 도덕적 삶을 구현하는 데 더 효과적인가를 논의한 것이었다. 또한 그들에게는 중의적 언어·개념의 사용으로 인한 이해의 난점을 피하는 것보다 사실과 가치가 분리될 수 없는 현실세계의 삶을 도덕적으로 만드는 것이 더 중요한 일이었다.

사단과 칠정에 대해 퇴계는 선악의 구분을 중심으로 그 차별성을 강조하였지만, 고봉과 율곡은 '리'·'기'의 관계와 역할을 중심으로 사단과 칠정의 이기론적 구조가 같다는 점에 주목하였다. 그럼에도 퇴계는 '리'와 '기'를 분리하는 듯한 오해를 초래해서는 안 된다는 고봉의 지적을 일부 수용하여 사단과 칠정이 리기불상리·불상잡理氣不相離·不相雜이라는 이기론의 존재론적 토대 위에 있음을 분명히 하였다. 고봉과 율곡도 사단과 칠정의 이기론적 구조가 같다는 점을 강조하면서도 도덕감정의 발현 과정에서 '리'와 '기'의 관계와 역할을 명확히 해야 순선한 도덕감정의 구현가능성을 확보할 수 있다는 점에 주목하였다. 이처럼 양측 논지의 핵심은 이들이 서로 다른 이기론적 구조로 사단칠정을 설명하였다는 것이 아니라, 서로 다른 논지 속에서도 '리'·'기'의 존재론적 구조와 도덕감정의 가치론적 조절 문제를 함께 끌고 갔다는 사실이다. 그것은 도덕규범에 존재론적 기반을 제공함으로써 도덕규범의 당위성을 존재론적 필연성의 수준으로 강화하려 했던 성리학 본래의 문제의식을 계승한 것이었다.

이 시대에 성리학의 이기심성론 또는 사단칠정론에서 배울 수 있는 것은 무엇일까? 그것은 인간과 사회의 도덕의 근거를 자연과의 질료적 동질성 및 원리적 동일성에서 구함으로써, 도덕적 삶의 규범적 당위성을 자연법칙의 필연성 수준으로 끌어올리려 했던 논의의 경험과 성과에서 찾아야 할 것이다. 그러한 논의를 통해서 이루려 했던 도덕적 이상사회 구현의 방법과 성과를 냉정하게 평가하고, 그것이 현 사회를 바람직한 방향으로 이끄는 논의에 도움이 되도록 해야 할 것이다. 다시 말해서 공맹유학에 존재론적 기반을 결합시킨 시도의 공과功過, 그렇게 이루어진 이기심성론 또는 사단칠정론들의 성과, 그것을 이념적 기반으로 하여 국가를 건설하고 법제도를 만들어 운영했던 경험, 그 경험을 다시 반영한 이론의 구축, 그러한 이론과 실천의 재생산 메커니즘을 통해 이루어졌던 사회 운영의 원리와 경험에 주목하고, 이를 통해 더 나은 사회를 위한 논의를 만들어가야 한다는 것이다.

　　퇴계와 율곡의 경우, 그러한 교훈은 그들이 이기심성론에 관한 논의를 바탕으로 그것을 현실에서 구현하려 했던 시도에서 찾을 수 있다. 여기서는 지식인관료였던 그들의 현실 정치에 대한 글들을 통하여, 그들의 정치적 행위를 뒷받침했던 정치철학에 주목한다.

7   군왕의 정치와 신하의 정치

명종明宗(재위 1545~1567)이 승하하자 조정의 공론에 따라 퇴계가 임금의 행장 짓는 일을 맡았다. 이듬해(1568) 퇴계는 선조宣祖(재위 1567~1608)의 부름을 받고 조정에 나아갔다. 경연經筵에도 여러 차례 참석하고 〈무진육조소戊辰六條疏〉도 올리면서 새 군왕에 대한 기대를 보였다. 그러나 그는 청년 군주 선조가 성군이 되기를 기원하며《성학십도聖學十圖》를 편찬해서 바치고는 고향으로 돌아가고 말았다.

2년 뒤 퇴계가 사망하자, 율곡은 부고를 듣고 곡을 하였으며 (1570), 나중에는 퇴계의 문묘종사文廟從祀를 청하기도 하였다(1581). 율곡은 퇴계 사후에도 그를 극진히 존경하였지만, 다른 한편으로는 학문적으로 퇴계와 다른 자신의 입장을 구축해 갔다. 그는 퇴계 사후 2년이 되던 해(1572)에 우계와 사단칠정설에 관해 논쟁을 벌이면서 퇴계의 견해를 비판하기도 하였다. 그로부터 3년 뒤(1575)에는 퇴계의《성학십도》와는 다른 방식으로《성학집요聖學輯要》라는 새로운 성학聖學의 교과서를 만들어 선조에게 바쳤다.

율곡은 퇴계가 《성학십도》를 처음 만들었을 때부터 구성과 내용 일부에 대해 분명하게 이견을 제기하였고,[1] 퇴계 사후에는 그 책을 대체하거나 혹은 그에 견줄 만한 성학 교과서를 만들 생각을 가졌던 듯하다. 그러나 마침내 그가 《성학집요》를 완성해서 선조에게 바쳤을 때, 선조의 곁에는 이미 퇴계의 《성학십도》가 자리 잡고 있었다. 퇴계는 《성학십도》를 바치면서 선조에게 그 책을 소책자와 병풍으로 만들어 늘 곁에 두라고 요청했었다. 율곡의 후예들은 《성학집요》가 경연經筵 과목으로 채택되도록 하기 위해 지속적인 노력을 기울였지만, 한 세기가 지난 뒤에야 뜻을 이룰 수 있었다.[2]

《성학십도》와 《성학집요》는 두 사람이 경전 학습과 학술 논쟁을 통해 축적한 학문을 바탕으로, 유학의 이상을 군왕이 현실에서 익히고 실천할 수 있는 길을 제시한 것이었다. 두 책은 모두 선조에게 바쳐진 성학의 교과서였지만, 독자가 군왕에 한정된 것은 아니었다. 유학 또는 성리학의 공부가 결국 성인이 되기 위한 점을 고려한다면, 두 책은 모든 선비들을 위한 것이기도 했다. 그러한 공부의 궁극적 목적은 배우고 익힌 학문을 현실에서 몸소 실천하며 백성들과 함께 그 길로 나아가는 데 있었다. 퇴계와 율곡의 학문적 탐구도 결국 현실 정치에서 그들이 취한 입장과 행위를 통해서 완성에 이르게 된다. 따라서 두 사람이 치열하게 파고들었던 이기심성론도 현실 정치에 대한 그들의 견해 또는 입장과 연계하여 이해하고 평가하지 않을 경우, 공허한 논의에 머물 수 있다.

실제로 그들이 남긴 편지와 상소문은 물론 수많은 시문詩文과 저술 곳곳에서 내성외왕內聖外王을 지향하는 정치철학을 엿볼 수 있다.

하지만 《성학십도》와 《성학집요》는 그 중에서도 정치에 대한 두 사람의 철학적 입장을 체계적으로 읽어낼 수 있는 가장 대표적 저작이다. 다만 이 책들이 기본적으로는 성학의 '교과서'라는 점을 고려할 때, 그들이 당시의 현실을 바라보며 제시한 시국책 또는 정책제안서 성격의 상소문들에도 관심을 기울일 필요가 있다. 그 중 가장 내용이 체계적이면서도 입장이 분명한 것은 퇴계가 말년에 선조에게 올린 〈무진육조소〉(1568)와 율곡이 역시 선조에게 올린 〈동호문답東湖問答〉(1569), 〈만언봉사萬言封事〉(1574)일 것이다. 먼저 이 세 편의 글들을 비교하며 두 사람의 문제의식을 살펴보고, 《성학십도》와 《성학집요》를 검토하며 그들의 정치철학에 비쳐진 이상과 현실을 조망해 본다.[3]

군왕과 신하

전제군주제 국가인 조선에서 군왕의 역할은 누구보다 중요하다. 하지만 군왕이 권력을 행사하고 통치행위를 하기 위해서는 신하의 역할도 반드시 필요하다. 특히 건국 과정부터 수차례의 정변政變에 이르기까지 지식인 관료들이 결정적 역할을 했던 조선에서 군왕은 신하의 조력과 견제를 받으며 국정을 이끌어가야 했다. 군왕과 신하의 역할과 관계를 설정하는 일은 조선에서 정치적 입장을 결정하는 매우 중요한 사안이었다. 퇴계와 율곡의 생각은 바로 이 점에서 분명하게 달랐고, 이들의 입장은 이후 조선의 지식인 사회와 정치 지형을 양분하는 퇴계학파와 율곡학파 또는 남인과 서인의 입장으로 이어지게 된다.

두 사람의 상소문은 이에 대한 견해 차이를 매우 선명하게 보여준다. 퇴계의 〈무진육조소〉가 군왕의 위상과 역할에 초점을 맞추어 기술된 데 반해, 율곡의 〈동호문답〉과 〈만언봉사〉는 군왕과 신하의 관계에 초점이 놓여 있다. 이같은 입장차는 두 사람의 시국에 대한 인식과 그 기반이 되는 철학적 관점 그리고 각기 처했던 개인적 상황 등에서 원인을 찾을 수 있다.

〈무진육조소〉[4]는 당시 명망이 높던 68세의 노학자 퇴계가 갓 즉위한 17세의 임금 선조에게 올린 상소문이다. 퇴계는 선조의 거듭된 부름에 무진년(1568) 7월말 조정에 들어갔고, 수차례 경연에 참석하여 강의하고 제언도 하던 중 8월초에 이 상소문을 올렸다. 그 후에도 한양에 머물면서 경연에 참석했지만, 퇴계는 결국 고향으로 돌아갈 결심을 하고 12월에 《성학십도》를 지어 바쳤다. 그리고는 이듬해(1569) 3월초에야 임금의 허락을 얻어 귀향하게 된다. 7개월 남짓 선조 곁에 머문 셈인데, 〈무진육조소〉는 청년 군주에 대한 기대와 함께 왕실과 조정의 현실을 우려하던 당시 퇴계의 생각을 담고 있다. 그 내용은 아래와 같이 여섯 조목으로 구성되었다.

첫째, 계통을 중히 하여 인仁·효孝를 다할 것.

둘째, 참소를 막아 양궁兩宮을 친하게 할 것.

셋째, 성학聖學에 힘써서 정치의 근본을 세울 것.

넷째, 도술道術을 밝혀 인심을 바로잡을 것.

다섯째, 복심腹心을 미루어 이목耳目에 통할 것.

여섯째, 성실히 수신·성찰하여 하늘의 사랑(天愛)을 받들 것.

첫째 조목은 혈통보다 왕통이 중요함을 강조한 것이다. 왕권의 정통성 확보가 당시 선조에게 가장 시급한 일이며, 그것이 통치의 근본임을 지적한 것이다.

둘째 조목은 선조가 거처하던 왕궁과 명종의 정비正妃인 인순왕후仁順王后의 궁 사이의 관계를 말한 것이다. 사람들이 두 사람 사이를 이간질하며 끼어들 여지를 만들지 말아야 한다는 것이다.

셋째 조목에서는 유학에 기반한 공부와 수양이 정치의 근본이 됨을 말하면서, 인식과 실천이 수레의 두 바퀴처럼 늘 병행되어야 함을 강조하였다.

넷째 조목에서는 임금 스스로 유학적 가치관의 모범이 되어 선왕을 본받고 인심을 바로잡으며 백성들을 교화하여 국정을 이끌어야 한다는 점을 말하였다.

다섯째 조목에서는 나라는 한 사람의 몸과 같아서 군왕은 머리, 대신大臣은 배와 가슴, 대간臺諫은 눈과 귀이므로, 군왕이 대신·대간을 잘 활용하여 정치를 해야 한다고 주장한 것이다.

여섯째 조목에서는 군왕의 자리는 하늘이 내려주는 것이며, 재이災異는 하늘이 군왕을 사랑하여 미리 경계하는 것이므로, 군왕은 하늘의 뜻을 잘 살펴 정치를 펴야 한다고 말한 것이다.

세 번째부터 여섯 번째 조목까지는 군왕에게 올리는 상소문에서 일반적으로 언급되는 것들이고, 율곡의 상소문에서도 역시 강조되는 내용이다. 그런데 첫째와 둘째 조목은 퇴계가 맨 앞에 놓아서 특별히 강조한 것으로, 이 상소문에서 가장 주목해야 할 부분이다. 이것은 바로 당시 시국에 대한 퇴계의 인식을 반영한 것이며, 그 이면에는 정치에 대한 퇴계의 철학적 관점이 놓여 있다.

"계통을 중히 하여 인仁 · 효孝를 온전하게 할 것"을 첫 번째 조목으로 내세운 것은, 선조가 중종(11대)의 서자인 덕흥군의 아들로서 명종(13대)의 뒤를 이어 조선의 14대 왕이 되었다는 사실과 관계가 있다. 선조가 서자의 아들로서 이복 삼촌인 명종의 왕위를 계승했다는 것은 언제든 정통성 논란에 휘말릴 가능성이 잠재함을 의미한다. 특히 당시는 즉위 초였으므로, 퇴계는 선조 스스로 왕통에 대해 인仁 · 효孝의 모범을 보임으로써 그러한 논란을 근본적으로 막아야 한다고 조언한 것이다. 퇴계는 "천하의 어떤 일도 군위君位의 일통一統(임금 자리를 통해 이어지는 하나의 계통)보다 중대한 것은 없다"[5]고 주장하면서, 일단 왕위를 계승하였으면 친부모에 대한 사사로운 정에 흔들려서는 안 된다며 왕통에 충실할 것을 강조하였다.

"참소를 막아 양궁兩宮을 친하게 할 것"을 제시한 둘째 조목은 당면 과제에 대한 퇴계의 문제의식을 보여준다. 이는 명종대에 수렴청정을 했던 문정왕후의 동생 윤원형이 국정을 농단했던 사실과 관계가 있다. 퇴계는 외척의 농단을 직접 겪은 사람으로서, 그러한 사태의 재발을 근절하기 위해서는 선조 당시 수렴청정하던 인순왕후와 선조 사이에 긴밀한 신뢰 관계가 구축되어야 한다는 점을 지적한 것이다.

두 조목의 기저에는 또한 모든 정치적 행위가 군왕으로부터 비롯되어야 한다는 퇴계의 철학적 입장이 놓여 있다. 당시 군주제의 정치 체제에서는 "군위의 일통"이 가장 중요하며, 왕통의 정통성을 기반으로 군왕이 왕실과 조정의 중심이 되고, 신뢰할 만한 대신 · 대간들을 활용하여 정치를 해야 한다는 것이다. 이러한 퇴계의 입장은 이 글에서 군왕의 수신修身에 대한 강조로 이어졌고, 몇 달 뒤 편찬한《성학십도》에서는 군왕의 경건한 '마음공부'라는 더 심화된 방식으로 제시된다. 훗날 예송禮訟논쟁(1659, 1674)에서 남인측이 왕통 계승의 특수성을 강조하고, 18세기에 근기남인近畿南人 계열에서 군왕 중심의 정치개혁을 주장하는 것도 이러한 퇴계의 입장을 계승한 것이다. 이러한 입장은 당시 말년에 접어들었던 퇴계의 개인적 처지와도 분리해서 생각할 수 없다. 그는 당시로서는 매우 고령인 68세였고, 생을 마감하기 2년 전이었다. 조정에서 직접 자신의 이상을 실현하기보다는 청년 군주가 잘 성장하여 성군이 되어주기를 기원할 수밖에 없었을 것이다.

관료 4, 5년차의 촉망받던 30대 선비 율곡의 입장은 달랐다. 그는 선조를 설득해서 사림士林들과 함께 새로운 시대를 열고자 했다. 하지만 율곡이 보기에 선조는 널리 의견을 구한다면서도 실제로 자신을 비롯한 신하들의 의견을 받아들이고 실행하는 데는 소극적이었다. 율곡이 두 글에서 줄곧 강조하는 것은 임금과 신하의 관계, 특히 임금이 신하를 대하는 자세와 신하 역할의 중요성이었다.

율곡의 〈동호문답〉은 퇴계가 〈무진육조소〉를 쓴 다음해에 쓴 글이므로, 역시 선조 즉위 초의 상황을 반영하고 있다. 당시 율곡은 문신들에게 주어지는 일종의 연구년인 사가독서賜暇讀書의 기회를 얻었다. 한 달 가량의 사가독서를 마친 뒤 선조에게 바친 보고서가 〈동호문답〉이다. 의욕에 넘치던 34세의 지식인 관료 율곡이 즉위 초의 청년 군주에게 바친 글이라는 점에서, 만년의 노학자 퇴계가 올린 글과는 상당히 다른 관점과 입장을 담고 있다. 총 10장으로 구성된 〈동호문답〉[6]을 일별하자면 아래와 같다.

제1장 군왕의 길을 논함

제2장 신하의 길을 논함

제3장 군주와 신하가 서로 뜻이 맞기 어려움에 대해 논함

제4장 우리나라에서 도학이 행해지지 않음에 대해 논함

제5장 우리 조정이 옛 도를 회복하지 못함에 대해 논함

제6장 오늘날의 시대상황을 논함

제7장 실질에 힘씀(務實)이 자기수양(修己)의 요체임을 논함

제8장 간신의 판별이 인재등용의 요체임을 논함

제9장 백성을 편안케 할(安民) 방안을 논함

제10장 교육의 방안을 논함

제11장 명분을 바로잡음(正名)이 통치의 근본임을 논함

율곡이 1, 2, 3장에 걸쳐 가장 강조한 것은 훌륭한 군왕도 좋은 신하를 만나지 못하면 바른 정치를 할 수 없다는 점이다. 율곡은 군왕과 신하가 서로 '잘 만나는 것'이란 "바른 도리로써 서로 신뢰하는 것"이라고 정의한다.[7] 말하자면, 유학의 가치와 이념으로 군왕과 신하가 의기투합하는 것을 뜻한다. 신하의 역할은 당시 시국에 대한 구체적 대책을 논한 9, 10장을 제외한 모든 장에서 강조된다. 마지막 장에서 "명분을 바로잡음이 통치의 근본"이라는 것도 명종대에 일어났던 윤원형 일파의 전횡과 그로 인한 사림의 희생에 대해 분명한 재평가를 요청하는 내용이다. 결국 신하의 공과에 대한 공정한 평가가 정치의 근본임을 강조하면서 글을 마무리 지은 것이다.

〈만언봉사〉도 글의 구성은 조금 다르지만, 군주와 신하의 관계에 대한 강조와 현실에 대한 대책이라는 두 가지 내용으로 이루어져 있

다. 율곡이 보기에, 정치의 핵심은 군왕이 신하를 신뢰하며 신하들의 의견을 받아들여 실질적인 정사에 힘쓰는 것이고, 이를 바탕으로 구체적인 당면과제들을 해결하는 것이었다. 이 글은 〈동호문답〉을 바친 지 5년 뒤의 것인데, 당시의 정치상황과 군왕 선조에 대해 깊어진 율곡의 실망과 우려를 엿볼 수 있다. 문제의 핵심은 신하를 신뢰하지 않는 임금과 책임감 없는 신하라는 것이 율곡의 생각이었다. 〈만언봉사〉[8]의 구성은 아래와 같다.

1. 머리말: 정치에서는 때를 아는 것(知時)이 귀중하고, 일에서는 실질에 힘쓰는 것(務實)이 긴요하다.

2-1. 시대에 맞춤(時宜): 시대에 따라 개혁하고 법을 제정하여 백성을 구제해야 한다.

2-2. 실질적 성과(實功): 일을 함에 진실성이 있어야 하고 빈말(空言)을 하지 않도록 해야 한다.

3-1 자신을 수양함(修己): 임금이 의지를 분발하고, 성학에 힘쓰며, 사사로운 정에 치우침이 없도록 하고, 현명한 선비를 가까이 해야 한다.

3-2. 백성을 편안케 함(安民): 진심으로 신하들의 충정을 얻고, 가혹한 세금 제도를 고치며, 절약과 검소를 숭상하고, 군사정책을 개혁하여 안팎의 방비를 굳건히 해야 한다.

4. 맺음말: 신의 계책을 받아들인다면, 능력 있는 자에게 맡겨서 정성과 믿음으로 실행하고 굳세고 확고하게 지켜야 한다.

여기서 '1. 머리말'과 '2-1', '2-2'에서 "때를 안다" 혹은 "시대에 따른다"는 것은 시대의 변화에 따른 개혁이 시급하다는 주장이고,

"실질에 힘쓴다"는 것은 실제로 도움이 되는 정치를 행하라는 의미이다. 내용을 보면 그간 조정에서 겪었을 율곡의 어려움을 엿볼 수 있다. 시대의 변화에 따라 개혁이 필요한데 군왕은 물론 대신들까지 개혁에 반대하고, 실질적인 정치행위를 통해서 백성들을 구제해야 하지만 그러한 성과를 볼 수 있는 정치는 제대로 행해지지 않는다는 것이다.

그런데 '2-2장'에서 실질에 힘쓰라며 제시한 구체적 내용은 대부분이 군왕과 신하의 관계와 역할에 관련된 문제들이다. 군왕과 신하 사이에 신뢰가 없고, 신하들은 일을 책임지려 하지 않는 상황인데, 군왕은 신하들의 건의를 시행하지 않을 뿐 아니라 어진 이를 등용하지도 않는다는 것이다. 〈동호문답〉에서 군왕과 신하의 관계에 대한 원론적인 주장을 펼쳤던 데 비하면, 이 글에서는 그간 율곡이 느낀 군왕 선조에 대한 실망이 생생하게 표현되어 있다. 그러한 문제의식에서 대책으로 제시한 '3-1'과 '3-2'도 결국은 군왕이 어진 선비들을 가까이하고, 진정으로 마음을 열어 여러 신하들의 충정을 얻음으로써 바람직한 정치의 실현 가능하다는 내용으로 귀결된다.

물론 간사한 이를 물리치고 어진 이를 등용하며, 사욕을 막고 인의의 정치를 펼치기 위해서는 성학에 대한 공부와 군왕 스스로의 수신이 필요하다는 점을 율곡도 지적한다. 하지만 율곡의 논지는 군왕이 신하를 신뢰하고 일을 맡겨야 하며, 신하는 그런 군왕을 믿고 진심으로 의견을 제시하고 일을 집행해야 한다는 데 초점이 맞춰져 있다. 퇴계가 시종일관 군왕의 정통성 확보와 그것을 기반으로 한 군왕 중심적 정치를 강조한 데 비해, 율곡은 사실상 군왕과 신하의 '협치協治'를 주장한 셈이다. 율곡은 더 나아가 《성학집요》(1575)에서는 군왕의 왕통王統보다 신하의 도통道統이 더 중요함을 역설하게 된다. 이러한 율곡의 입장은 17세기 예송논쟁에서 군왕도 선비의 한 사람으로 보아야 한다며 왕실 예법의 특수성을 인정하지 않으려 하는 서인 측의 관점과 18~19세기에 세도가勢道家를 형성하여 군왕의 권력을 약화시키고 지식인 관료들이 실질적인 정치적 주도권을 행사하는 서인의 입장으로 이어지게 된다.

군왕의 한 마음

퇴계는 직접 선조를 만나 아홉 차례나 경연에 참여하고 〈무진육조소〉도 바쳤지만, 새로 등극한 청년 군주가 그의 기대에는 다소 미치지 못했던 듯하다.[9] 노쇠한 자신이 직접 현실 정치에 참여하기에는 세월이 허락지 않는다는 점도 생각하지 않을 수 없었다. 다만 그는 고향으로 돌아가기 전에, 젊은 임금이 언젠가는 진정한 성군聖君이 되기를 기대하며《성학십도》를 편찬하여 바쳤다.

　《성학십도》는 성학聖學의 핵심을 열 개의 그림과 설명으로 정리한 소책자이다. '성학'이란 '성인이 되기 위한 공부'이지만, 선조의 입장에서는 '성군이 되기 위한 공부'라고 할 수 있다. 그런데《성학십도》에는 정치와 직접 관련된 내용이 담겨 있지 않다. 우주의 생성 원리와 인간 심성의 구조를 기반으로, 인간이 살아야 할 도리 그리고 그에 관한 공부와 수양의 방법을 열 개 항목으로 정리한 것이다.

　퇴계도 밝혔듯이, 우주의 본체와 그 발생으로부터 설명해 나가는 이러한 방식은 주자와 여조겸呂祖謙(1137~1181)이 편찬한《근사록

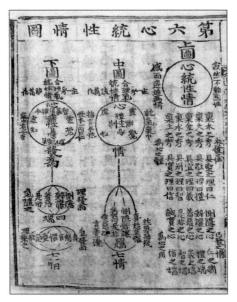

그림 7 퇴계의 《성학십도》 중 〈심통성정도〉

近思錄》(1175년 경)의 체제를 따른 것이다.[10] 하지만 《근사록》의 후반부에는 정치의 본질과 방법 등에 관한 내용이 상당 부분을 차지하는데 반해, 《성학십도》는 정치와 관련된 내용이 없이 수양론으로 끝을 맺는다.

총 10장으로 구성된 《성학십도》는 각 장마다 한 장의 그림과 그에 관한 성현의 글 그리고 퇴계의 간략한 추가설명으로 구성되어 있다. 그런데 짤막한 퇴계의 추가설명을 제외하면, 글과 그림은 거의 모두 선현들의 것을 가져다가 배열한 것이다. 그러므로 《성학십도》를 통해 전하고자 한 퇴계의 의도를 알고 싶다면, 각 장의 내용보다는 책의 전체 구성을 통해 파악해야 한다.

그는 《성학십도》의 열 개의 장을 전반부와 후반부로 나누었다.

전반부인 1~5장은 "천도天道에 근본하되 그 성과는 인륜을 밝히고 덕업에 힘쓰는 데 있고"[11], 후반부 6~10장은 "심성心性에 근원하되 그 핵심은 일상생활에서 힘써 공부하고 경외敬畏하는 마음을 키우는 데 있다"[12]라고 하였다. 그는 성학의 기반이 되어야 할 핵심 이론을 천도天道와 심성心性에 관한 것으로 파악하여 각각 1~2장과 6~7장에서 정리하고, 그것을 체득하는 방법을 각각 3~5장과 8~10장에서 설명하였다. "인륜을 밝히고 덕업에 힘쓰"며 "일상생활에서 힘써 공부하고 경외하는 마음을 키우는" 공부·수양·실천의 모든 과정은 천도와 심성에 토대를 둔 것이며, 천도와 심성은 바로 일상의 삶을 통해서 구현되어야 할 뿌리이다. 이 책에서 언급조차 되지 않은 '성군의 정치'란 아마도 그러한 공부·수양의 결과로 자연스럽게 이루어지는 일이라고 할 수 있다.

《성학십도》의 내용 가운데서 천도와 심성에 대한 퇴계의 생각을 좀더 구체적으로 확인하려면, 퇴계가 직접 보완한 〈심통성정도心統性情圖〉와 천명天命·상제上帝에 대한 경외敬畏의 자세를 강조한 수양론 부분에 주목해야 할 것이다. 〈심통성정도〉는 본래 원元나라 학자인 정복심程復心의 그림을 상도上圖로 삼고 그 아래 퇴계가 직접 중도中圖와 하도下圖를 그려서 추가한 세 개의 그림으로 구성되어 있다.

정복심의 상도는 마음 – 본성 – 감정의 기본적인 관계를 주자학의 관점에서 그림으로 정리한 것이지만, 퇴계는 그것으로 부족하다고 생각한 듯하다. 그는 마음이 본성과 감정을 통솔하는(心統性情) 이상적인 상태를 그려 중도中圖로 삼고, 선·악의 기준에 따라 도덕감정을 구분해서 보아야 한다는 자신의 사단칠정설四端七情說을 그림으로 그려서 하도下圖에 배치하였다. 중도에서는 마음에서 본성으로부터 도덕감정이 온전하게 발현되는 오로지 선善한 이상적 상태의 마음-본성-감정의 구도를 제시하고, 하도下圖에서는 본연지성本然之性(타고난 그대로의 본성)과 기질지성氣質之性(기질의 영향 아래 있는 본성)이라는 양면적 성격을 가진 본성으로부터 발현되는 감정을 순선한 도덕감정인 사단四端과 악하게 되기 쉬운 도덕감정인 칠정七情으로 구분하여 그려 놓았다.

《성학십도》의 목적은 범인凡人으로 태어난 군왕이 공부·수양을 통하여 성군聖君이 되도록 하려는 것이라는 사실을 고려한다면, 퇴계가 강조하려는 초점은 하도下圖에 있다고 볼 수 있다. 그의 사단칠정설의 핵심은 선악을 기준으로 도덕감정을 구분해서 인간이 지향해야 할 방향을 분명히 해야 한다는 것이었다. 그는 "요컨대 '리'와 '기'를 겸하고 본성과 감정을 통괄하는 것은 마음(心)이고, 본성이 발현하여 감정이 되는 순간이 바로 한 마음의 미세한 조짐(幾微)이자 온갖 변화의 핵심으로서, 선과 악이 이로부터 비롯되어 나누어진다"[13]라고 설명하며, 도덕본성이 발현하여 감정이 되기 이전(未發時)부터 '경敬'의 자세로 마음을 보존하고 본성을 확충하는 공부를 깊게 할 것을 주장하였다.[14]

공부와 수양의 기본자세로서 '경'을 강조하는 것은 퇴계의 일관된 입장이지만, 특히 《성학십도》의 마무리를 상제上帝와 도道에 대한 경외敬畏의 강조로 끝맺는다는 점에 주목할 필요가 있다.[15] 리理·도道·태극太極을 천명天命의 유행流行이라고 보았던 퇴계의 입장에서 상제와 도란 곧 '리'의 다른 이름이기도 하다. 존재의 근원으로부터 우주·자연을 가득 채우며 도도히 흐르고 있는 보편적 원리·규범으로서의 리理는 주자학에서 인간의 도덕적 본성으로 내면화된 것(性即

理)으로 설명된다. 그런데 퇴계는 다른 한편으로 리理의 원천인 상제를 외적 대상으로 여기고 늘 공경하고 두려워하는 자세를 가짐으로써 성학을 온전히 실천해 나갈 수 있다고 생각하였다.

'경'은 퇴계의 공부·수양론에서 핵심이 되는 개념이다. 주자학에서 '경'은 "주일무적主一無適", "정제엄숙整齊嚴肅", "상성성常醒醒" 등으로 해석되지만 본래 '경'은 신을 대하는 경건한 자세를 의미한다. 그러므로 '경'이란 경건하고 엄숙하고 두려워하는 자세로 오로지 신에 대해 집중한다는 의미로 이해할 수 있다. 그러한 점에서 '경'은 이미 두려움(畏)의 의미를 내포하고 있다. 경건한 자세로 집중한다는 점에서 그 대상을 보편적 이법으로서의 '리'·'도'로 이해하든 인격천人格天으로서의 '상제'으로 여기든 크게 다를 바가 없을 것이다.

선진유가의 문헌에서 자주 등장하던 인격신적 의미의 상제上帝·천天은 공자·맹자를 거쳐 성리학이 형성되면서 리理·태극太極·도道 등의 추상적 개념으로 대체되어 왔다. 퇴계는 바로 그러한 '리'의 역할을 누구보다 강조한 학자였다. 그러나 퇴계 당시까지도 사람들 사이에서 인격신적 의미의 상제는 여전히 존중되고 있었고, 퇴계는 '리'의 역할에 대해 재해석하는 한편 상제에 대한 경외敬畏도 강조하면서 두 가지 입장을 병존시켰다. 이는 퇴계의 철학체계에서 모순적인 것으로 비판될 수도 있지만, 퇴계는 '리'를 통한 내적 수양과 상제를 통한 외적 경계를 병존시키는 것이 도덕적 이상의 구현에 효과적이라고 생각했던 듯하다.[16]

'리'의 구현을 방해하는 기질氣質을 정화淨化하는 데 공부·수양의 초점을 맞췄던 율곡과 달리, 퇴계의 관심은 리理(=성性=도道=천명天命=상제上帝) 자체에 모아졌다. 마음이 아직 발현하지 않은(未發) 상태에서 이미 발현한(已發) 상황에 이르기까지 리理(=성性=도道=천명天命=상제上帝) 그 자체에 '경'의 자세로 집중하는 것이 도덕적 본성·규범을 구현하는 가장 효과적인 방법이라는 것이다. 그리고 그렇게 공부·수양하는 것이 바로 성인이 되는 최상의 길이며, 성인이 행하는 정치란 바로 그러한 공부·수양의 결과로 이루어진다는 것이다.

이렇게 본다면 퇴계가 현실에서 정치 운영의 중심이라고 할 수 있는 군왕의 공부·수양에 초점을 맞춰서 《성학십도》를 편찬한 이유를 알 수 있다. 그는 〈성학십도를 올리는 글〉에서 다음과 같이 말하였다.

"군주의 한 마음은 온갖 일이 말미암는 곳이요 수많은 책임이 모이는 곳이며, 여러 욕구들이 서로 공격하고 많은 사특함이 번갈아 뚫고 들어오는 곳입니다. 한 번이라도 태만·소홀·방종이 이어지게 되면 산이 무너지고 바닷물이 쏠어가듯이 될 것이니, 누가 그것을 막을 수 있겠습니까?"[17]

퇴계에게서 정치의 핵심은 정치체제의 중심이라고 할 수 있는 군왕, 그 중에서도 '리'가 자리잡고 있는 군왕의 마음을 어떻게 잘 보존하고 키우고 성찰하느냐(存養省察)에 달려 있다. 그는 바로 《성학십도》를 통해서, 군왕이 악惡으로 기울 수 있는 주변적 요소에 신경을 쓰기보다는, 한 순간도 흐트러짐 없이 경외의 자세로 자연과 사회의 보편원리이자 도덕규범인 리理(=성性=도道=천명天命=상제上帝)를 온전히 보존하는 데 집중하여 그것이 세상에 자연스럽게 확산되도록 하는 것이 가장 이상적인 성인의 삶이자 성군의 정치라는 그의 정치관을 제시하였다.

왕통과 도통

《성학십도》에 비한다면 율곡의 《성학집요》는 수기修己부터 정치의
원리와 방법까지, 상대적으로 상당히 구체적인 실행의 방법을 담고
있다. 《대학》의 8조목 중 수신修身, 제가齊家, 치국治國, 평천하平天下를
구성의 기본틀로 삼았다는 점에서 이 책은 정치의 근본원리에 대한
탐구보다는 이를 실천하는 과정에 초점을 맞추고 있다. 그런데 율곡
은 《대학》이 방대한 사서육경四書六經의 핵심을 배울 수 있는 방법을
담은 책이긴 하지만 너무 간략하다고 여겼다. 그는 《대학》의 간결함
을 보완할 책으로 진덕수眞德秀가 편찬한 《대학연의大學衍義》를 높이
평가하였지만, 도리어 "권수가 너무 많고 문장이 산만하여, 사건의
경과를 기술한 역사책과 같고 실질적인 학문의 체제가 아니다"[18]라
고 비판하였다. 율곡은 《대학》처럼 체계를 갖추면서도 《대학연의》
보다는 요령 있게 설명을 추가한 새로운 성학의 교과서를 편찬해 보
려는 생각을 가졌고, 그렇게 만들어진 책이 바로 《성학집요》이다.

　《성학집요》는 편찬 의도에서부터 수신修身과 마음공부에 집중했
던 퇴계의 《성학십도》와 달리, 제가·치국·평천하까지 아우르는 성
학 교과서를 염두에 두고 있었다. 그 의도는 책의 구성에서도 분명하
게 드러나 있어서, 내용은 '수기修己'-'정가正家'-'위정爲政'의 차례로
되어 있다. 마지막 장에는 '성현도통聖賢道統'을 넣어 성인의 정치가
복희伏羲로부터 공자를 거쳐 주자로 이어지는 학문에 기반해야 한다

는 점을 강조하였다.

하지만 율곡의 경우에도 가장 비중을 둔 내용은 분량이나 논의의 깊이로 볼 때 '수기'의 부분이라고 할 수 있다. 그것은 치국·평천하가 통치자의 도덕적 공부·수양으로부터 비롯되어 가정 → 마을 → 국가 → 천하로 확산되는 것이라는 데는 퇴계와 율곡에게 차이가 없었기 때문일 것이다. 퇴계의 《성학십도》만큼은 아니지만, 《성학집요》도 거의 절반이 상·중·하로 구성된 '수기'의 장이다. 다만 리理(＝성性＝도道＝천명天命＝상제上帝)의 온전한 보존과 구현에 초점을 맞췄던 퇴계와 달리, 율곡의 '수기'에서 가장 중요하게 여겨진 방법은 기질氣質의 변화였다.

율곡은 학문을 통해서 기질을 변화시킬 수 있음을 강조하면서, 학문의 일차적 목적이 기질을 변화시키는 데 있다고 주장하였다. 그는 《논어》를 열심히 읽으면 난폭한 성품도 온화하게 변화하고, 욕망을 멀리하고 공부를 열심히 하다 보면 근골筋骨과 용모까지 좋아진다는 사례를 제시하면서 기질의 변화를 위한 공부를 강조하였다.[19] 또한 학문을 하는 사람으로서 기질을 변화시키는 사람을 아직 만나지 못하였다면, 그것은 공부의 방법이 잘못되었기 때문이라고 주장하였다.[20]

그런데 율곡이 기질을 바로잡는 일(矯氣質) 이전에 '수기'의 첫 항목으로 제시하는 것이 '입지立志(뜻을 세움)'라는 점에 주목할 필요가 있다. 율곡에 따르면 공부를 시작할 때 가장 먼저 해야 할 것이 바로 뜻을 세우는 일이다. 즉, 공부의 목표를 먼저 분명하게 세우라는 것인데, 이것은 군왕에게만 해당되는 일은 아니다. 그가 《성학집요》를 완성한 뒤 2년 후에 초학자들을 위해 지은 공부지침서인 《격몽요결

擊蒙要訣》(1577)에서도 공부의 첫 걸음으로 '입지'를 제시하였다.

율곡에 따르면, '입지立志'에서의 '지志'란 의意의 방향이 정해진 것이다. 즉, 본성으로부터 감정(情)이 발현되면 헤아리고 비교하고 따져보며 생각하는(計較商量) 의意의 작용이 이루어지고, 그에 따라 마음의 지향점이 정해진 것이 지志이다. 물론 이러한 도덕적 감정과 판정은 대부분 매우 짧은 순간이 이루어지므로, 정情·의意·지志의 순서를 일률적으로 규정하는 것은 어려운 일이다. 하지만 율곡은 설명의 편의상 순서를 정해 본다면 정情 → 의意 → 지志의 순서로 나누어 볼 수 있다고 하였다.[21] 이러한 정·의·지의 역할을 통해 기질의 변화가 이루어진다는 것이며, 바로 이 기질변화에 율곡이 말하는 수신-제가-치국-평천하라는 성학의 관건이 있고 성인 정치의 핵심이 있다는 것이다. 다시 말하면, 결국 인간의 의意·지志가 기질을 정화하여 '리'의 이념을 구현한다는 것이고, 군왕의 학습은 개인의 공부·수양 차원에서, 군왕의 정치는 정치현실의 차원에서 그것을 실천하는 것이다. 그리고 개인의 차원이든 정치의 차원이든 궁극적으로는 성인이 되어 성인의 이상을 구현할 것을 목표로 삼는 것이 바로 '입지'이다.

퇴계는 군왕의 한 마음(一心)과 그 안의 본성(性卽理)의 공부·수양에 성학의 초점을 맞추고 그렇게 수양된 한 마음의 본성(性卽理)으로부터 도덕성이 발현되어 세상으로 확산되도록 하는 것을 이상적인 정치로 보았다. 하지만 율곡은 군왕을 정치에서의 '리'로 보고 주변을 둘러싸고 있는 관리들을 '기질'로 보았다. 그는 훌륭한 인재들이 군왕을 둘러싼 기질이 되도록 함으로써 순선·완전한 중심으로서의 군왕(=理)의 이상이 구현되도록 하는 것이 정치의 관건이라고 주장하였다.

"신이 생각건대, 제왕의 학문은 기질을 변화시키는 것보다 더 절실한
것이 없고, 제왕의 정치는 진실하고 현명한 인재를 추천 받아 등용하는
것보다 더 시급한 일이 없습니다. 기질을 변화시키는 일은 병을 살펴서
약을 쓰듯이 해야 성공하고, 진실하고 현명한 인재를 추천 받아 쓰는
일은 위아래가 틈이 없어야 성공합니다."[22]

율곡은 제왕의 학문의 관건은 기질을 변화시키는 것이고, 제왕의
정치의 최우선은 진실하고 현명한 인재를 등용하는 것이라고 하였
다. '기질변화'의 관점에서 본다면, 기질을 변화시키는 제왕의 학문
은 개인적 차원의 공부·수양이고, 어진 이를 등용하는 제왕의 정치
는 제왕이라는 '국가의 리' 주변의 기질을 변화시키는 것이라고 할
수 있다. 개인적 차원에서의 공부·수양과 마찬가지로 정치에서도
중요한 것은 도덕적 이상이 구현될 수 있는 환경을 조성하는 일이라
는 것이다. 율곡이 꿈꿨던 군신협치君臣協治의 이상을 이기론의 형식
으로 제시한 것이다.

또 한 가지 주목할 것은 《성학집요》의 마지막 절에 배치한 '성현
도통聖賢道統'이다. 이것은 그가 기준으로 삼았던 《대학》의 체제와 무
관하게 율곡이 자신의 의도에 따라 추가한 것이다. 그런데 '성현도
통'에서 강조된 것은 '왕통王統'이 아니라 복희伏羲로부터 주공周公,
공자, 맹자를 거쳐 주자로 이어지는 '도통道統'이다. 율곡도 정치에
서 군왕의 한 마음(一心)이 매우 중요하다는 점을 부정하는 것은 아니
다.[23] 하지만 그는 왕통이 세습제로 정해진 이후에는 반드시 현자와

성인을 얻어서 도움을 받음으로써 도道의 전승을 잃지 않았다는 점을 지적한다.[24] 이것은 선양禪讓에서 세습世襲으로 왕통의 계승 방식이 바뀐 뒤에는 군왕 못지않게 군왕 주변의 관리들의 역할이 중요해졌다는 것이다.[25] 관리들은 도통을 가짐으로써 왕권을 도우며 견제할 수 있게 된다. 〈동호문답〉과 〈만언봉사〉에서 군왕에게 신하를 신뢰할 것을 호소하고 사실상 군왕과 신하의 협치를 주장했던 데서 더 나아가, 통치권력의 정통성이 군왕의 왕통보다 신하의 도통에 있다는 생각을 드러낸 것이다.

기질 변화를 공부와 정치의 관건으로 보는 율곡의 입장에서 본다면, 사실상 왕통을 가진 군왕보다 도통을 가진 신하들의 역할이 더욱 중요해진다. 성군의 정치가 이루어지기 위해서는 군왕이 기반으로 해야 할 학문이 도통을 계승한 주자학이어야 할 뿐 아니라, 주변에 도통을 계승한 신하들이 있어야만 한다. 물론 학문적·이념적 정통성에 근거해서 군왕의 현실권력을 견제하려 했던 것은 주자와 퇴계를 포함한 주자학 계통의 지식인 모두에 해당한다. 특히 퇴계는 서원書院을 진리탐구의 공간이자 진리와 도통에 근거한 공론의 장으로 만들어 중앙의 권력에 대한 견제를 시도하였고 그것은 조선의 전통으로 이어졌다.[26] 하지만 퇴계의 《성학십도》에 제시된 성학의 구현 방식에 따른다면, 그러한 견제 방식은 군왕 자신의 한 마음에 기초한 공부·정치에 대해 보조적인 역할일 뿐이다.

그러나 율곡은 퇴계의 그러한 정신과 방법을 계승하면서, 군왕 주변에 도통에 기반한 성인 또는 현자들이 왕통을 보좌하고 견제하는 역할을 더욱 중요하게 보았다. 따라서 군왕 권위와 힘은 주변의 기질, 즉 도통을 계승한 인재들에 의해 구현되고 견제된다. 물론 이러한 인재들이 주변에 모이도록 하는 데는 군왕의 의지(意志)가 결정적인 역할을 한다는 점에서, 왕통에 기반한 군왕의 '의지'와 도통에 기반한 주변 신하들의 헌신은 성군(聖君)의 정치를 함께 완성시킨다.

군왕의 마음과 신하의 도통

퇴계와 율곡은 조선을 성리학의 이념 위에서 기획하고 만들고 운영해 온 지식인들의 후예였다. 그들은 어린 시절부터 성리학을 배우고 익히며 자신들이 나라를 이끄는 주체라고 여긴 지식인이었다. 그들은 이기론·심성론 같은 형이상학부터 수양론·정치철학 같은 응용 이론에 이르기까지 학술적 논의를 선도한 학자였다. 또한 일상에서 시를 읊었던 시인이었고, 현실정치에 직접 참여한 관료이자 정치가였다.

두 사람은 학문적으로나 정치적으로 매우 대조적 혹은 대립적인 관계로 평가되어 왔지만, 어느 모로 보나 두 사람이 공유했던 영역은 그들의 차이점을 압도한다. 유학적 가치관, 성리학적 학문 기반과 세계관 그리고 정치적 이상 등이 모두 그러하다. 다만 이기심성론 영역에서의 차이에 주목할 경우에 율곡이 퇴계의 학설을 비판한 것은 분명한 사실이다. 그 학술적 비판은 정치 영역에서의 붕당朋黨 구도와 맞물리면서 배타적 성격으로 재해석되었고, 그들에 대한 대립적 평가는 확대재생산되었다. 물론 대립적 혹은 배타적 관계가 조선에서 오랜 세월 동안 학문과 정치 분야에 큰 영향을 주었다는 점을 부인할 수는 없다. 그러나 그들의 공유영역에 대한 고려가 전제될 때 대립적 관계가 형성된 원인과 공과를 공정하게 파악할 수 있다.

이 책에서는 그들이 공동의 기반을 가지고 있으면서도 서로 다른 학문적·정치적 선택을 하게 된 과정을 추적하였다. 그들 사이에 오간 편지와 문답은 이를 확인할 수 있는 좋은 자료였다. 율곡이 퇴계의 그늘에서 벗어나 자신의 학설을 세우고 조정의 정치에 참여하면서, 둘 사이의 학술적 견해차는 정치관의 차이로도 드러나게 되었다. 두 사람 사이에 철학적·정치적 입장의 차이는 오랜 시간 서로 교류하는 가운데 형성되었다. 그것은 두 사람이 주고받은 문답, 두 사람이 각각 진행했던 사단칠정논쟁, 그리고 정치 관련 저술 등에서 드러난 두 사람의 학문적 견해를 통해 확인할 수 있다.

글을 읽을 때 퇴계는 전체 맥락에서 필자의 의도를 이해하는 데 주력하였고, 율곡은 분석적·논리적으로 내용을 파고들며 날카로운 비평을 가하였다. 퇴계는 이해의 편의를 위해 전체의 맥락 속에서 차이점을 비교하며 쉽게 설명하는 방법을 사용하였지만, 율곡은 하나의 일관된 체계 속에서 자연·사회·인간 전체를 인과적으로 설명하는 방법을 선호하였다. 퇴계가 일반 언어로는 설명하기 어려운 영역에 대한 성찰을 통해 언어를 넘어서는 실상을 드러내고자 하였던 데 비해, 율곡은 형이상과 형이하의 영역, 자연과 인간의 영역을 하나의 체계로 정리하여 명료한 언어로 설명해 내고 싶어 하였다. 퇴계는 상대가 왜 그런 주장을 하는지에 대해 이해하고 조언하며 설득하려 했던 데 비해, 율곡은 자신의 생각을 교과서처럼 명쾌하게 정리하며 자기주장을 펼쳤다. 퇴계가 자신과 같은 일반인은 성인과 같은 경지에 이르기 어렵다고 생각했던 데 반해, 율곡은 자신과 같은 사람도 노력하면 성인이 될 수 있다고 믿었던 것을 보면, 두 사람의 성품과 성향이 본래부터 달랐던 점도 있었던 듯하다.

그들은 유학과 성리학이라는 공통의 학문 기반과 가치관을 가지고 있었고, 오랜 세월에 걸친 문답과 토론을 통해서 서로 영향을 주고받았다. 다만 연배 차이나 학문적 성숙도로 보아 퇴계가 율곡에게 준 영향이 더 컸던 것은 부정할 수 없다. 그들이 처음 만난 1558년은 퇴계가 풍기군수에서 물러나 고향에서 학문에 주력한 지 10년이 되던 해였다. 완숙된 자신의 학문적 성과를 세상에 본격적으로 드러내기 시작하던 시기였다. 율곡으로서는 유학 경전을 깊이 천착하면서 다른 한편으로는 과거도 준비하던 때였으니, 공부 과정에서 퇴계에게 묻고 배울 점이 많을 수밖에 없었다. 두 사람 사이에 오고간 편지에서 이루어진 논의들이 이후 율곡의 철학에서 의미 있는 진전을 이루게 됨도 확인할 수 있다. 인심人心·도심道心의 수양은 마음이 고요할 때보다는 마음이 작용할 때 이루어져야 한다는 것이나, 진리를 인식할 수 있는 인간의 지각과 물리적 대상을 인식하는 동물의 지각을 구분해야 한다는 것, 그리고 의식적·의도적인 수양의 층위와 역할에 대한 생각 등이 모두 퇴계와의 문답을 통해 논의된 것들이었다. 이러한 논의를 바탕으로 율곡은 자신의 학문을 구축하며 정치적 입장을 세워갔고, 결국 퇴계와 다른 길을 가게 되었다.

퇴계는 사단칠정에 관한 논의 과정에서 인간의 도덕적 감정·판단·행위의 원천을 명확하게 드러내려 하였다. 물론 주자가 이미 도덕감정의 근거를 자연의 이치와 일치하는 본성(性卽理)이라고 규정하였고, '본성이 발현하여 감정이 된다(性發爲情)'는 명제로 본성과 감정의 관계를 정리하였다. 하지만 퇴계가 보기에, 그것만으로는 도덕적 감정·판단·행위를 만들어 내는 도덕 성향의 추동력을 설명할 수 없었다. 퇴계는 이기론의 관점에서 볼 때, 실질적인 작용을 하는 것은 '기'이지만 그러한 '기'의 작용을 가능하게 하는 원인이 되는 것은 '리'라는 점에 주목하고, '리'의 형이상학적 역동성을 설명하기 위해 '리가 발현한다(理發)', '리가 스스로 이른다(理自到)'라는 주장을 하게 된다. 이는 현상 세계에서 물체의 작용을 기술하기 위해 만들어진 어휘들을 '리'라는 추상개념의 술어로 사용한 것이라는 점에서 논란의 소지가 있었지만, '기'를 실제로 작용하게 하는 '리'의 역할을 언어로 생생하게 드러내기 위한 것이었다. 퇴계는 보편의 이치로서의 '리'와 일치하는 인간 본성의 순선한 도덕적 성향, 그리고 도덕적 성향을 현실화시키는 자발적인 형이상학적 충동을 설명하려 했던 듯하다. 도덕적 감정·판단·행위의 발현 과정에서 '리'의 작용이란 '기'의 작용과 같은 물리적 작용은 아니지만, 물리적 작용을 가능하게 하는 이른바 '형이상학적 도덕 충동'이라고 할 수 있다. 퇴계가 보기에, 그것을 간과하고 그 모든 작용을 '기'의 역할로만 이해할 경우에, '리'는 사실상 '죽은 것(死物)'으로 이해될 수 있다는 점을 우려하였다. 도덕적으로 선한 삶이란 바로 이 본성(性卽理)의 형이상학적 충동이 외적 환경에 의해 억제되거나 왜곡되지 않고 자연스럽게 분출되도록 하는 것이라고 퇴계는 생각하였다.

퇴계의 관점에서 볼 때, 개인의 영역에서 수양은 마음의 발현 이전(未發時)에 순수한 '리'로서의 본성의 잠재력을 양성하는 데 집중해야 한다. 그러한 원리를 정치영역에 적용할 경우, 공부와 수양은 바로 모든 통치행위의 출발점인 군왕의 마음공부에 초점을 맞추게 된다. 퇴계가 줄곧 강조하였던 군왕의 마음의 중요성, 마음을 온전히 양성하기 위한 교육과 훈련 그리고 숱한 유혹으로부터 군왕의 마음을 지켜내기 위한 온갖 견제장치 등은 바로 이러한 그의 철학과 정치관에서 비롯되었다.

율곡도 자연의 이치(理)와 일치하는 인간 본성(性)의 순선한 완전성에 대해 퇴계 못지않게 확신을 가지고 있었다. 하지만 율곡은 자연의 이치나 인간 본성은 형이상의 영역에 있기 때문에 인간이 자의에 의해 가감하거나 조절할 수 없다고 보고, 이치와 본성이 현상으로 드러나는 순간 이후에 인간이 자신의 의지에 의해 조정하는 방법을 찾으려 하였다. 그러한 관점으로 인해, 우계와의 사단칠정 논쟁에서도 본성과 감정의 관계보다는 감정이 발현된 이후에 그 감정을 어떻게 바른 방향으로 조정할 수 있는가에 관심을 기울이게 되었다. 이로 인해 그의 논의는 인심도심의 문제, 즉 도심으로 드러난 마음을 어떻게 일관되게 유지할 것이며, 인심으로 드러난 마음을 어떻게 도심으로 전환시킬 수 있는가 하는 문제로 나아갔다. 또한 보편의 자연원리로서의 순선·완전한 '리'에 대해서는 자의적인 가공을 할 수 없으므로, 인간의 의지에 의해 '리'를 둘러싸고 있는 '기'를 맑고 순수하게 변화시킴으로써 '리'의 순선·완전한 특성이 최대한 드러나도록 하는 데 공부와 수양을 집중하게 되었다.

율곡의 경우에 개인 영역에서의 공부·수양이란 스스로의 의지로 자신의 '기'를 정화함으로써 '기'로 인해 왜곡된 '리' 또는 본성을 온전히 드러내고, 이를 통해 마음의 작용을 바른 방향으로 이끄는 것이었다. 그리고 정치의 영역에서는 군왕의 주변에 양질의 신하들이 모여 국정에 참여하도록 함으로써 군왕이 본래의 역할을 다하도록 하는 것이 가장 이상적인 정치방식이라고 생각하였다. 그러한 의미에서 군왕과 신하의 관계는 바로 '리'와 '기'의 관계와 같은 것으로 해석되었다. 율곡은 사림이 복귀하던 시기에 조정에 진출하여 신하의 역할을 강조하며 사실상 군왕과 신하의 협치를 기대하였다. 나아가 혈통에 근거한 군왕의 왕통보다 성리학의 도통을 계승한 지식인 관료의 철학적·이념적 정통성을 우위에 둠으로써 도덕이상국가를 실질적으로 구현하고자 하였다.

군주제 국가에서 정치는 군왕과 관료가 하기 마련이다. 유학의 이상대로 왕도王道정치, 인정仁政, 덕치德治가 이루어지기 위해서는 군왕의 정서·판단·행위가 언제나 국가의 공익과 일치하도록 하기 위해 부단한 공부와 수양이 필요하다. 누구보다도 막강한 권력을 가진 군왕에게는 사방에서 온갖 유혹이 몰려들기 마련이기에, 군왕 자신의 부단한 수신이 없이 그러한 유혹을 물리치고 바른 판단력을 유지하는 것은 불가능하다. 단지 합리적·이성적 판단 능력을 키워서 되는 일이 아니라 깊은 내면으로부터 우러나오는 자발적인 도덕적 정서에서 비롯되는 것이어야 한다고 퇴계는 생각했던 듯하다. 퇴계는 군왕의 역할을 강조하면서, 군왕의 바른 정서·판단·행위가 자연의 이치와 일치하는 도덕본성의 형이상학적 도덕충동으로부터 비롯된다고 설명함으로써, 도덕의 잠재력과 실현 가능성에 대한 확신을 가지고 도덕적 삶과 도덕국가의 이상을 실현하는 길을 제시하였다.

한편 신하는 군왕을 대리하여 정책을 만들고 집행하기 위하여 권력을 일부 위임 받는다. 위임 받은 권력이지만 관료의 권력은 일반인들의 생활에 결정적 영향을 줄 만큼 강력하다. 권력은 관료 개인의 능력을 훨씬 능가하지만, 그러한 권력을 위임 받은 것은 바로 그 권력을 행사하여 최대한 공익에 봉사하도록 하기 위한 것이다. 하지만 관료 역시 권력을 사적 이익을 위해 이용할 수 있는 많은 유혹에 노출되어 있다. 유혹을 이기고 공익만을 위해 권력을 사용하도록 하기 위해서는 군왕 못지않은 수신이 필수적이다. 군왕이 신하들의 의견을 잘 취사선택하여 국정을 이끌기를 기대했던 율곡은 적극적인 정책 실천 의지를 보이지 않는 선조의 모습을 보면서, 능력에 의해 선발되고 추천된 지식인관료들에게 더 많은 권한이 주어져야 한다고 생각한 듯하다. 그래서 그는 혈통에 근거한 군왕의 왕통보다 성리학의 도통에 더 정통성이 있다는 내용을 담은 성학 교과서를 만들어 선조에게 바쳤다.

앞서 말했듯이 군주제 국가에서 통치는 군왕과 신하가 한다. 군왕은 국정의 방향을 결정하며 신하를 선택하고, 신하의 정책을 선택한다. 신하는 군왕의 뜻을 받들어 정책을 만들고 정책을 집행한다. 국정의 방향과 정책은 최종적으로 군왕이 결정하지만, 실제로 그 과정에서 군왕과 신하 중 어느 쪽이 더 결정적인 역할을 하는지는 정치상황에 따라 다를 수 있다. 군왕과 신하의 권력은 국가를 안전하고 풍요롭게 이끌도록 하기 위한 것이지만 그들이 권력을 사익을 위해 오용하거나 남용할 가능성은 언제든 존재하며, 그렇게 하도록 하려는 유혹도 곳곳에 산재한다. 그것을 막기 위해 여러 가지 제도적 장치들을 마련하지만, 현실의 변수들을 제도로 다 통제할 수는 없다. 법과 제도는 극단의 상황을 막기 위한 최저 수준의 통제장치일 뿐이다. 결국 권력을 감당할 만한 능력과 자제력을 가진 자들을 기르고 선별하고 재평가할 수 있어야 하고, 성리학은 그러한 능력을 어린 시절부터 배우고 익히도록 조절하도록 설계된 군자의 학문이다. 퇴계와 율곡이 이기심성에 관한 논의에 관심을 기울인 것은 인간의 성향을 이해하고 조절·양성하는 교육과 훈련이 있어야 인재를 기르고 선발하고 평가 및 견제할 수 있기 때문이다. 교육과 훈련 그리고 견제는 군왕과 신하 모두에게 필요한 것이었다. 퇴계와 율곡은 각자가 처했던 정치적·개인적 상황 속에서 군왕의 역할을 강조하거나 신하의 역할을 강조하는 방향을 선택하였다. 그리고 그러한 군왕과 신하의 상호견제에 의한 정치체제는 이후 조선의 역사를 이끌어갔다.

그들이 세상을 떠난 지 오래지 않아 임진왜란이 일어났고(1592), 그들이 자신들의 생각대로 바르고 굳건한 나라를 만들지 못했음이 드러났다. 하지만 그 후 안팎으로 수차례의 위기를 겪으면서도, 300여 년의 세월 동안 조선이라는 나라가 존속할 수 있었던 데에는 두 사람이 세운 학문과 정치의 틀이 적잖은 기여를 하였다. 조선이 꼭 그렇게 오래도록 존속했어야만 했는가를 묻는다면, 그 책임과 공과 역시 두 사람이 상당 부분을 감당할 수밖에 없다.

부록	한국유학의 쟁점과 퇴계·율곡의 위상

퇴계와 율곡이 활동했던 시기는 성리학이 국가와 사회의 철학·이념으로서 지배적인 영향을 미치던 시기였다. 이 시기는 한반도에서 고구려·백제·신라의 삼국시대, 통일신라와 발해의 남북국시대, 그리고 고려까지, 불교 수용 이후 약 1,000년 간 지속된 불교 국가들의 뒤를 이어 유교를 국가이념으로 하여 세워진 조선(1392~1910)의 시대였다.

유교는 적어도 4세기 이전에 한반도에 전해져서 불교가 국교로서 절대적 영향력을 행사하던 시대에도 정치제도와 사회윤리에 적잖은 영향을 미쳤다. 불교는 기본적으로 탈세속적인 종교사상이었기 때문에 세속의 사회를 운영하는 데는 현세에서 도덕적 이상국가를 지향하는 유교의 유용성이 인정되었기 때문이다.

특히 유교적 소양을 갖춘 지식인들이 사회의 주된 세력으로 등장하기 시작한 것은 고려시대부터였다. 고려는 건국 때부터 불교를 국교로 공인한 귀족 중심의 불교국가였지만, 958년부터 과거제를 통해 관료를 선발함으로써 유교 지식인들이 사회의 주요 세력으로 등장하기 시작하였다. 이들은 11~12세기경에 중국에서 성립되던 성리학에 주목하였고, 이를 적극적으로 받아들여 쇠락해 가던 고려 사회의 개혁을 위한 철학·이념적 기반으로 삼았다. 나아가 이들은 부패한 귀족과 승려들을 비판하며 성리학적 도덕국가라는 새로운 사회를 꿈꿨다.

조선은 바로 이 성리학적 소양을 갖춘 지식인들이 세운 나라였다. 그들은 당시 전쟁영웅이었던 이성계李成桂(1335~1408)를 왕으로 추대하여 사실상 무혈혁명으로 조선이라는 새 국가를 세웠다. 그리고 그 이상을 지속적으로 구현하기 위해 건국 초부터 수차례에 걸쳐 국가의 이념과 행정조직의 구성, 군왕과 관료의 책임과 역할 등을 규정한 법전들을 편찬하고 그에 따라 제도를 만들었다. 조선의 건국을 주도했던 지식인 관료 삼봉三峯 정도전鄭道傳(1342~1398)은 태조(이성계)의 아들인 이방원李芳遠(훗날 태종)에 의해 제거되었지만, 태종도 결국은 삼봉과 지식인들이 세운 성리학적 이상국가의 구상을 따를 수밖에 없었다.

성리학은 공자와 맹자의 유학을 바탕으로 우주와 만물의 발생부터 인간사회의 윤리와 질서, 그리고 국가의 구성과 운영에 이르기까지, 자연과 사회의 구조와 운영원리를 일관된 체계로 이론화한 학문이다. 성리학은 우주와 자연의 원리에 대한 이해를 바탕으로 인간사회의 원리를 도출하고, 그 원리에 따라 인재를 양성하며 사회·국가를 운영하는 이상국가를 현세에서 구현하는 것을 목표로 한다. 조선은 바로 이러한 유학과 성리학을 배우고 익힌 지식인들이 건국한 나라이고, 이 지식인들이 국가 운영의 주체가 되었다. 그들의 교육과 학습·수양의 목표는 분명했다. 교육의 목표는 성리학의 이상에 따라 사회를 운영할 인재를 기르는 것이었고, 학습·수양의 목표는 그러한 인재가 되어 성리학의 가치관에 따라 사회·국가를 운영하며 살아가는 것이었다.

조선시대의 철학은 바로 그 지식인들의 크고 작은 논쟁을 통해 심화·발전하였다. 기본적으로는 중국에서 도입된 정주학程朱學을 기반으로 하였지만, 당시 중국 명나라에서 번성한 육왕학陸王學을 비판 또는 수용하기도 하고, 정주학 자체의 한계를 인식하여 새로운 철학·이념을 탐구하기도 하면서, 독특한 조선유학을 발전시켰다. 연구·학습과 토론의 성과는 그들이 관료로서 국정에 참여하고 지역의 지식인으로서 향촌의 문화와 풍속을 주도하면서 현실에 적용되었고, 현실에서의 경험은 다시 이론적 논의에 반영되었다. 조선시대에 이루어진 이론 논쟁들은 조선유학의 심화와 발전이라는 학술적 성과로 평가될 수도 있지만, 그러한 논쟁을 주도한 지식인들이 바로 조선을 건국하고 운영한 주체였고, 조선의 정치와 행정, 그리고 문화를 주도한 사람들이었다는 사실을 간과해서는 안 된다. 이들의 철학과 논쟁을 순수한 이론적 차원이나 개인적 수양의 차원에서 한정해서 본다면, 조선유학의 본질적 의미와 역할을 이해할 수 없다.

조선시대에 철학의 역사는 성리학을 기반으로 한 논쟁의 역사였다.[1] 지식인들은 치열한 논쟁을 통해서 삶의 가치관과 국가와 사회의 운영 방향을 설정하였으며 그 과정에서 한국유학의 주된 맥락이 형성되었다. 그 중 대표적인 것을 들자면, 건국 초의 유불儒佛 논쟁, 16세기 초의 태극太極 논쟁, 16세기 중후반의 사단칠정四端七情 논쟁,

17세기 중반의 예송禮訟 논쟁, 18세기 전반의 인성물성人性物性 논쟁, 18~19세기의 서학西學 논쟁, 그리고 19세기의 심설心說 논쟁과 개화開化·척사斥邪 논쟁 등을 이야기할 수 있다.

유불 논쟁

유불 논쟁은 조선 건국 직후인 1398년에 삼봉이 집필한 《불씨잡변佛氏雜辨》을 통해 구체적으로 확인할 수 있다. 기화己和(1376~1433)와 같은 승려의 반론이 없었던 것은 아니지만, 성공한 혁명의 주도자가 기존의 주류 이념을 이론적으로 공격한 것이라는 점에서, 논쟁이라기보다는 사실상 일방적인 비판이었다. 삼봉은 이 글의 집필 이전에 이미 역사 속에서 인간의 능동적 역할을 강조하고(〈심문천답心問天答〉), 불교·도교·유교(성리학)를 비교하면서 성리학의 우월성을 주장한(〈心氣理篇〉) 바 있었다. 그는 성리학적 소양을 갖춘 지식인들이 사회·국가 운영의 주체가 되어야 한다는 생각을 가지고 있었고, 이를 위해서는 국가 이념으로서 1,000년의 전통을 가진 불교에 대한 집중적인 비판이 필요하다고 판단하였다.

그의 《불씨잡변》은 불교에 대한 본격적인 비판으로서 이후 조선에서 불교 비판의 주요 근거로 받아들여졌다. 19장으로 구성된 장편의 글에서 그는 불교 윤회론의 허황됨, 가식적 선행을 강요하는 지옥설의 비윤리성, 노동 없이 사회에 기생하는 걸식의 폐단, 가족을 부정하는 사원제도의 폐해 등을 조목조목 구체적으로 비판하였다.

물론 이 글은 유교 또는 성리학의 관점에서 일방적으로 불교를 공격한 것이라는 점에서 공정한 비판이라고 평가하기 어려운 점이 적지 않다. 그러나 그것은 성리학의 관점에서 비판의 논리를 세워서 불교의 핵심 원리부터 그 사회적 폐단까지 체계적으로 비판한 것이라는 점에서, 성리학의 입장에서 제기된 이단 비판의 전형으로서 높이 평가되었다. 삼봉은 《불씨잡변》을 집필한 뒤 얼마 지나지 않아 피살당하였기 때문에 이 글은 그의 사후에 세상에 알려졌다. 하지만 그는 이 글을 통해 조선에서 불교를 약화시키고 성리학을 기반으로 한 국가 건설의 정당성을 확보하는 데 중요한 역할을 하였다.

태극논쟁

삼봉의 불교 비판이 기존의 주류 이념을 공격하여 그 영향력을 제거하려는 것이었다면, 태극논쟁은 당시 지식인들이 새로운 국가의 철학·이념인 성리학을 정확하게 이해하도록 하는 데 초점이 맞춰진 논쟁이었다. 논의의 주제는 1188년 경 중국 남송에서 주희朱熹와 육구연陸九淵 사이에 논란이 되었던, 주돈이周敦頤의 〈태극도설太極圖說〉 중 "무극이태극無極而太極"의 이해에 관한 것이었다.

회재晦齋 이언적李彦迪(1491~1553)은 외삼촌인 망재忘齋 손숙돈孫叔暾이 그의 지인인 망기당忘機堂 조한보曹漢輔와 이 문제를 두고 논쟁하는 것을 보고 한 편의 글을 썼고, 망기당이 이 글을 보고 회재에게 편지를 보내면서 논쟁이 시작되었다. 회재는 망재와 망기당의 해석이 노장철학과 불교 및 육구연의 설로부터 나온 것으로 보고, 정주학의 입장에서 두 사람의 해석을 비판하였다.

주희와 육구연의 논쟁에서 핵심 주제가 무극과 태극의 존재론적 의미에 관한 것이었다면, 회재와 망기당의 논쟁은 이를 수양과 실천의 문제로 발전시켰다. "무극이태극無極而太極"이라는 근원적이고 절대적인 원리를 어떻게 이해하고 체득할 수 있으며, 그러한 체득이 실천과 어떠한 관련이 있는가를 논한 것이다. 회재는 이 논쟁을 통해서 불교와 노장 및 육왕학을 바탕으로 성리학을 이해하는 태도를 논파하고 조선에서 정주학의 토대를 굳건히 세운 것으로 평가된다. 훗날 퇴계는 회재의 〈행장行狀〉에서 회재가 이 논쟁을 통해 "유학의 근원을 밝히고 이단異端의 사설邪說을 물리쳤다"[2]라고 높이 평가하였다. 회재는 이조판서, 형조판서, 경상도관찰사 등 고위직을 역임한 관리였으며, 을사사화(1545) 당시 판의금부사로서 사림파의 희생을 줄이려 하다가 그 자신도 유배되었다. 그는 유배지에서 학문에 전념하다가 사망하였고, 나중에 이황, 이이, 김집金集, 송시열宋時烈, 박세채朴世采와 함께 조선유학자로서 최고의 영예인 문묘 종사와 종묘 배향을 동시에 이룬 6현 중 한 사람이 되었다.

사단칠정논쟁

퇴계와 고봉高峯 기대승奇大升(1527~1572), 그리고 이어서 율곡과 우계牛溪 성혼成渾(1535~1598) 사이에 벌어진 사단칠정논쟁은 조선유학이 중국성리학의 수용 단계를 넘어서 독자적인 심화·발전의 시대로 접어들었음을 보여준다.

이 논쟁은 인간의 도덕감정이 도덕본성으로부터 어떻게 발현하며, 그 발현과정을 효과적으로 조절하기 위해서 마음·본성·감정의 구조와 작용과정 및 그것들 사이의 관계를 어떻게 이해해야 하는가에 관한 논의였다. 퇴계와 고봉의 논의가 주로 사단과 칠정이라는 도덕감정의 구조와 작용에 대한 논의에 집중되었다면, 율곡과 우계의 논의는 그러한 도덕감정을 마음으로 어떻게 조절할 수 있는가 하는 인심과 도심의 논의로 발전되었다. 이 논쟁은 심성론에 관한 논의가 조선유학의 주된 주제로 발전하는 계기가 되었으며, 나아가 도덕적 소양을 갖춘 인재를 양성하고 이를 바탕으로 사회와 국가를 운영하는 성리학적 이상국가의 구축을 위한 논의의 이론적 기반이 되었다.

특히 퇴계와 고봉의 논쟁은 관직에서 사퇴하고 고향에 머물던 원로학자(퇴계)와 갓 과거에 합격한 지식인 관료(고봉) 사이에 시작되어 8년간 장기간 지속된 것으로, 나이와 사회적 지위를 넘어서 치열하게 학문적 논의를 진행하는 토론 문화의 모범이 되기도 하였다. 또한 이 논쟁과정을 통해 형성된 퇴계와 율곡의 입장은 이후에 학문적으로는 퇴계학파와 율곡학파, 정치적으로는 남인과 서인의 기반이 되어 조선의 지식인 사회와 정치 영역에 큰 영향을 미쳤다. 이에 관한 상세한 논의는 이 책의 주된 내용으로 다루어진다.

예송논쟁

17세기 후반 조정에서 벌어진 예송논쟁은 당시 조선의 정치 영역에서 유학이 점하고 있던 위상을 잘 보여준다. 이 논쟁은 차남으로서 국왕에 오른 효종이 승하했을 때(1659), 그리고 효종의 비妃인 인

선왕후가 사망하였을 때(1674), 선왕인 인조의 계비였던 자의대비의 상례喪禮 형식을 둘러싸고 벌어졌다. 남인 측의 허목許穆, 윤휴尹鑴 등은 왕실의 상례가 일반 선비 집안의 예법과 다르게 적용되어야 한다고 주장하였고, 서인 측의 송시열宋時烈, 송준길宋浚吉 등은 왕실에서도 기본적으로 선비 집안의 예법을 동일하게 적용해야 한다고 주장하였다. 이것은 유학의 실천철학이라고 할 수 있는 예학禮學의 이해와 적용을 둘러싼 격렬한 논쟁이었고, 당시까지 조선에서 축적된 예학 연구의 풍부한 성과를 토대로 하여 이루어졌다. 양측 입장의 저변에는 잘 수양된 군왕의 마음으로부터 모든 정치가 비롯되어야 한다면서 군왕 중심의 정치를 주장했던 퇴계, 그리고 군왕의 혈연적 정통성보다 도학을 계승한 지식인 관료들의 정통성을 더 강조하며 군왕과 신하의 협치協治를 주장했던 율곡의 정치철학이 있었다. 1차 예송에서는 서인 측이 승리하여 조정에서 남인이 쫓겨났고, 2차 예송에서는 남인 측이 승리하여 서인이 축출되었다.

유학에서 예禮란 행위와 제도를 통해 하늘의 이치를 현실에서 구현하는 실천의 형식이다. 따라서 예를 올바로 이해하고 실천하는 자는 천리天理를 바르게 인식한 자로서 성리학적 가치관에 따라 국가와 사회를 이끌 지도자로서의 자격을 가진 군자君子로 인정된다. 반면에 예를 잘못 이해한 자는 그러한 자격이 없는 소인小人으로 간주된다. 1차 예송에서는 서인 측의 예 해석이 옳다고 판정되어 이들이 정권을 잡았고, 2차 예송에서는 남인 측의 예 해석이 맞다고 판정되어 정권이 교체되었다.

이렇게 예에 관한 해석을 둘러싼 이론 논쟁이 정권의 향배를 좌우하는 데는 국왕과 두 정치세력의 역학관계도 직간접적으로 영향을 주었다. 하지만 예에 대한 해석이 조정의 권력 향배를 결정하는 정당한 명분으로 공공연히 받아들여졌다는 사실은 국정의 운영에 유학이 깊은 뿌리를 내렸음을 보여준다. 다른 한편으로, 이 무렵부터 자유로운 토론이 존중되어야 할 학문적 논의에 정치권력의 개입이 과도해지면서 조선유학의 경직화가 시작되었다.

인성물성논쟁

인성물성논쟁은 18세기 초에 율곡학파에 속하는 수암遂菴 권상하權尙夏(1641~1721)의 문하에서 외암巍巖 이간李柬(1677~1727)과 남당南塘 한원진韓元震(1682~1751) 사이에 인간 본성과 관련된 주제들을 두고 벌어진 치열한 이론 논쟁이었다. 외암은 개체의 본성이 모두 하나의 원리(리理)에서 비롯된다는 점에서 인간 본성과 동물 본성의 근본적 동일성에 주목해야 한다고 주장하였다(동론同論). 남당은 개체의 본성이란 보편의 원리인 리理가 질료인 기氣 안에 들어와 나름의 특성을 가지게 된 것이라는 점에서 인간 본성과 동물 본성의 차별성을 강조하였다(이론異論). 이들은 주자와 율곡의 저술과 학설을 각자에게 유리하게 해석하여 자신들의 입장을 정당화하면서 논의를 진행하였고, 그러한 논의는 본연지성本然之性과 기질지성氣質之性, 오상五常(유가의 5가지 기본 덕목인 인의예지신仁義禮智信), 미발심체未發心體(발현되지 않은 마음의 본체) 등 도덕적 본성과 관련된 논제들을 포괄하며 확대되었다.

본래 정주학에서 본성에 대한 규정이 명확하지 않은 점이 있었기 때문에, 이에 대해서는 이미 이전부터 퇴계와 율곡을 비롯한 여러 학자들 사이에 문제제기가 있었다. 하지만 10여 년에 걸친 외암과 남당의 논쟁을 거치면서 논의는 본격화되었고 주변의 학자들에게로 논의가 확산되었다. 이전부터 이 문제에 대해 의견을 표명했던 농암農巖 김창협金昌協(1651~1708) 주변의 수도권 지역(낙하洛下) 학자들이 주로 외암의 견해에 동조하고, 남당 측에는 스승인 수암을 비롯하여 주로 충청도 지역(호서湖西)의 학자들이 동조하였다. 이 때문에 참여한 학자들의 지역에 주목하여 이 논쟁은 호락논쟁(호학파와 낙학파의 논쟁)이라고도 불리게 되었다.

농암과 남당은 모두 율곡의 정통계승자를 자처하며 서인 정치권력의 중심이 되었던 송시열의 문하에 속하였다. 인성과 물성의 차별성을 강조했던 남당의 입장은 도학의 정통이 주자에서 율곡으로 이어진다고 주장하며 자신들 외에 모든 세력을 이단으로 배격하는 서인 강경파의 이론적 기반이 되었다. 이에 반해 인성과 물성의 동일성에 주목했던 서울 지역의 농암측은 퇴계 학설의 타당성도 일부 인정하였을 뿐 아니라, 주자의 학설 외에도 당시 중국에서 들어오는 새로운 학문과 문화의 조류에 대해 관심을 기울이며 개방적인 태도를 취하였다. 이후 중앙정치의 권력은 서인 중에서도 농암 계열인 안동김씨安東金氏 등의 세도가에게로 넘어갔고, 훗날 그 계통에서는 새로운 문물의 수용을 적극 주장하는 북학파가 나와 조선후기 실학의 한 축을 형성하게 된다.

서학논쟁

조선의 지식인들이 중국을 통해 들어온 서구의 문물에 적극적으로 관심을 기울이던 18세기 무렵에 천주교(서학西學)[3]의 도입을 둘러싼 논쟁이 벌어졌다. 당시에 조선의 지식인들은 시대 변화를 보면서 새로운 학문에 목말라하고 있었다. 일군의 지식인들이 중국을 통해 들어온 천주교 관련 한역서漢譯書들을 함께 공부하였고, 이들 사이에서 한국 역사상 최초의 천주교 신자들이 탄생하였다. 이는 외부에서 들어온 선교사 없이 자생적으로 생겨난 신도들이 천주교를 수용한 것으로, 천주교의 역사에서도 이례적인 것이었다.

이때 천주교 서적을 함께 공부하고 신자가 된 지식인들은 서울 근교에 형성된 퇴계학파의 성호星湖 이익李瀷(1681~1763) 문인들이었다. 성호는 대대로 고위관직에 진출한 문신 집안 출신이었지만, 친형이 당쟁으로 희생된 것을 계기로 평생을 재야에 머물며 학문에 전념하였다. 성호는 퇴계의 계승자를 자임하고 율곡을 정면 비판하면서도 새로운 학문 조류에 개방적이었고, 당시 뛰어난 인재들이 그 문하에 모여들었다. 그 가운데 일부가 천주교를 함께 공부하였고, 특히 그 중에는 조선후기 실학의 집대성자로 평가되는 다산茶山 정약용丁若鏞(1762~1836)과 그의 형제들도 있었다. 퇴계에 따르면, 우주와 자연의 원리(리理)에 대한 이해와 더불어, 상제上帝에 대한 경건한 자세(경敬)를 견지함으로써, 마음으로부터 자발적인 도덕성의 발현을 이룰 수 있다. 바로 이러한 퇴계의 학풍이 자리 잡고 있었기에, 적잖은 성호학파의 학자들은 유일신을 숭배하는 천주교를 큰 거부감 없이 받아들일 수 있었던 듯하다.

그러나 다수파인 서인들과 정치권력을 다투고 있는 현실에서 자파의 차세대 지식인들이 천주교를 가까이한다는 것은 남인들에게 매우 위험한 일로 인식되었다. 이를 경계한 성호학파의 일부 학자들과 천주교 수용에 앞장섰던 학자들 사이에 논쟁이 벌어졌다. 천주교는 조선과는 전혀 다른 문화적 배경 속에서 형성된 종교·사상이었기 때문에 유학과는 충돌하는 지점이 매우 많았다. 천주교의 '천주天主'를 유학의 '상제'와 같은 존재로 이해할 수 있는가? 군왕보다 천주를 높이는 천주교를 유교국가에서 허용할 수 있는가? 유가윤리의 핵심인 인의예지仁義禮智를 인간의 도덕본성으로 인정하지 않는 천주교는 유교사회의 질서를 근본적으로 부정하는 것이 아닌가? 이처럼 천주교 수용을 둘러싼 논점은 조선의 국가질서와 근본적으로 충돌할 수 있는 것이었고, 결국 이는 서인들이 이단 혁파의 명분으로 남인을 공격하는 빌미가 되었다.

남인들에게 호의적이었던 군왕 정조가 승하하고 서인들이 집권하면서 남인들은 조정에서 축출되었고, 서학을 둘러싼 학술적 논쟁은 더 이상 이어질 수 없었다. 그러나 유배된 다산은 천주교의 경험을 바탕으로 유학의 방대한 경전들을 하나하나 재검토하며 조선후기 실학이라는 새로운 학문 조류의 한 축을 이루었고, 이는 훗날 개화파의 형성에도 영향을 미치게 된다.

이후 19세기에 조선이 외세 침탈의 위기에 처한 상황에서도 심설心說논쟁, 개화와 척사 논쟁 등 지식인 관료들의 치열한 논쟁은 계속되었다. 하지만 그 논쟁들은 이미 퇴계와 율곡의 영향에서 멀어져 있었고, 유학의 시대는 막을 내리고 있었다.

참고 문헌

● 원전

《書經》
《禮記》
《論語》
《孟子》
《大學》
《中庸》
《史記》

《性理大全》, 서울: 보경문화사, 1994.
《四書大全》(상, 하), 경남 진주: 술이, 2012.
《古文觀止》, 台北 : 大中国図書公司 , 民国47 (1958)

奇大升,《高峯全集》, 서울: 성균관대학교 대동문화연구원, 1979
奇大升,《高峯集》(韓国文集叢刊 40), 서울: 민족문화추진회, 1988
成渾,《牛渓集》(韓国文集叢刊 43), 서울: 민족문화추진회, 1988
李珥,《栗谷全書》(韓国文集叢刊 44~45), 서울: 민족문화추진회, 1988
李滉,《退渓集》(韓国文集叢刊 29~31), 서울: 민족문화추진회, 1988
張載,《張載集》, 北京: 中華書局, 1978
──,《張子全書》, 台北: 台湾中華書局, 1996

丁若鏞,《與猶堂全書》(韓国文集叢刊 281~286), 서울: 민족문화추진회, 2002

─,《定本 與猶堂全書》, 서울: 다산학술문화재단, 2012

鄭載圭,《老柏軒集》(韓国文集叢刊 統 145), 서울: 한국고전번역원, 2012

朱熹,《朱子全書》, 上海: 上海古籍出版社, 2002

─,《四書章句集注》, 北京: 中華書局, 1983

眞德秀·程敏政,《心經附註》, 대전: 학민문화사, 2005

李彦迪,《晦齋集》(韓國文集叢刊 24), 서울: 민족문화추진회, 1988

●원전번역본

고려대 민족문화연구원 한국사상연구소 편,《역주와 해설 성학십도》, 서울: 예문서원,
    2009

이광호 편역,《퇴계와 율곡, 생각을 다투다》, 서울: 홍익출판사, 2013

이이,《성학집요》(김태완 옮김), 서울: 청어람미디어, 2007

이황,《퇴계시 풀이》(1~6권, 이장우·장세후 옮김), 경산: 영남대학교 출판부, 2007~2011

정석태,《退溪先生年表日月條錄》(전5권), 서울: 퇴계학연구원, 2006

정순목 역편,〈退溪先生 言行錄〉,《퇴계학 연구논총》10, 대구: 경북대 퇴계연구소, 1997

退溪学叢書編刊委員会 編,《국역 퇴계전서》(전16권), 서울: 퇴계학연구원, 2003

한국정신문화연구원 자료조사실 편,《국역 율곡전서》(전7권), 경기 성남: 한국정신문
    화연구원, 1996

韓元震,《朱子言論同異考》(곽신환 역주), 서울: 소명출판, 2002

Yi Hwang, *To Become a Sage*, translated by Michael C. Kalton, New York : Co-
    lumbia University Press , 1988

Michael C. Kalton, *The Four-Seven Debate*, Albany: State University of New
    York Press, 1994

●단행본

금장태,《율곡평전》, 서울: 지식과교양, 2011

김경호,《인격 성숙의 새로운 지평: 율곡의 인간론》, 경기 고양: 정보와 사람, 2008

다카하시 스스무高橋進,《퇴계 敬철학》(최박광 옮김), 서울: 동서문화사, 1993

배종호,《한국유학사》, 서울: 연세대 출판부, 1974

유명종,《한국유학연구》, 대구: 이문출판사, 1988

──,《성리학과 양명학》, 서울: 연세대 출판부, 1994

유정동,《유교의 근본정신과 한국유학》, 서울: 성균관대 동아시아학술원 유교문화연구
　　소, 2014

윤사순,《퇴계철학의 연구》, 서울: 고려대 출판부, 1980

──,《한국유학사상론》, 서울: 예문서원, 1997

──,《한국유학사》(상, 하), 서울: 지식산업사, 2012

이상은,《퇴계의 생애와 학문》, 서울: 예문서원, 1999

이승환,《횡설과 수설》, 서울: 휴머니스트, 2012

장지연,《조선유교연원》, 서울: 명문당, 2009(1922)

錢穆(Qian Mu),《주자학의 세계》(원제: 朱子學提綱), 이완재·백도근 옮김, 대구: 이문
　　출판사, 1990

陳來(Chen Lai),《朱子哲學研究》, 上海: 華東師範大學出版社, 2000

최석기 외 편,《朱子》, 경남 진주: 술이, 2005

한국철학사상연구회 편,《논쟁으로 보는 한국철학》, 서울: 예문서원, 1995

한국철학사상연구회 편,《강좌 한국철학》, 서울: 예문서원, 1995

현상윤,《조선유학사》, 서울: 심산, 2010(1949)

한영우,《율곡 이이 평전》, 서울: 민음사, 2013

Mark Edward Lewis, *Writing and Authority in Early China*, Albany: State Uni-
　　versity of New York Press, 1999

Mark Johnson, *Moral Imagination: Implication of Cognitive Science*, Chicago:
　　The University of Chicago Press, 1993

Owen Flanagan, *Moral Sprouts and Natural Teleologies*, Milwaukee: Marquette
　　University Press, 2014

Young-chan Ro, *The Korean Neo-Confucianism of Yi Yulgok*, Albany: State Uni-
　　versity of New York Press, 1989

Wing-tsit Chan, *A Source Book of Chinese Philosophy*, Princeton, N. J.: Princeton
　　University Press, 1963

●논문

김기현, 〈退溪의 '理'철학에 내재된 세계관적 함의〉,《퇴계학보》116, 서울: 퇴계학연구
원, 2001

김용헌, 〈고봉 기대승의 사칠논변과 천명도〉,《전통과현실》8, 광주: 고봉학술원, 1996

김종석, 〈마음의 철학-퇴계심학의 구조분석〉,《민족문화논총》15, 경북 경산: 영남대
민족문화연구소, 1994

김형찬(Kim Hyoungchan), 〈理氣論의 一元論化 연구〉, 서울: 고려대 박사학위논문,
1996

———, 〈내성외왕을 향한 두 가지 길: 퇴계철학에서의 리와 상제를 중심으로〉,《철학연
구》34, 서울: 고려대 철학연구소, 2007

———, 〈한국철학에서의 세계화 갈등〉,《차이와 갈등에 대한 철학적 성찰》(한국철학회
편), 서울: 철학과현실사, 2007

———, "Toegye's Philosophy as Practical Ethics: A System of Learning, Cultiva-
tion, and Practice of Being Human", Korea Journal Vol.47, No.3, Seoul:
Korea National Commission for UNESCO, 2007

———, 〈氣質変化, 욕망의 정화를 위한 성리학적 기획〉,《철학연구》38, 서울: 고려대 철
학연구소, 2009

———, 〈마음의 理氣와 자연의 理氣〉《한국학논집》40, 경북 경산: 계명대 한국학연구원,
2010

———, 〈조선유학의 理 개념에 나타난 종교적 성격 연구: 퇴계의 理発에서 다산의 上帝
까지〉,《철학연구》39, 서울: 고려대 철학연구소, 2010

———, 〈斯文亂賊 논란과 四書의 재해석〉,《한국사상과 문화》63, 서울: 한국사상문화학
회, 2012

———, "The Theory and Practice of Sage Politics: The Political Philosophies and
Neo-Confucian Bases of Yi Hwang and Yi I", Acta Koreana, Vol. 17, No. 1,
Daegu: Academia Koreana at Keimyung University, 2014

———, 〈퇴계의 서원관에 대한 철학적 해명〉,《퇴계학보》136, 서울: 퇴계학연구원, 2014

———, "Internalizing Morals and the Active Intervention of a Moral System: Zhu
Xi and Yi Hwang's Theories of kyŏngmul 格物 and mulgyŏk 物格", Journal
of Korean Religions, Vol. 6 No.2, Seoul: Institute for the Study of Religion at
Sogang University, 2015

——, "The Li-Ki Structure of the Four Beginnings and the Seven Emotions and the Intent of the Four-Seven Debate", *Acta Koreana*, Vol. 18 No. 2, Daegu: Academia Koreana at Keimyung University, 2015

——, 〈도덕감정과 도덕본성의 관계: 퇴계의 문제의식에 대한 검토〉, 《민족문화연구》 74, 서울: 고려대 민족문화연구원, 2017

남지만, 〈고봉 기대승의 성리설 연구〉, 서울: 고려대 박사학위논문, 2009

다카하시 스스무高橋進, 〈동아시아에 있어서 '敬'철학의 성립과 전개〉, 《퇴계학보》44, 서울: 퇴계학연구원, 1984

리기용, 〈율곡 이이의 인심도심론 연구〉, 서울: 연세대 박사학위논문, 1995

문석윤, 〈퇴계에서 理發과 理動, 理到의 의미에 대하여〉, 《퇴계학보》110, 서울: 퇴계학 연구원, 2001

——, 〈퇴계의 '성학십도' 수정에 관한 연구〉, 《퇴계학보》130, 서울: 퇴계학연구원, 2011

신귀현, 〈퇴계 이황의 '심경부주' 연구와 그의 심학心學의 특징〉, 《민족문화논총》 8, 경 북 경산: 영남대 민족문화 연구소, 1987

안병주, 〈퇴계의 학문관-'심경후론'을 중심으로〉, 《퇴계학 연구》1, 서울: 단국대 퇴계 학연구소, 1987

이장후·장세후 역해, 〈퇴계시 역해 (74)〉, 《퇴계학보》130, 서울: 퇴계학연구원, 2011

정원재, 〈知覺說에 입각한 이이 철학의 해석〉, 서울: 서울대 박사학위논문, 2000

지두환, 〈조선후기 경연과목의 변천〉, 《한국학논총》18, 서울: 국민대 한국학연구소, 1995

홍원식, 〈퇴계학, 그 존재를 묻는다〉, 《오늘의 동양사상》4, 서울: 예문동양사상연구원, 2001

김태년, 〈남당 한원진의 '正學' 형성에 대한 연구〉, 서울: 고려대 박사학위논문, 2006

김형찬, 〈안동 김문의 지식논쟁과 지식권력의 형성〉, 《민족문화연구》56, 서울: 고려대 민족문화연구원, 2012

——, 〈도덕감정과 도덕본성의 관계: 퇴계의 문제의식에 대한 검토〉, 《민족문화연구》 74, 서울: 고려대 민족문화연구원, 2017

송재윤, 〈황제와 재상: 南宋代(1127~1279) 權力分立理論〉, 《퇴계학보》140, 서울: 퇴 계학연구원, 2016

유새롬, 〈17세기 서인의 학통의식과 율곡연보의 편찬〉, 《한국사론》52, 서울: 서울대 국 사학과, 2006

한재훈, 〈퇴계 禮學사상 연구〉, 서울: 고려대 박사학위논문, 2012

Andy Clark, "Connectionism, Moral Cognition, and Collaborative Problem Solving", *Mind and Morals*, edited by Larry May, Marilyn Friedman, and Andy Clark, Cambridge: The MIT Press, 1998

Hubert I. Dreyfus and Stuart E. Dreyfus, "What Is Morality? A Phenomenological Account of the Development of Ethical Expertise", *Universalism vs. Communitarianism*, edited by David Rasmussen, Cambridge: The MIT Pressm 1990

Tu Wei-ming, "Yi T'oegye's Perception of Human Nature", *The Rise of Neo-Confucianism in Korea*, New York: Columbia University Press, 1985

주

1 만남

1 이황李滉, 〈조사경에게 답함(답조사경答趙士敬)-1558년(戊午)〉,《퇴계집退溪集》
(한국문집총간), 030:046c. (한국문집총간 제30권, 46쪽 하단 우측면, 이하 '한국
문집총간' 자료의 인용은 이 형식을 따른다.)

2 퇴계의 학맥과 영남을 기반으로 결집한 남인에 비해, 서인은 학파의 정체성이 취
약했다. 17세기 후반부터 서인은 학문적 정치적 세력으로 정체성을 확보하기 위
해 율곡의 학통을 정암 조광조와 퇴계로부터 분리하여 직접 주자에게로 연결시키
며 독자적인 학통을 구축하게 된다. 이에 관한 상세한 내용은 유새롬, 〈17세기 서
인의 학통의식과 율곡연보의 편찬〉(《한국사론》52, 서울: 서울대 국사학과, 2006)
참조.

3 이이李珥, 〈자질구레한 이야기(쇄언瑣言)〉,《율곡전서栗谷全書》(한국문집총간),
044:301d-302a. 〈쇄언〉은 본래 한 편의 글이지만, 여기서는 글의 내용에 따라
상·중·하로 나누어 살핀다.

4 《성리대전性理大全》(서울: 보경문화사, 1994), 권61, 〈歷代三·西漢〉.

5 장량張良(?~BC 189)은 한 고조를 도와 항우를 멸하고 한나라를 세운 인물로 소
하蕭何, 한신韓信과 함께 한나라 건국의 3대 공신이라고 전해진다. 자는 자방子
房이며, 후에 유후留侯에 봉해졌다.

6 이윤伊尹은 재야에 은거하다가 상商나라(=은殷나라)를 세운 탕왕湯王의 초청을
세 차례나 받은 뒤에야 나아가서, 탕왕을 도와 상商나라의 건국에 기여했다고 전
한다.

7 태공太公은 천하가 혼란하자 위수渭水에서 낚시를 하며 때를 기다리다가, 문왕文
王과 무왕武王을 도와 폭군 주왕紂王이 다스리던 상商나라를 멸망시키고, 주周
나라를 세웠다고 전한다. 성이 강씨姜氏였기 때문에 '강태공'으로도 불리며, 훗날
제齊나라 제후로 봉해졌다.

8 안기생安期生은 진秦·한漢 시기의 사람으로, 도교를 추종하며 약을 만들어 팔았
다고 전해진다. 나중에는 신선이 되었다는 설도 있으며, 괴철蒯徹과 친하게 지냈
다고 전한다.

9 괴철蒯徹은 한漢나라 초기에 한신韓信을 도왔던 모략가이다. 후대에 한漢무제武
帝의 본명(유철劉徹)을 피하여, 괴통蒯通이라는 이름으로도 알려져 있다.

10 건성후는 한 고조의 황후인 여후呂后의 오빠이다.

11 한고조는 유학자들을 좋아하지 않아서 유관儒冠을 쓰고 오는 사람이 있으면, 그
유관을 벗겨 거기에 오줌을 누었다고 전한다. 이 시에서는 이 일을 진시황이 유생
과 책을 없애려 한 것에 비유하였다.

12 주나라가 은나라를 멸망시키자 수양산에 들어가서 죽은 백이伯夷와 숙제叔齊의
지조를 가리킨다.

13 사마천司馬遷, 〈유후세가留侯世家〉, 《사기史記》, 권55.

14 사마천, 〈역생육고열전酈生陸賈列傳〉, 《사기》, 권97.

15 율곡은 퇴계를 만나고 온 뒤에 〈쇄언〉에 기록한 '네 노인' 관련 이야기와 시 세 수
를 퇴계에게 보냈던 모양이다. 《퇴계집》에는 이와 관련하여 짤막한 퇴계의 답장
이 남아 있다.
〈이숙헌에게 답한 별지〉 "'네 노인'의 출처에 관해서는 보내주신 글과 시 세 수의
내용이 이전에 직접 만나 이야기했던 저의 뜻과 어김없이 일치합니다. 스스로 마
음을 기울여 새겨듣지 않았다면 어찌 이와 같겠습니까? 그대를 생각하니 삼가 분
발하게 됩니다. 화답해 주신 시는 더욱 고맙지만, 모두 답할 겨를이 없으니 부끄
럽고 한스럽습니다." (이황, 〈답이숙헌答李叔獻 별지別紙〉, 《퇴계집》, 031:130c)

16 퇴계는 49세 이후에도 여러 차례 관직의 명을 받았고 불가피하게 서울에 올라가
관직에 머문 날도 적지 않았다. 하지만 그는 그때마다 왕에게 누차 간청하여 사직
허락을 받고 다시 고향으로 돌아오곤 하였다. 그는 49세 때 풍기군수 사퇴원辭退
願을 시작으로 70세까지 총 53회나 사퇴원을 제출하였다. 퇴계가 받은 관직들과
그 재직기간 등에 관한 상세한 내용은 이상은, 《퇴계의 생애와 학문》(서울: 예문
서원, 1999), 29~44쪽 참조.

17 조선유학은 성리학 중에서도 주로 주자학에 기반을 두고 있다. 그러나 단순히 중

국 주자학의 재현이 아니라 주자학에 대한 양명학의 문제의식을 비판적으로 수용하기도 하고, 이기심성론理氣心性論과 예학禮學을 중심으로 독자적인 방식으로 논의를 발전시켰다는 점에서 조선유학을 '주자학'이라는 용어로 규정하기에는 무리가 있다. 그러므로 이 책에서는 주자학과 양명학을 포괄하는 의미에서 '성리학'이라는 용어를 사용하며, 조선의 유학을 가리켜 '조선유학' 또는 '조선성리학'이라고 칭한다. 다만 양명학과 구분되는 의미에서의 주자학이라는 의미를 드러낼 필요가 있을 경우 '주자학'이라는 용어를 사용한다.

18 〈연보年譜〉, 《퇴계집》, 031:224d.

19 퇴계의 제자인 조목趙穆은 퇴계가 "20여 세에 진사로서 성균관에 있을 때 을사사화를 겪은 뒤인지라 선비들의 습속들이 날마다 방탕해져"가고 있었다며 당시 퇴계가 목격했을 지식인 사회의 상황을 전하고 있다. 정순목 역편, 〈퇴계선생 언행록退溪先生 言行錄〉, 《퇴계학 연구논총》10, 대구: 경북대 퇴계연구소, 1997), 162~163쪽.

20 이 시기 조선의 상황과 퇴계의 행적에 관해서는 김형찬, 〈한국철학에서의 세계화 갈등〉, 《차이와 갈등에 대한 철학적 성찰》(한국철학회 편), 서울: 철학과현실사, 2007) 참조.

21 이황, 〈'성학십도'를 바치는 글(진성학십도차進聖學十圖箚)〉, 《퇴계집》, 029:198c-d. 《성학십도》 인용문의 번역은 《역주와 해설 성학십도》(고려대 민족문화연구원 한국사상연구소 편, 서울: 예문서원, 2009)를 참고하여 문맥에 따라 일부 수정하였다.

22 맹자孟子, 〈공손추公孫丑 상上〉, 《맹자孟子》.

23 맹자, 〈공손추 상〉, 《맹자》.

24 관직 진출과 학문의 관계에 대한 퇴계의 입장에 대해서는 김형찬, 〈퇴계의 서원관에 대한 철학적 해명〉, 《퇴계학보》136, 서울: 퇴계학연구원, 2014), 110~114쪽 참조.

25 〈연보年譜 상上〉, 《율곡전서》, 045:284b.

26 이이, 〈쇄언瑣言〉, 《율곡전서》, 044:302a-b.

27 중국 산동성 곡부현 사수泗水와 그 지류인 수수洙水. 공자孔子가 제자들을 가르쳤던 곳.

28 주희朱熹가 무이정사武夷精舍를 짓고 강학하며 〈무이구곡가武夷九曲歌〉를 지었던 곳.

29 이 시는 《퇴계집》 중 〈이숙헌에게 주는 시 네 수 贈李叔獻 四首〉에 포함되어 있

다. 몇 글자가 다르긴 하지만 내용에는 별 차이가 없다.《퇴계집》031:058b. 이 시
의 해석은 〈퇴계시 역해 (74)〉(이장후·장세후 역해,《퇴계학보》130, 2011, 서울:
퇴계학연구원)를 참고하였다.

"病我牢關不見春 公來披豁醒心神

已知名下無虛士 堪愧年前關敬身

嘉穀莫容稊熟美 纖塵猶害鏡磨新

過情詩語須刪去 努力工夫各日親"

30 이황, 〈이숙헌에게 답한 별지(답이숙헌答李叔獻 별지別紙)〉,《퇴계집》, 031:130c.

31 다카하시 스스무高橋進의 〈동아시아에 있어서 '敬'철학의 성립과 전개〉《퇴계학
보》44, 서울: 퇴계학연구원, 1984);《퇴계 敬철학》(최박광 옮김, 서울: 동서문화사,
1993) 등이 있다.

32 진덕수眞德秀·정민정程敏政, 〈시 노송 상제임여장 詩 魯頌 上帝臨女章〉,《심경부
주心經附註》(대전: 학민문화사, 2005)."詩曰 上帝臨女, 無貳爾心. 又曰 無貳無虞,
上帝臨女. …【附註】程子曰 毋不敬, 可以對越上帝."

33 진덕수·정민정, 〈역 곤육이 경이직내장 易 坤六二 敬而直內章〉,《심경부주》."伊川
先生曰 … 主一之謂敬, 直內, 乃是主一之義. 至於不敢欺不敢慢, 尙不愧于屋漏, 皆
是敬之事也."

34 이이, 〈쇄언瑣言〉,《율곡전서》, 044:302b-c.

35 이 시는 퇴계의 문집에도 전한다. 다만 제3연의 세 글자가 〈쇄언〉의 시와 다르지
만, 의미는 크게 다르지 않다. 이황, 〈수재 이숙헌이 계상을 방문함(이수재숙헌 견
방계상李秀才叔獻 見訪溪上)〉,《퇴계집》, 029:096d.

"從來此學世驚疑 射利窮經道益離

感子獨能深致意 令人聞語發新知"

36 여기서 "궁벽한 곳에 발 들였던 일"이란 율곡이 19세에 불교에 심취하여 금강산
에 머물렀던 일을 가리킨다.

37 이 시는 퇴계의 문집에도 전해진다(이황, 〈이수재 숙헌에게 줌-무오년 (증이수재
숙헌 무오贈李秀才叔獻 戊午)〉,《퇴계집》, 031:111d). 율곡은 퇴계를 만난지 약
3개월 뒤인 5월에, 공부하다가 의문 나는 점들을 모아 첫 번째 '질문지(문목問目)'
를 보냈고, 퇴계는 답서와 함께 이 시를 보냈다. 두 사람 사이에 오고간 글들의 시
기에 관해서는 정석태,《퇴계선생연표일월조록退溪先生年表日月條錄》2(서울: 퇴
계학연구원, 2006), 485쪽 참조.

38 이황, 〈이숙헌에게 답함-무오년 (답이숙헌答李叔獻 무오戊午)〉,《퇴계집》,

029:371a-372c.

39   〈연보 상〉,《율곡전서》, 045:282d-283b.

40   한국정신문화연구원 자료조사실 편,《국역 율곡전서》(IV)(경기 성남: 한국정신문
     화연구원, 1996), 39쪽.

41   이광호 편역,《퇴계와 율곡, 생각을 다투다》(서울: 홍익출판사, 2013), 35쪽.

42   이황, 〈이수재견방계상李秀才見訪溪上 우유삼일雨留三日〉,《퇴계집》, 031:048a-
     b. 이 시들의 번역은《퇴계시 풀이(6)》(이장우·장세후 옮김, 경북 경산: 영남대학
     교 출판부, 2011, 581~582쪽)을 참고하였다.

43   이황, 〈이숙헌에게 줌(증이숙헌贈李叔獻 사수四首)〉,《퇴계집》, 031:045b-c. 네
     수의 시 중 첫 번째 시는 율곡의 〈쇄언〉에 수록되어 있으므로, 여기서는 나머지
     세 수를 소개한다.

44   이장우·장세후 교수가 1986년부터 30여 년에 걸쳐 퇴계의 시 전체를 번역하여
     《퇴계학보》(퇴계학연구원)에 발표하고 그 성과를 단행본으로 간행하고 있다. 그
     에 따르면《퇴계집》에 전해지는 퇴계의 시는 총 1,987수이다. 이황 지음, 이장후·
     장세후 옮김,《퇴계시 풀이》(1~6권), 경북 경산: 영남대학교출판부, 2007~2011.

2   율곡이 묻고 퇴계가 답하다 1

1   고봉이 대과大科에 급제한 뒤 1558년 11월에 인사차 퇴계를 찾아왔을 때 사단칠
     정에 관해 문제를 제기하고, 다음해 1월에 퇴계가 그에 대한 답서를 써서 보내면
     서 두 사람 사이에 사단칠정논쟁이 시작되었다.《고봉집》의 〈고봉선생연보高峯
     先生年譜〉에는 고봉이 10월에 퇴계를 찾아간 것으로 기록되어 있으나,《퇴계선생
     연표일월조록》에 따르면 11월로 보는 것이 타당하다. 1558년 전시殿試는 10월
     28일 또는 29일에 실시되었으므로, 고봉이 급제 사실을 확인하고 퇴계에게 인사
     드리러 간 것은 11월로 보아야 한다는 것이다. (정석태,《퇴계선생연표일월조록》
     2, 516~517쪽).

2   고봉의 문집에는 퇴계가 보낸 문목에 고봉이 답한 편지가 전해진다. 기대승, 〈퇴
     계선생의 문목에 답함(답퇴계선생문목答退溪先生問目)〉,《고봉집高峯集》(한국
     문집총간), 040:130a-d.

3   정석태,《퇴계선생연표일월조록》4, 674쪽.

4   이이, 〈퇴계 선생께 올리는 별지-무오년(上退溪李先生別紙 戊午)〉,《율곡전서》,

044:178a-180d.

5 이황, 〈이숙헌에게 답함(무오년)-별지(答李叔獻(戊午)-別紙)〉,《퇴계집》, 029:372c-374d.

6 이이, 〈上退溪李先生 別紙 戊午〉,《율곡전서》, 044:178a-b.

7 〈수장首章〉,《대학장구大學章句》.

8 〈연보 상〉,《율곡전서》, 045:282a.

9 율곡은 '아홉 번 장원한 분(九度壯元公)'이라고 불렸는데, 소과小科인 생원시生員試와 진사시進士試의 초시初試와 복시覆試, 대과大科(명경과明經科)의 초시, 복시, 전시殿試에서 장원을 하여 7회 이상 장원급제를 한 것으로 확인된다. 금장태,《율곡평전》(서울: 지식과교양, 2011), 84쪽; 한영우,《율곡 이이 평전》(서울: 민음사, 2013), 79쪽.

10 이러한 공자의 신화가 형성되는 과정에 대해서는 Mark Edward Lewis, *Writing and Authority in Early China*, Albany: State University of New York Press, 1999, pp. 218~240 참조.

11 이이, 〈격몽요결擊蒙要訣 - 입지장 제일立志章 第一〉,《율곡전서》, 045:83a-b.

12 《서경書經》〈순전舜典〉에 나오는 말이다. 칠정七政이란 해, 달 그리고 오성五星을 가리킨다. 순임금이 천문을 관측하여 하늘의 뜻을 살피며 그에 따라 정치를 하였다는 것이다.

13 오례五禮, 오기五器는 모두《서경書經》〈순전舜典〉에 나오는 말이다. 오례五禮란 길례吉禮, 흉례凶禮, 빈례賓禮, 군례軍禮, 가례嘉禮를 가리키고, 오기五器란 오례에 사용하는 기구이다. 순임금이 오례를 정비하고 오기를 통일시켰다는 것이다.

14 방씨方氏는 중국 송말원초의 경학가 방봉신方逢辰(1221~1291)을 가리킨다. 원래 이름은 몽괴夢魁, 호는 교봉蛟峰이며, 주로 주자의 사상을 따랐다.

15 이이, 〈퇴계 선생께 올리는 별지-무오년(上退溪李先生別紙 戊午)〉,《율곡전서》, 044:178b-c.

16 1장 주 32), 33) 참조

17 정이程頤(1033~1107)는 북송성리학을 대표하는 학자 중 한 사람으로 주희朱熹에게 큰 영향을 주었다. 호는 이천伊川.

18 사량좌謝良佐(1050~1103)는 정호程顥·정이 형제의 제자이며, 호는 상채上蔡.

19 윤돈尹焞(1071~1142)은 정이의 제자이며, 호는 화정和靖.

20 진덕수·정민정, 〈역 곤육이 경이직내장 易 坤六二 敬而直內章〉,《심경부주》.

21 퇴계가《대학혹문大學或問》에 수록된 주자의 말을《성학십도》중 〈대학도〉에 인

용한 것이다. 이황, 〈성학십도 – 제4 대학도〉,《퇴계집》, 029:205a-b.

22 이황, 〈성학십도 – 제4 대학도〉,《퇴계집》, 029:205c.

23 그렇지만 퇴계 학문을 규정하는 용어로는 '경학'보다는 '리학理學', '심학心學', '도학道學' 등이 더 많이 사용된다. '리학'이란 성리학의 핵심 개념인 '리'에 대한 퇴계의 적극적인 해석을 드러내기 위한 것으로, 퇴계 학문의 특성을 표현하는 가장 일반적인 명칭이다. '도학이란 퇴계의 학문이 현실에서의 도덕적 실천을 일관되게 지향하고 있다는 점을 강조하려는 학자들이 주로 사용하고, '심학'이란 퇴계의 적극적인 '리' 해석이 결국은 마음의 수양을 목적으로 한다는 입장에 서 있는 학자들이 사용한다. Kim Hyoungchan, "Toegye's Philosophy as Practical Ethics: A System of Learning, Cultivation, and Practice of Being Human"(*Korea Journal* Vol.47, No.3, Seoul: Korea National Commission for UNESCO, 2007) 참조.

24 이이, 〈퇴계 선생께 올리는 별지-무오년(上退溪李先生別紙 戊午)〉,《율곡전서》, 044:178d.

25 이이, 〈퇴계 선생께 올리는 별지-무오년(上退溪李先生別紙 戊午)〉,《율곡전서》, 044:178d-179a.

26 Kim Hyoungchan, "Toegye's Philosophy as Practical Ethics: A System of Learning, Cultivation, and Practice of Being Human" (*Korea Journal*, Vol.47, No.3, Seoul: Korea National Commission for UNESCO, 2007), pp. 167~171.

27 주자학 관련 서적들이 퇴계의 학문 형성 과정에 미친 영향에 대한 상세한 내용은 이상은,《퇴계의 생애와 학문》, 예문서원, 1999, 83~107쪽 참조.

28 이황, 〈심경후론心經後論〉,《퇴계집》, 030:410b.

29 이황, 〈심경후론〉,《퇴계집》, 030:411a-b.

30 이황, 〈심경후론〉,《퇴계집》, 030:410b-c. 실제로 주자가 이론학습에 편향돼 있었는가 하는 것은 별개의 문제이다. 주자 자신은 육상산陸象山과의 논쟁에서 덕성함양과 이론학습이 병행되어야 함을 강조했기 때문이다. 전목錢穆, 진래陳來 등의 학자들은 주자의 말대로 주자의 철학에서 덕성함양과 이론학습이 병존한다고 주장한다.(전목,《주자학의 세계》(원제: 朱子學提綱), 이완재·백도근 옮김, 대구: 이문출판사, 1990, 156~163쪽; 진래,《朱子哲學硏究》, 上海: 華東師範大學出版社, 2000, 326~331쪽) 그러나 주자는 육상산과의 논쟁 당시에 이미 육상산에 비해 상대적으로 이론학습에 편중되어 있다는 평가를 받았다. 그리고 퇴계는 주자의

의도와는 상관없이 그의 후학들이 덕성함양을 소홀히 하고 이론학습에 치중했다고 판단하였다.

31 이황, 〈전습록논변傳習錄論辯〉, 《퇴계집》, 030:418a.

32 이황, 〈전습록논변〉, 《퇴계집》, 030:417c-d.

33 공자, 〈술이述而〉, 《논어論語》.

34 조선후기 실학의 선구자인 박세당은 사물의 이치에 대한 궁구를 통해 활연관통豁然貫通에 이르기를 요구하는 주자의 격물치지설을 비판하고, '격물치지'란 해당 사물에 합당한 법칙을 찾아서 그 법칙에 따라 그 사물을 바로잡는 것이라고 주장하였다. 박세당의 격물치지설에 관한 상세한 내용은 김형찬, 〈사문난적斯文亂賊 논란과 사서四書의 재해석〉, 《한국사상과 문화》 63, 서울: 한국사상문화학회, 2012), 345~348쪽 참조.

35 사마온공은 사마광司馬光(1019~1086)을 가리킨다. 사후死後에 '태사온국공太師溫國公에 추증했기 때문에 '사마온공'이라고 불린다. 왕안석王安石의 신법新法에 반대한 북송의 대표적인 학자 겸 정치가이다. 율곡이 문제 삼은 것은 그의 〈독락원기獨樂園記〉에 나오는 구절이다.

36 이이, 〈퇴계 선생께 올리는 별지-무오년(上退溪李先生別紙 戊午)〉, 《율곡전서》, 044:179a.

37 성리학에서 존재법칙과 당위규범의 관계에 대한 상세한 내용은 윤사순, 〈존재와 당위에 관한 퇴계의 일치시〉, 《한국유학사상론》, 서울: 예문서원, 1997), 259~283쪽 참조.

38 연평延平은 남송의 학자 이통李侗(1093~1163)의 호이다. 이정二程의 학문을 배웠고, 주자의 스승이다.

39 격암格庵은 송나라의 경학자 조순손趙順孫(1215~1276)의 호이다.

40 이이, 〈퇴계 선생께 올리는 별지-무오년(上退溪李先生別紙 戊午)〉, 《율곡전서》, 044:179b-c.

41 주희, 《대학혹문大學或問》, 《사서대전四書大全》(상), 경남 진주: 술이, 2012), 109쪽.

42 상채上蔡는 사량좌謝良佐(1050~1103)를 가리킨다. 송나라 학자로 이정二程의 문하에서 배웠고, 하남성 상채 지역 사람이다.

43 이이, 〈퇴계 선생께 올리는 별지-무오년(上退溪李先生別紙 戊午)〉, 《율곡전서》, 044:179c.

44 이황, 〈이숙헌에게 답한 별지 무오년(答李叔獻 別紙 戊午)〉, 《퇴계집》, 029:

373c-374c.

45 사마광司馬光, 〈독락원기獨樂園記〉. "迂叟平日讀書, 上師聖人, 下友群賢, 窺仁義
之原, 探禮樂之緒. 自未始有形之前, 曁四達無窮之外, 事物之理, 擧集目前, 可者學
之, 未至於可, 何求於人, 何待於外哉."

46 율곡이 공부의 단계를 거경-궁리-역행으로 체계화한 데 대해서는 율곡 연구자들
이 수양론의 관점에서 주목해 왔다. 이에 대한 상세한 내용은 아래 두 저술에서
볼 수 있다. 정원재, 〈지각설知覺說에 입각한 이이 철학의 해석〉, 서울대 박사학위
논문, 2000, 138~159쪽; 김경호, 《인격 성숙의 새로운 지평: 율곡의 인간론》, 경
기 고양: 정보와 사람, 2008, 280~290쪽.

47 호씨胡氏는 중국 원나라의 경학자인 호병문胡炳文(1250~1333)을 가리킨다. 호
는 운봉雲峰이다.

48 진씨陳氏는 중국 남송의 학자인 진순陳淳(1159~1223)을 가리킨다. 호는 북계北
溪이며, 황간黃榦과 함께 주자의 고제高弟로 일컬어진다.

49 한자韓子는 중국 당나라 학자인 한유韓愈(768~824)를 가리킨다.

50 이이, 〈퇴계 선생께 올리는 별지-무오년(上退溪李先生別紙 戊午)〉, 《율곡전서》,
044:179c-d.

51 《대학장구》, 〈전 8장〉.

52 이이, 〈퇴계 선생께 올리는 별지-무오년(上退溪李先生別紙 戊午)〉, 《율곡전서》,
044:179d-180a.

3 사단과 칠정 : 퇴계와 고봉의 8년 논쟁

1 이이, 〈성호원에게 답함-임신년 (答成浩原 壬申)〉, 《율곡전서》, 044:202b.

2 조선유학자들의 천명도의 특성에 관한 상세한 분석은 유정동, 〈제5부 천명도설〉,
《유교의 근본정신과 한국유학》(서울: 성균관대 동아시아학술원 유교문화연구소,
2014), 559~658쪽 참조.

3 추만이 처음 그린 〈천명도〉는 이후 수차례 수정되었고, 이로 인해 사단칠정논쟁
과 〈천명도〉의 관계를 규명하는 데 다소 혼란이 있다. 그러한 혼란을 피하기 위해
필자가 임의로 〈천명도〉에 숫자를 붙여 구분한다.

4 〈천명도〉가 제작·수정되는 과정에 관해서는 정지운, 〈정추만천명도설서鄭秋巒天
命圖說序〉《고봉전집高峯全集》, 서울: 성균관대 대동문화연구원, 1979), 289쪽;

이황, 〈천명도설후서天命圖說後敍〉,《퇴계집》, 030:405a-410a; 김용헌, 〈고봉 기
대승의 사칠논변과 천명도〉《전통과현실》 8, 광주: 고봉학술원, 1996) 참조.

5 〈천명도〉의 판본은 추만이 편찬한 〈천명도해天命圖解〉(1578) 수록본,《퇴계집》
에 수록된 〈천명구도天命舊圖〉와 〈천명신도天命新圖〉(1553), 택당澤堂 이식李植
(1584~1647)이 편찬한 〈천명도설天命圖說〉(1651) 수록본 등이 전해진다. 이에
관한 상세한 내용은 유정동,《유교의 근본정신과 한국 유학》(서울: 성균관대 동아
시아학술원 유교문화연구소, 2014), 559~658쪽 참조.

6 〈청향소請享疏〉,《고봉전집高峯全集》(서울: 성균관대학교 대동문화연구원,
1979), 576d~588a면.

7 장지연,《조선유교연원》(서울: 명문당, 2009(1922)), 107~109쪽; 현상윤,《조선
유학사》(서울: 심산, 2010(1949)), 118쪽; 윤사순,《퇴계철학의 연구》(서울: 고려
대 출판부, 1980), 91~92쪽; Michael C. Kalton, The Four-Seven Debate (Alba-
ny: State University of New York Press, 1994), pp. xxviii-xxix, p.1; 한국철학
사상연구회,《논쟁으로 보는 한국철학》(서울: 예문서원, 1995), 155쪽; 한국철학
사상연구회,《강좌 한국철학》(서울: 예문서원, 1995), 365; 윤사순,《한국유학사》
(상)(서울: 지식산업사, 2012), 306~307쪽.

8 필자는 아래의 두 논문에 의거하여 그 연관관계를 정리하였다. 유정동, 〈천명도설
에 관한 연구〉《유교의 근본정신과 한국 유학》, 2014), 559~608쪽; 김용헌, 〈고봉
기대승의 사칠논변과 천명도〉《전통과 현실》 8, 1996).

9 도덕감정·도덕본성 및 사단·칠정과 관련된 퇴계와 고봉의 논쟁에 대해서는 다
음 논문을 바탕으로 논의를 진전시켰다. 김형찬, 〈도덕감정과 도덕본성의 관계:
퇴계의 문제의식에 대한 검토〉《민족문화연구》74, 서울: 고려대 민족문화연구원,
2017).

10 맹자孟子, 〈공손추 상公孫丑 上〉,《맹자孟子》.

11 〈예운禮運〉,《예기禮記》. "何謂人情? 喜怒哀懼愛惡欲, 七者弗學而能."

12 〈중용中庸〉,《예기禮記》. "喜怒哀樂之未發謂之中, 發而皆中節謂之和. 中也者, 天
下之大本也, 和也者, 天下之達道也."

13 Owen Flanagan은 맹자의 '사단'을 바탕으로 감정의 분류의 다양한 가능성을 보
여준다. 다만 그는 경험주의의 입장에 있기 때문에 본성을 감정의 근원으로서 별
도로 설정하지 않는다. Owen Flanagan, Moral Sprouts and Natural Teleolo-
gies, Milwaukee: Marquette University Press, 2014.

14 맹자, 〈공손추 상公孫丑 上〉,《맹자》.

15 Tu Weiming은 맹자의 사덕四端이 가진 역동성을 주자의 심통성정心統性情 체계 안에서 설명하려 한 데 퇴계의 딜레마가 있었다고 지적한 바 있다. Tu Weiming, "Yi T'oegye's Perception of Human Nature", *The Rise of Neo-Confucianism in Korea*, New York: Columbia University Press, 1985, p. 268

16 주희朱熹, 〈인에 관한 설을 다시 논함(又論仁說)〉, 《주자전서朱子全書》21(上海: 上海古籍出版社, 2002), 1411쪽.

17 '심통성정心統性情'은 장재張載의 말을 주자가 빌려와서 자신의 입장으로 삼은 것이다. 장재, 〈성·리 관련 자료(性理拾遺)〉, 《장재집張載集》(北京: 中華書局, 1978), 374쪽; 주희, 〈주자어류朱子語類: 성리 2 性理 二〉, 《주자전서》14, 226쪽.

18 이황, 〈양선생사칠리기왕복서兩先生四七理氣往復書-사단과 칠정을 리와 기로 나누는 변론에 대해 퇴계가 고봉에게 답함(退溪答高峯四端七情分理氣辯)〉, 上篇 권1, 《고봉전집高峯全集》, 3면 우측.

19 이황, 〈양선생사칠리기왕복서-퇴계가 고봉에게 보낸 글(退溪與高峯書)〉, 上篇 권1, 《고봉전집》, 1면 우측. "사단의 발현은 순선하므로 선하지 않음이 없고, 칠정의 발현은 기를 겸하므로 선과 악이 있다.(四端之發純理, 故無不善; 七情之發兼氣, 故有善惡.)"

20 이기론을 일원론 또는 이원론으로 규정하는 문제에 대한 상세한 논의는 김형찬, 〈이기론의 일원론화 연구〉(고려대 박사학위논문, 1996), 1~10쪽 참조.

21 성리학에서 이기론으로 마음, 본성, 감정을 설명하는 논리는 인간뿐 아니라 모든 동물들에게도 적용된다. 인간뿐 아니라 우주·자연의 모든 존재가 '리'와 '기'의 결합으로 구성되고, 동물들도 인간처럼 마음·본성·감정을 가지기 때문이다. 다만 유학 또는 성리학의 이기론이나 심성론은 본질적으로 인간과 인간세상을 설명하는 데 초점이 맞춰져 있다. 그러한 의미에서 여기서는 설명의 편의를 위해 '인간'을 중심으로 설명한다.

22 이것은 19세기 조선에서 벌어진 심설논쟁心說論爭의 주요 주제이기도 하다.

23 윤사순 교수는 이러한 존재와 당위의 문제를 통해 퇴계의 철학을 조명한 바 있다. 윤사순, 〈존재와 당위에 관한 퇴계의 일치시〉, 《한국유학사상론》(서울: 예문서원, 1997), 259~283).

24 이 문제에 관한 상세한 논의는 Kim Hyoungchan, "The Li-Ki Structure of the Four Beginnings and the Seven Emotions and the Intent of the Four-Seven Debate", *Acta Koreana*, Vol. 18, No. 2 (Daegu: Academia Koreana at Keimyung University, 2015), p. 568 참조.

25 이황, 〈양선생사칠리기왕복서-퇴계가 고봉에게 보내는 글(退溪與高峯書)〉, 上篇
    권1, 《고봉전집》, 1면 우측.

26 기대승, 〈양선생사칠리기왕복서-사단칠정설에 관해 고봉이 퇴계에게 올림(高峯
    上退溪四端七情說)〉, 上篇 권1, 《고봉전집》, 1면 좌측-2면 우측.

27 기대승, 〈양선생사칠리기왕복서-사단칠정에 관해 고봉이 퇴계에게 답하는 글(高
    峯答退溪四端七情書)〉, 上篇 권1, 《고봉전집》, 28면 좌측-우측.

28 기대승, 〈양선생사칠리기왕복서-사단칠정설에 관해 고봉이 퇴계에게 올림(高峯
    上退溪四端七情說)〉, 上篇 권1, 《고봉전집》, 1면 좌측-2면 우측.

29 이렇게 본다면 부중절不中節한 사단과 중절中節한 칠정은 있을 수 없는가, 만일
    있다면 그것들은 사단과 칠정 중 어느 쪽으로 분류해야 하는가 하는 문제가 생겨
    난다. 퇴계와 고봉 사이에도 이 문제가 거론되기는 하지만, 본격적인 논의는 18세
    기에 성호학파星湖學派에서 이루어진다.

30 이황, 〈양선생사칠리기왕복서-사단과 칠정을 리와 기로 나누는 변론에 대해 퇴계
    가 고봉에게 답함(退溪答高峯四端七情分理氣辯)〉, 上篇 권1, 《고봉전집》, 5면 우
    측.

31 이황, 〈기명언에게 답함(答奇明彦)〉, 《퇴계집》, 029:424a.

32 퇴계는 칠정의 경우 "선악이 정해지지 않았다(善惡未定)"라고 설명하였으나, 고
    봉이 문제점을 지적하자 "본래는 선하나 악으로 흐르기 쉽다(本善而易流於惡)"
    라고 수정하였다. 고봉의 지적은 칠정도 본래는 도덕본성으로부터 나오는 것이므
    로 그 근본은 선하나 기질의 영향을 받아서 악하게 될 수 있다는 것이었다.

33 이황, 〈기명언에게 답함(答奇明彦)-개정본(改本)〉, 《퇴계집》, 029:413b-414a.

34 이황, 〈기명언에게 답함(答奇明彦)-개정본(改本)〉, 《퇴계집》, 029:414b-415a.

35 이황, 〈기명언에게 답함(答奇明彦)-개정본(改本)〉, 《퇴계집》, 029:415b-c. 주희,
    《주자어류》 권53, 《주자전서》15, 1776쪽.

36 한원진, 《주자언론동이고朱子言論同異考》(곽신환 역주, 서울: 소명출판, 2002),
    107쪽.

37 기대승, 〈양선생사칠리기왕복서-사단칠정에 관해 고봉이 퇴계에게 답한 글(高峯
    答退溪四端七情書)〉, 上篇 권1, 《고봉전집》, 21면 좌측-22면 좌측.

38 기대승, 〈양선생사칠리기왕복서-사단칠정에 관해 고봉이 퇴계에게 답한 글(高峯
    答退溪四端七情書)〉, 上篇 권1, 《고봉전집》, 9면 우측-좌측, 11면 좌측-12면 우측.

39 이황, 〈기명언에게 답함(答奇明彦)〉, 《퇴계집》, 029:419c.

40 이황, 〈기명언에게 답함(答奇明彦)〉, 《퇴계집》, 029:423c-424a, 426d.

41 리발理發, 리동理動, 리자도理自到는 모두 리理가 죽은 것(사물死物)과 같이 무
    기력한 것만은 아니라는 것을 설명하기 위해 퇴계가 사용한 말이지만, 그 논의의
    맥락은 각각 다르다. '리발'은 사단·칠정을 논하는 과정에서, '리동'은 '리'와 '기'
    의 관계를 설명하면서, 그리고 '리자도'는 격물格物과 물격物格을 설명할 때 나온
    말이다. 그런 점에서 문석윤은 "발發은 심성론, 동動은 우주론, 도到는 인식론의
    방면에서 각각 능동성의 이미지를 구성하고 있다"고 평가한다. 문석윤, 〈퇴계에서
    理發과 理動, 理到의 의미에 대하여〉《퇴계학보》110, 서울: 퇴계학연구원, 2001),
    198쪽.

42 이 문제와 관련된 논문은 많이 나와 있지만 논자는 그 중에서도 특히 문석윤과 김
    기현의 연구에 주목한다. 문석윤은 퇴계의 '리' 개념이 그의 일생에서 어떻게 변
    화해 가는지를 면밀히 추적하였고, 김기현은 퇴계의 '리' 개념에 담긴 세계관을
    심층적으로 고찰하였다. 문석윤, 〈퇴계에서 理發과 理動, 理到의 의미에 대하여〉
    (2001); 김기현, 〈退溪의 '理'철학에 내재된 세계관적 함의〉《퇴계학보》116, 서
    울: 퇴계학연구원, 2001)

43 이기론을 이원론이라고 볼 수 있는가에 대해서는 논란의 여지가 있다. '리'와 '기'
    는 불상리不相離·불상잡不相雜의 관계에 있으므로 엄밀한 의미에서 완전히 독
    립된 두 개의 실체라고 할 수 없기 때문이다. 그런 점에서 이기론을 '이원론'이라
    고 단정 짓기는 어렵지만, '리'와 '기'를 모든 존재의 가장 근원적인 두 요소로 본
    다는 점에서 논자는 이기론에 대해 '이원론적'이라는 표현을 사용한다. 이와 관련
    된 보다 상세한 논의는 김형찬, 〈이기론의 일원론화 연구〉(고려대 박사학위논문,
    1996), 1~10쪽 참조.

44 이황, 〈기명언에게 답함(答奇明彦)〉,《퇴계집》, 029:413b-415b.

45 기대승, 〈양선생사칠리기왕복서-사단칠정에 대해 고봉이 퇴계에게 답한 글(高峯
    答退溪再論四端七情書)〉, 下篇 권2,《고봉전집高峯全集》, 10면 우측.

46 이황, 〈기명언에게 답함(答奇明彦)〉,《퇴계집》, 029:432d.

47 고봉은 소재, 초당과의 논쟁 과정에서 '리'와 '기'의 관계에 대해 다시 생각하게
    되었고, 이것은 퇴계의 관점을 다시 성찰해 보는 계기가 되었다. 이것은 고봉의
    철학과 관련해서는 중요한 내용이지만 이 책의 주제를 벗어나므로 여기서는 다루
    지 않는다. 이에 관한 자세한 내용은 남지만, 〈고봉 기대승의 성리설 연구〉(고려
    대 박사학위논문, 2009), 50~67쪽 참조.

48 기대승, 〈양선생사칠리기왕복서-사단칠정후설〉, 下篇 권2,《고봉전집》, 22면 좌
    측-25면 우측.

49 기대승, 〈양선생사칠리기왕복서-사단칠정총론〉, 下篇 권2, 《고봉전집》, 25면 우측-27면 우측.

50 이황, 〈양선생사칠리기왕복서-퇴계가 고봉에게 준 글(退溪與高峯書)〉, 下篇 권2, 《고봉전집》, 27면 우측-28면 우측.

51 주희, 《대학장구大學章句》, 《주자전서》6, 17쪽.

52 '格物'과 '物格'에 관해 고봉과 퇴계 사이에 논의가 진행된 과정에 대한 상세한 내용은 남지만, 〈고봉 기대승의 성리설 연구〉(고려대 박사학위논문, 2009), 95~101쪽 참조.

53 "所謂致知在格物者, 言欲致吾之知, 在卽物而窮其理也. 蓋人心之靈莫不有知, 而天下之物莫不有理, 惟於理有未窮, 故其知有不盡也. 是以大學始教, 必使學者卽凡天下之物, 莫不因其已知之理而益窮之, 以求至乎其極. 至於用力之久, 而一旦豁然貫通焉, 卽衆物之表裏精粗無不到, 而吾心之全體大用無不明矣. 此謂物格, 此謂知之至也." 朱熹, 《大學章句》, 《朱子全書》(6)(上海: 上海古籍出版社, 2002), p.20.

54 주자는 만물이 각기 동일한 근원에서 비롯된 하나의 '리'를 동일하게 가지고 있으므로, 그 개별 사·물들의 '리'에 대한 인식을 통해 결국 보편적인 '리' 자체에 대한 인식이 가능하다고 보았다. "蓋萬物各具一理, 而萬理同出一原, 此所以可推而無不通也."(주희, 《대학혹문大學或問》, 《주자전서》6, 525쪽)

55 주희, 《대학장구》, 《주자전서》6, 17쪽.

56 주희, 《대학장구》, 《주자전서》6, 17쪽.

57 기대승, 〈퇴계선생의 문목에 답함(答退溪先生問目)〉, 《고봉집高峯集》(한국문집총간), 040:130a-b. "物格. 戊申封事, 理到之言, 發微不可見條下, 通書註, 隨其所寓, 而理無不到. 大學或問註, 無一毫不到處. 以此等言句, 反覆永之, 則理詣其極及極處無不到者如鄙意釋之, 固無不可也."

58 朱熹, 〈戊申封事〉, 《朱子全書》(20), 611~612쪽. "是以程顥常關之曰: '自謂窮神知化, 而不足以開物成務. 言爲無不周偏, 而實外於倫理, 窮深極微, 而不可以入堯舜之道. 天下之學, 自非淺陋固滯, 則必入於此, 是謂正路之榛蕪, 聖門之蔽塞, 關之而後可與入道.' 嗚呼! 此眞可謂理到之言."

59 남지만은 위의 인용문을 근거로 '理到之言'을 "이치에 닿는 말"이라고 해석하고 퇴계의 리자도설理自到說 형성에 고봉의 기여가 있었다는 사실을 밝혔다. 다만 퇴계에 대한 고봉의 영향에 주목하다 보니 퇴계의 리자도설理自到說이 이룬 성과와 의의에 대해서는 좀더 논의를 진전시키지 못하였다. (남지만, 〈고봉 기대승의 성리설 연구〉, 고려대 박사학위논문, 2009, 98~101쪽)

'理到之言'의 현대 한국어 번역은 '이치가 닿는 말' 또는 '이치에 닿는 말' 모두가 가능하지만, 여기서는 고봉이 이 구절을 인용한 취지를 살려 '이치가 닿는 말'이라고 번역한다. 이것은 직역이지만 한국어에 익숙한 사람이라면 누구나 그것이 '상식적으로 타당하여 별다른 이견 없이 받아들일 수 있는 말'이라는 의미로 이해할 수 있으므로, 굳이 의역이 필요치 않다. 그리고 그러한 의미에서 '리도理到'라는 말은 이미 주자 당시의 중국에서도, 퇴계와 고봉 당시의 조선에서도 이미 의역이 필요 없는 상식적인 관용어로 받아들여질 수 있었던 듯하다. 하지만 퇴계가 관심을 기울인 것은, 그 말의 관용적이고 상투적인 이해를 넘어 그 '이치가 닿는 말'이라는 표현에서 '리理의 역할'을 보다 분명하게 언어로 설명해 낼 수 있는 단서를 찾는 것이었다.

60 〈통서通書〉1, 《성리대전性理大全》(서울: 보경문화사, 1994) 권2, 56쪽. "發動也, 微幽也, 言其不疾而速. 一念方萌, 而已至理而具, 所以微 而不可見也. 充廣也, 周偏 也, 言其不行而至. 蓋隨其所寓, 而理無不到, 所以周而不可窮也."

61 주희, 《대학혹문》 《사서대전四書大全》(上), 경남 진주: 술이, 2012), 76쪽. "至善只是極好處, 十分端正恰好, 無一毫不是處, 無一毫不到處."

62 주희, 《대학혹문》, 76쪽. "玉溪盧氏曰 至善, 乃太極之異名…. … 程子所謂 '以其義理精微之極, 有不得而名'者, 故姑以至善目之."

63 이황, 〈기명언에게 답하는 별지(答奇明彦-別紙)〉, 《퇴계집》, 029:466c-467b. "前此滉所以堅執誤說者, 只知守朱子理無情意·無計度·無造作之說, 以爲我可以窮到物理之極處, 理豈能自至於極處. 故硬把物格之格, 無不到之到, 皆作己格己到看. …… 然而又曰, 理必有用, 何必又說是心之用乎, 則其用雖不外乎人心, 而其所以爲用之妙, 實是理之發見者, 隨人心所至, 而無所不到, 無所不盡. 但恐吾之格物有未至, 不患理不能自到也. 然則方其言格物也, 則固是言我窮至物理之極處, 及其言物格也, 則豈不可謂物理之極處, 隨吾所窮而無不到乎. 是知無情意造作者, 此理本然之體也, 其隨寓發見而無不到者, 此理至神之用也. 向也, 但有見於本體之無爲, 而不知妙用之能顯行. 殆若認理爲死物, 其去道不亦遠甚矣乎."

64 朱熹, 《大學或問》, 81쪽. "物格者, 事物之理, 各有以詣其極而無餘之謂也. 理之在物者, 旣詣其極而無餘, 則知之在我者, 亦隨其詣而無不盡矣."

65 "리가 스스로 이른다"라는 표현을 비유가 아닌 사실에 대한 기술로 해석할 경우 오해와 논란이 발생한다. 실제로 퇴계의 시대는 물론 현대 학자들 사이에서도 이 명제에 관한 논란은 끊이지 않고 있다. Mark Johnson은 특히 도덕에 관한 풍부한 은유의 사례를 제시하며, 구체적인 도덕적 판단과 행위에 관해서도 비유적 언

어에 대한 이해가 필요함을 지적하였다. Mark Johnson, *Moral Imagination: Implication of Cognitive Science* (Chicago: The University of Chicago Press, 1993) 참조.

66 Dreyfus와 Dreyfus는 초보적 이해의 단계와 달리 매우 숙련된 전문가의 경우는 도덕적 판단·행위에서 언어로 부호화되는 과정을 거치지 않을 수 있다는 점을 지적하였다. 이에 대해 Clark은 전문가들도 협력을 할 때 언어적 교환이 중요한 역할을 한다는 점을 강조하며 이들의 주장을 비판하였다. 하지만 타자와 의사소통을 위해 언어가 필요한 경우와 숙련된 전문가의 판단·행위에서 언어적 단계가 생략되는 것은 구분할 필요가 있다. Hubert I. Dreyfus and Stuart E. Dreyfus, "What Is Morality? A Phenomenological Account of the Development of Ethical Expertise", *Universalism vs. Communitarianism*, edited by David Rasmussen, Cambridge: The MIT Press 1990; Andy Clark, "Connectionism, Moral Cognition, and Collaborative Problem Solving", *Mind and Morals*, edited by Larry May, Marilyn Friedman, and Andy Clark, Cambridge: The MIT Press, 1998.

67 기대승, 〈퇴계 선생께 올림(先生前上狀 判府事宅)〉, 《고봉전집》, 244a면. "所辯無爲之體, 至神之用等語, 闡發幽隱, 尤極精密. 反復玩味, 若承面誨, 欽復尤深. 但細看其間, 恐有道理不自在之累, 未知如何."

68 〈청향소請享疏〉, 《고봉전집》, 580쪽. "大升答日 無爲之體, 至神之用等語, 闡發幽隱, 尤極精密. 但細看其間, 恐有不自在之累云."

69 〈청향소〉, 《고봉전집》, 580면. "後來諸儒論辨日 高峯此言, 雖寂寥一句語, 見其自在字, 則實得或問理詣其極之意, 此似精的, 當以是爲正云."

4   율곡이 묻고 퇴계가 답하다 2

1 이황, 〈이숙헌의 문목에 답함(答李叔獻問目)〉, 《퇴계집》, 029:375d-376a.

2 요씨饒氏는 중국 남송의 학자인 요로饒魯(호는 쌍봉雙峯, 생몰년 미상)를 가리킨다. 주자의 제자이자 사위인 황간黃幹의 문인이다.

3 《中庸》, 〈讀中庸法〉 註. "雙峰饒氏曰, 大學是說學, 中庸是說道理, 會得大學透徹, 則學不差, 理會得中庸透徹, 則道不差."

4 여자약은 중국 남송의 문신인 여조검呂祖儉(?~1196)을 가리킨다.

5   이황, 〈이숙헌의 문목에 답함(答李叔獻問目)〉, 《퇴계집》, 029:376a-b.

6   《中庸》, 〈讀中庸法〉註. "西山眞氏曰, 中庸, 始言天命之性, 終言無聲無臭, 宜若高妙矣. 然, 曰戒愼, 曰恐懼, 曰謹獨, 曰篤恭, 則皆示人以用力之方. 蓋必戒懼謹獨而後, 能全天性之善, 必篤恭而後, 能造無聲無臭之境, 未嘗使人馳心窈冥而不踐其實也."

7   이황, 〈양선생사칠기왕복서–사단과 칠정을 리와 기로 나누는 변론에 대해 퇴계가 고봉에게 답함(退溪答高峯四端七情分理氣辯)〉, 상편 권1, 《고봉전집》, 5면 우측.

8   《서경書經》, 〈대우모大禹謨〉.

9   《서경書經》, 〈대우모大禹謨〉.

10   정약용丁若鏞, 〈매씨서평梅氏書平–염씨고문소증閻氏古文疏證 백일초百一抄〉, 《정본 여유당전서定本 與猶堂全書》13(다산학술문화재단, 2012), 353~355쪽.

11   물재정씨勿齋程氏는 중국 송나라 학자인 정약용程若庸(생몰년 미상)을 가리킨다.

12   이황, 〈이숙헌의 문목에 답함(答李叔獻問目)〉, 《퇴계집》, 029:376b-c.

13   《중용中庸》, 〈중용장구서中庸章句序〉. "勿齋程氏曰, 人生而靜, 氣未用事, 未有人與道之分, 但謂之心而已, 感物而動, 始有人心道心之分焉, 精一執中, 皆是動時工夫."

14   퇴계가 미발시의 공부를 강조한 데 대한 상세한 내용은 Kim Hyoungchan, "The Theory and Practice of Sage Politics: The Political Philosophies and Neo-Confucian Bases of Yi Hwang and Yi I" *Acta Koreana*, Vol. 17, No. 1, (Daegu: Academia Koreana, Keimyung University, 2014), pp.262~270 참조.

15   율곡의 인심도심설에 관한 상세한 내용은 '제7장'에서 다룬다.

16   격암조씨格菴趙氏는 중국 송나라 때의 문신이자 학자인 조순손趙順孫(1215~1277)을 가리킨다.

17   이황, 〈이숙헌의 문목에 답함(答李叔獻問目)〉, 《퇴계집》, 029:376c-d.

18   《중용中庸》, 〈중용장구서中庸章句序〉. "格庵趙氏曰, 知是識其所當然, 覺是悟其所以然."

19   리기용은 이러한 (허령虛靈)지각知覺은 "정情 차원의 감각적 인식은 물론 이성 혹은 도덕적 인식(知)의 문제뿐만 아니라 인식된 것을 실천하겠다는 실천의지實踐意志에 대한 자각(覺)까지를 포괄하는 것"이라고 설명한다. 리기용, 〈율곡 이이의 인심도심론 연구〉(연세대 박사학위논문, 1995), 44~45쪽.

20   주희, 《중용장구집주中庸章句集注》, 〈제1장〉.

21 이황,〈이숙헌의 문목에 답함(答李叔獻問目)〉,《퇴계집》, 029:376d.

22 《중용》,〈제1장〉."道也者, 不可須臾離也, 可離非道也. 是故君子戒愼乎其所不睹, 恐懼乎其所不聞. 莫見乎隱, 莫顯乎微, 故君子愼其獨也."

23 《중용장구집주》,〈제1장〉."雙峯饒氏曰 …… 見與顯, 皆是此道."

24 주희,《대학장구집주》,〈제7장〉.

25 주희,《대학장구집주》,〈제7장〉.

26 운봉호씨雲峯胡氏는 중국 원나라 학자인 호병문胡炳文(1250~1333?)을 가리킨다.

27 《대학》,〈傳1章〉."大甲曰 顧諟天之明命."

28 《대학》,〈傳3章〉."詩云 穆穆文王, 於緝熙敬止."

29 이황,〈이숙헌의 문목에 답함(答李叔獻問目)〉,《퇴계집》, 029:377a-b.

30 《중용장구집주》,〈제1장〉."雙峯饒氏曰……. 大學只言愼獨, 不言戒懼, ……"

31 진씨陳氏는 원나라 학자인 진력陳櫟(1252~1334)을 가리킨다.

32 《중용혹문》 중 "或問喜怒哀樂之未發謂之中……"의 주석. "新安陳氏曰 由位育推其本於致中和, 故曰萬化之本原. 自致中和極其功於位育, 故曰一心之妙用. 究極之, 惟大聖人能與於此, 乃聖神之能事, 降聖人一等而論之, 由敎而入者, 果能盡致中和之工夫, 則其學問之極功, 亦可庶幾乎此也."

33 《중용장구》, 제20장. "或生而知之, 或學而知之, 或困而知之, 及其知之一也. 或安而行之, 或利而行之, 或勉强而行之, 及其成功一也."

34 《논어》,〈19. 子張〉. "夫子之得邦家者, 所謂立之斯立, 道之斯行, 綏之斯來, 動之斯和. 其生也榮, 其死也哀, 如之何其可及也."

35 이황,〈이숙헌의 문목에 답함(答李叔獻問目)〉,《퇴계집》, 029:377c-d.

36 《논어》,〈2. 爲政〉. "七十而從心所欲踰矩."

37 《논어》,〈7. 述而〉. "子曰 我非生而知之者, 好古, 敏以求之者也."

38 《논어》,〈14. 憲問〉. "下學而上達."

39 《논어》,〈17. 陽貨〉. "子曰 唯上知與下愚不移."

40 《논어》,〈16. 季氏〉. "孔子曰 生而知之者, 上也; 學而知之者, 次也; 困而學之, 又其次也; 困而不學, 民斯爲下矣."

41 《중용장구》, 제20장. "或生而知之, 或學而知之, 或困而知之, 及其知之一也. 或安而行之, 或利而行之, 或勉强而行之, 及其成功一也."

42 공자의 우상화 또는 이상화에 대해서는 Mark Edward Lewis, *Writing and Authority in Early China*, Albany: State University of New York Press, 1999.

pp. 218~240 참조.

43 《孟子》,〈盡心下〉."可欲之謂善, 有諸己之謂信, 充實之謂美, 充實而有光輝之謂大, 大而化之之謂聖, 聖而不可知之之謂神."

44 이이,〈퇴계선생께 올리는 문목(上退溪先生問目)〉,《율곡전서》, 044:182a-b. 이 질문은 세 번째 문목의 첫 번째 항목이다. 두 번째 문목의 질문 내용과 직접 연관되기 때문에 이어서 다룬다.

45 《논어》,〈17. 陽貨〉."子曰 性相近也, 習相遠也."

46 《중용장구집주》, 제2장."雙峯饒氏曰 …… 中和以性情言, 人心本然純粹之德也; 中庸以事理言, 天下當然之則, 不可過, 亦不可不及者也. 二者雖同此中理, 而所指各異. 故致中和者, 則欲其戒懼愼獨, 以涵養乎性情, 踐中庸者, 則欲其擇善固執, 以求合乎事理. 二者內外交相養之道也."

47 유씨游氏는 중국 송나라 때의 문신인 유작游酢(1053~1123)을 가리킨다. 그는 정명도程明道의 학문을 따랐으며 정문사제자程門四弟子의 한 사람으로 평가된다.

48 이황,〈이숙헌의 문목에 답함(答李叔獻問目)〉,《퇴계집》, 029:377d-378a.

49 《중용장구집주》, 제1~2장."喜怒哀樂之未發, 謂之中, 發而皆中節, 謂之和. 中也者, 天下之大本也, 和也者, 天下之達道也. 致中和, 天地位焉, 萬物育焉. 仲尼曰 君子中庸, 小人反中庸. [朱子注: 中庸者, 不偏不倚, 無過不及, 而平常之理, 乃天命所當然, 精微之極致也. 惟君子爲能體之, 小人反是.] 君子之中庸也, 君子而時中, 小人之中庸也, 小人而無忌憚也."

50 《중용장구집주》, 제2장의 주.

51 《중용장구집주》, 제2장의 주.

52 《중용장구》, 제1장."喜怒哀樂之未發, 謂之中, 發而皆中節, 謂之和. 中也者, 天下之大本也, 和也者, 天下之達道也."

53 이이,〈퇴계선생께 올리는 문목(上退溪先生問目)〉,《율곡전서》, 044:182b-c.

54 《중용장구집주》, 제2장."雙峯饒氏曰 …… 中和以性情言, 人心本然純粹之德也; 中庸以事理言, 天下當然之則, 不可過, 亦不可不及者也. 二者雖同此中理, 而所指各異. 故致中和者, 則欲其戒懼愼獨, 以涵養乎性情, 踐中庸者, 則欲其擇善固執, 以求合乎事理. 二者內外交相養之道也."

55 이황,〈이숙헌에게 답함(答李叔獻)〉,《퇴계집》, 029:379c-d.

56 《중용》, 제4장."子曰 道之不行也, 我知之矣. 知者過之, 愚者不及也. 道之不明也, 我知之矣. 賢者過之, 不肖者不及也."

57 《중용장구집주》, 제4장. "雙峯饒氏曰 …… 行不是說人去行道, 是說道自流行於天下, 明不是說人自知此道, 是說道自著明於天下. ……"

58 이황, 〈이숙헌의 문목에 답함(答李叔獻問目)〉, 《퇴계집》, 029:378a.

59 퇴계는 율곡의 두 번째 문목에 대한 답장에서 주자가 '능능'과 '소능所能'을 설명한 《주자대전朱子大全》제48권 25~27장을 읽어보라고 율곡에게 권한 적이 있었다. 이황, 〈이숙헌의 문목에 답함(答李叔獻問目)〉, 《퇴계집》, 029:376a-b.

60 《논어》, 〈제15장 衛靈公〉. "子曰 人能弘道. 非道弘人."

61 《중용장구집주》, 제4장. "雙峯饒氏曰 …… 行不是說人去行道, 是說道自流行於天下, 明不是說人自知此道, 是說道自著明於天下."

5 율곡이 묻고 퇴계가 답하다 3

1 《성학십도》의 수정에 관한 상세한 내용은 문석윤, 〈퇴계의 '성학십도' 수정에 관한 연구〉(《퇴계학보》130, 서울: 퇴계학연구원, 2011) 참조.

2 중국 원나라 때의 학자.

3 이이, 〈퇴계선생께 올리는 문목(上退溪先生問目)〉, 《율곡전서》, 044:182d.

4 이황, 〈聖學十圖-第二西銘圖〉, 《퇴계집》, 029:202c. "惡旨酒, 崇伯子之顧養; 育英才, 穎封人之錫類, 不弛勞而底豫, 舜其功也; 無所逃而待烹, 申生其恭也. 體其受而歸全者, 參乎; 勇於從而順令者, 伯奇也.

5 이황, 〈이숙헌에게 답함(答李叔獻)〉, 《퇴계집》, 029:379d-380a. 괄호 부분은 《퇴계집》에는 있으나 《율곡전서》에서는 생략된 부분이다.

6 《논어》 〈위정爲政〉. "七十而從心所欲, 不踰矩."

7 이황, 〈성학십도-제팔심학도第八心學圖〉, 《퇴계집》, 029:210c.

8 맹자, 〈고자告子 상上〉, 《맹자》

9 공자, 〈안연 顏淵〉, 《논어》.

10 이이, 〈퇴계선생께 올리는 문목(上退溪先生問目)〉, 《율곡전서》, 044:183a-c.

11 이황, 〈이숙헌에게 답함(答李叔獻)〉, 《퇴계집》, 029:380d. 퇴계의 글에서는 퇴계가 "《심경》을 얻어 보았다"고 하였지만, 〈심학도〉는 정민정이 《심경부주》를 편찬할 때 추가한 것으로 추정된다. 따라서 퇴계가 얻어 보았다는 《심경》은 《심경부주》를 가리킨다.

12 이러한 입장은 안병주, 〈퇴계의 학문관-'심경후론'을 중심으로〉《퇴계학 연구》1,

단국대 퇴계학연구소, 1987); 신귀현, 〈퇴계 이황의 '심경부주' 연구와 그의 심학
心學의 특징〉(《민족문화논총》8, 영남대 민족문화 연구소, 1987); 김종석, 〈마음의
철학-퇴계심학의 구조분석〉(《민족문화논총》15, (영남대 민족문화연구소, 1994);
홍원식, 〈퇴계학, 그 존재를 묻는다〉(《오늘의 동양사상》4, 예문동양사상연구원,
2001) 등에서 볼 수 있다. 퇴계의 '리학理學'적 특성을 '퇴계심학'의 하위 요소로
재배치하려는 홍원식의 시도나 '심학'적 접근을 통해 사단칠정론을 재해석하려
는 김종석의 지속적인 노력 등은 물론 의미 있는 작업이다. 하지만 이른바 '퇴계
리학'에 대한 '퇴계심학'의 의존도를 고려할 때, '퇴계심학'이 '퇴계리학' 수준의
이론체계를 구축하기 위해서는 더 많은 연구 성과의 축적이 필요하다. 이에 관한
상세한 논의는 Kim Hyoungchan, "Toegye's Philosophy as Practical Ethics",
Korea Journal, Vol.47, No.3. (Seoul: Korean National Commission for UNE-
SCO, 2007) 참조.

13 이황, 〈이숙헌에게 답함(答李叔獻)〉, 《퇴계집》, 029:380d.

14 이황, 〈이숙헌에게 답함(答李叔獻)〉, 《퇴계집》, 029:380d.

15 이황, 〈성학십도-第八 心學圖〉, 《퇴계집》, 029:210c-d.

16 이이, 〈퇴계선생께 올리는 문목(上退溪先生問目)〉, 《율곡전서》, 044:184a.

17 이황, 〈이숙헌에게 답함(答李叔獻)〉, 《퇴계집》, 029:382d-383a.

18 이황, 〈성학십도-第五 白鹿洞規圖〉, 《퇴계집》, 029:205c.

19 이황, 〈성학십도-第十 夙興夜寐箴圖〉, 《퇴계집》, 029:213a-b.

20 《성학십도》의 구성과 그 의미에 대한 상세한 내용은 김형찬, '《성학십도》 해
제'(고려대 민족문화연구원 한국사상연구소 편, 《역주와 해설 성학십도》, 서울:
예문서원, 2009), 22~26쪽 참조.

6   사단칠정과 인심도심 : 율곡과 우계의 논쟁

1   성혼成渾, 〈율곡과 이기를 논함-두 번째 편지(與栗谷論理氣 第二書)〉, 《우계집牛
溪集》(한국문집총간본), 043:091b.

2   율곡은 과거에서 아홉 번 장원급제를 하였다고 하여 '구도장원공'이라 불렸다. 율
곡은 실제로 아홉 번 이상 장원급제를 한 것으로 추정된다. '구도九度(아홉 번)'
란 본래 '가장 많은 횟수' 또는 '정말 여러 번'이라는 뜻도 겸한다.

3   성혼, 〈與栗谷論理氣 第一書〉, 《우계집》, 043:089a.

4 성혼, 〈與栗谷論理氣 第一書〉, 《우계집》, 043:089a; 〈別紙〉, 《우계집》, 043:089b; 〈第二書〉, 《우계집》, 43:90d.

5 朱熹, 〈中庸章句序〉, 《四書章句集注》(北京: 中華書局, 1983), 14쪽. "心之虛靈知覺, 一而已矣, 而以爲有人心道心之異者, 則以其或生於形氣之私, 或原於性命之正, 而所以爲知覺者不同. ……"

6 朱熹, 〈中庸章句序〉, 《四書章句集注》, 14쪽. "…… 而所以爲知覺者不同. 是以或危殆而不安, 或微妙而難見耳. …… 從事於斯, 無少間斷, 必使道心, 常爲一身之主, 而人心每聽命焉, 則危者安, 微者著, 而動靜云爲, 自無過不及之差矣."

7 이이, 〈성호원에게 답함(答成浩原 壬申)〉(율곡 제2답서), 《율곡전서》, 044:200b-c.

8 성혼, 〈율곡과 리기를 논함(與栗谷論理氣 第二書)〉, 《우계집》, 043:091a-b.

9 이이, 〈성호원에게 답함(答成浩原 壬申)〉(율곡의 제2답서), 《율곡전서》, 044:199d-200b.

10 기질지성氣質之性과 대비될 경우 본연지성本然之性, 천지지성天地之性, 천명지성天命之性은 모두 같은 의미로 사용된다.

11 이이, 〈答成浩原〉, 《율곡전서》, 044:209a-b.

12 張載, 〈正蒙 - 誠明〉, 《張子全書》(臺北: 臺灣中華書局, 1996), 권2, 17b쪽. "性者萬物之一源, 非有我之得私也."

13 張載, 〈正蒙 - 誠明〉, 《張子全書》, 권2, 18b쪽. "形而後有氣質之性, 善反之則天地之性存焉."

14 張載, 〈正蒙 - 誠明〉, 《張子全書》, 권2, 18b쪽. "盡其性能盡人物之性, 至於命者亦能至人物之命, 莫不性諸道, 命諸天. …… 性於人無不善, 繫其善反不善反而已, 過天地之化, 不善反者也. 命於人無不正, 繫其順與不順而已, 行險以僥倖, 不順命者也."

15 朱熹, 〈正蒙 - 誠明 注〉, 《張子全書》, 권2, 19a-b쪽.

16 이황, 〈답기명언〉, 《퇴계집》, 029:413c-d.

17 이황, 〈답기명언〉, 《퇴계집》, 029:418b-c.

18 이이, 〈성호원에게 답함(答成浩原)〉, 《율곡전서》, 044:196c.

19 이이, 〈성호원에게 답함(答成浩原)〉, 《율곡전서》, 044:212a.

20 이이, 〈성호원에게 답함(答成浩原)〉, 《율곡전서》, 044:212c.

21 이이, 〈성호원에게 답함(答成浩原)〉, 《율곡전서》, 044:210d-211a.

22 이이, 〈성호원에게 답함(答成浩原)〉, 《율곡전서》, 044:211a-b.

23 이이, 〈성호원에게 보냄(與成浩原)〉, 《율곡전서》, 044:218a.

24 이이, 〈성호원에게 답함(答成浩原)〉, 《율곡전서》, 044:211c.

25 이이, 〈안응휴에게 답함(答安應休)〉,《율곡전서》, 044:250:b-c.

26 이이, 〈성호원에게 답함(答成浩原)〉,《율곡전서》, 044:202a-b.

27 이이, 〈성호원에게 답함(答成浩原)〉,《율곡전서》, 044:204c-205a

28 이이, 〈성호원에게 답함(答成浩原)〉,《율곡전서》, 044:199a.

29 이이, 〈성호원에게 답함(答成浩原)〉,《율곡전서》, 044:199b.

30 '리통기국'에 대한 설명은 김형찬, 〈리기론의 일원론화 연구〉, 고려대 박사학위논문, 1996, 60~64쪽을 토대로 한 것이다.

31 이이, 〈성호원에게 답함(答成浩原)〉,《율곡전서》, 044:199c-d.

32 퇴계도 천지天地와 인간의 상호소통을 인정하지만, 율곡처럼 인간의 행위가 직접 천지와 감응感應한다고 보는 입장에 대해서는 상당히 비판적이다. 이황, 〈무진육조소소戊辰六條疏〉,《퇴계집》, 029:192b-194d.

33 이이, 〈천도책天道策〉,《율곡전서》, 044:309c-312d.

34 이이, 〈성호원에게 답함(答成浩原)〉,《율곡전서》, 044:199b.

35 이이, 〈성호원에게 답함(答成浩原)〉,《율곡전서》, 044:194d-195a.

36 이이, 〈성호원에게 답함(答成浩原)〉,《율곡전서》, 044:251d-252a.

37 이이, 〈어록語錄-上〉,《율곡전서》, 45:232b.

38 성혼, 〈第四書〉,《우계집》, 043:096c.

39 '사단칠정논쟁의 이해와 평가'의 내용은 아래 논문의 일부를 이 책의 맥락에 따라 요약·정리한 것이다. Kim Hyoungchan, "The Li-Ki Structure of the Four Beginnings and the Seven Emotions and the Intent of the Four-Seven Debate" (*Acta Koreana* Vol. 18, No. 2, Daegu: Academia Koreana at Keimyung University, 2015).

40 정약용, 〈이발기발변理發氣發辨(1, 2)〉,《여유당전서與猶堂全書》(한국문집총간본), 281:258a-c. 다산이 〈이발기발변理發氣發辨〉에서 기술한 이러한 견해의 구체적 내용과 의미에 대해서는 김형찬, 〈마음의 理氣와 자연의 理氣〉(《한국학논집》40, 경북 경산: 계명대 한국학연구원, 2010) 참조.

41 배종호,《한국유학사》(서울: 연세대출판부, 1974), 81쪽.

42 이밖에도 유명종이 사용한 혼륜渾淪/분개分開의 설명방식이 있다. 이 방식은 퇴계가 리·기의 관계를 설명하면서 사용한 설명방식인데, 유명종이 사단칠정의 설명에 적용하여 퇴계의 설은 분개, 고봉의 설은 혼륜이라고 하였다. 이 방식은 문제의식이나 설명의 특성 면에서 대설/인설이나 횡간/수간과 큰 차이가 없다. 그러나 유명종은 혼륜을 횡간과 연결시키고 분개를 수간과 연결시킨다는 점에서 오

히려 논지를 혼란스럽게 한다. 이는 퇴계의 사단칠정리기호발四端七情理氣互發 (사단과 칠정은 각각 리와 기가 상호 발현함)은 리기유선후理氣有先後(리와 기에 선후가 있음)이므로 이는 수간의 관점이며, 고봉의 칠포사七包四(칠정이 사단을 포괄함)는 리기무선후理氣無先後(리와 기에 선후가 없음)이므로 이는 횡간의 관점이라고 보았기 때문이다. 이 글에서는 아래 설명하는 노백헌의 설명이 '횡간/수간'에 대해 더 타당하다고 보고, 유명종의 설에 대한 별도의 논의는 생략한다. 유명종, 《성리학과 양명학》(서울: 연세대출판부, 1994), 134~154쪽; 유명종, 《한국유학연구》(대구: 이문출판사, 1988), 142~146쪽; 이황, 〈기명언에게 답함 (答奇明彦), 사단칠정을 논한 두 번째 편지(論四端七情第二書-後論)〉, 《퇴계집》, 029:424c-d.

43 기대승, 〈고봉이 사단칠정을 재론하여 퇴계에게 답한 글(高峯答退溪再論四端七情 書)〉, 《고봉전집》(서울: 성균관대학교 대동문화연구원, 1979), 276쪽.

44 기대승, 〈고봉이 사단칠정을 재론하여 퇴계에게 답한 글(高峯答退溪再論四端七情 書)〉, 《고봉전집》, 276쪽.

45 이황, 〈기명언에게 답함(答奇明彦)〉, 《퇴계집》, 029:432c-d.

46 이상은, 〈사칠논변과 대설·인설의 의의〉《퇴계의 생애와 학문》, 서울: 예문서원, 1999), 87~244쪽.

47 정재규, 〈'외필(猥筆, 외람되이 씀)' 비판에 대한 재비판(猥筆辨辨)〉, 《노백헌집老 柏軒集》(한국문집총간韓國文集叢刊 속續), 145:607b.

48 근래에 이승환이 사용한 '횡설/수설'의 설명방식은 바로 이 '횡간/수간'의 틀을 따른 것이다. 이승환, 《횡설과 수설》(서울: 휴머니스트, 2012).

49 동중유이同中有異와 이중유동異中有同라는 용어는 퇴계에게서 가져 온 것이다. 퇴계는 사단칠정에 대하여 이 두 가지 관점이 모두 가능하지만 자신은 그 중에서 동중유이同中有異의 관점을 취한다고 밝혔다. 이황, 〈양선생사칠리기왕복서-사단과 칠정을 리와 기로 나누는 변론에 대해 퇴계가 고봉에게 답함(退溪答高峯四 端七情分理氣辯)〉, 上篇 권1, 《고봉전집》, 5면 우측.

7 군왕의 정치와 신하의 정치

1 이이, 〈상퇴계선생문목上退溪先生問目〉, 《율곡전서》, 044:182a-184b.

2 《성학집요》는 17세기 말이 되어서야 정식 경연 교재로 채택되었다. 지두환, 〈조선

후기 경연과목의 변천〉,《한국학논총》18, 국민대 한국학연구소, 1995.

3 퇴계와 율곡의 정치철학에 관한 논의는 아래 논문을 바탕으로 논의를 진전시켰
   다. Kim Hyoungchan, "The Theory and Practice of Sage Politics : The Po-
   litical Philosophies and Neo-Confucian Bases of Yi Hwang and Yi I" (*Acta
   Koreana*, Vol. 17, No. 1 , Daegu : Academia Koreana at Keimyung Univer-
   sity , 2014).

4 이황, 〈무진육조소〉,《퇴계집》, 029:183d-195b.

5 이황, 〈무진육조소〉,《퇴계집》, 029:184a.

6 이이, 〈동호문답〉,《율곡전서》, 044:316a-331d.

7 이이, 〈동호문답〉,《율곡전서》, 044:319b.

8 이이, 〈만언봉사〉,《율곡전서》, 044:097b-111c.

9 이황, 〈진성학십도차進聖學十圖箚〉,《퇴계집》, 029:197d-200a.

10 이황, 〈성학십도 – 제일태극도第一 太極圖〉,《퇴계집》, 029:201c.

11 이황, 〈성학십도 – 제오백록동규도第五白鹿洞規圖〉,《퇴계집》, 029:206c.

12 이황, 〈성학십도 – 제십숙흥야매잠도第十夙興夜寐箴圖〉,《퇴계집》, 029:213a-b.

13 이황, 〈성학십도 – 제육심통성정도第六心統性情圖〉,《퇴계집》, 029:207d.

14 이황, 〈성학십도 – 제육심통성정도〉,《퇴계집》, 029:207d-208a.

15 이황, 〈성학십도 – 제구경재잠도第九敬齋箴圖〉 및 〈성학십도-제십숙흥야매잠도
   第十夙興夜寐箴圖〉,《퇴계집》, 029:211a-213b.

16 퇴계의 학문체계에서 '리'에 대한 공부와 상제에 대한 경외를 병존시키는 데 관한
   상세한 내용은 김형찬, 〈조선유학의 리 개념에 나타난 종교적 성격 연구: 퇴계의
   리발理發에서 다산의 상제까지〉《철학연구》39, 고려대 철학연구소, 2010) 참조.

17 이황, 〈성학십도를 올리는 글(進聖學十圖箚)〉,《퇴계집》, 029:198a.

18 이이, 〈성학집요-서序〉,《율곡전서》, 044:422d.

19 기질 변화의 방법과 그 효과에 대한 상세한 내용은 김형찬, 〈기질변화氣質變化,
   욕망의 정화를 위한 성리학적 기획〉《철학연구》38, 서울: 고려대 철학연구소,
   2009), 203쪽 참조.

20 이이, 〈성학집요〉,《율곡전서》, 044:471a.

21 이이, 〈성학집요〉,《율곡전서》, 044:458b-d.

22 이이, 〈성학집요-올리는 글(進箚)〉,《율곡전서》, 044:420d.

23 이이, 〈성학집요〉,《율곡전서》, 045:61a.

24 이이, 〈성학집요〉,《율곡전서》, 045:80c.

25 혈통으로 이어지는 군주제를 능력 있는 관료를 통해 보완하려는 노력은 고대 중국에서부터 계속되어 왔다. 송재윤은 《周禮》에 대한 남송시기 학자들의 해석을 중심으로 권력분립의 관점에서 황제과 재상의 관계를 고찰하였다. 송재윤, 〈황제와 재상: 南宋代(1127~1279) 權力分立理論〉《퇴계학보》140, 서울: 퇴계학연구원, 2016).

26 서원과 관련된 퇴계의 생각과 행적에 대해서는 김형찬, 〈퇴계의 서원관書院觀에 대한 철학적 해명〉《퇴계학보》136, 서울: 퇴계학연구원, 2014) 참조.

부록 한국유학의 쟁점과 퇴계·율곡의 위상

1 역사 속에서 벌어진 주요한 이론 논쟁들을 통해서 철학사를 조망하는 것은 역동적인 토론의 성과를 담고 있는 한국철학사를 이해하는 데 매우 유용하다. 필자는 그러한 생각을 가지고 《논쟁으로 보는 한국철학》(한국철학사상연구회 지음, 서울: 예문서원, 1995)의 기획과 집필에 참여한 적이 있었다. 이 글의 집필 과정에서도 주요 논쟁의 선별과 핵심내용의 정리를 위해 이 책을 참조하였다.

2 〈行狀〉, 《晦齋集》(한국문집총간본), 24:503b.

3 서학이란 당시 서양에서 들어온 학문을 가리키는 말로서 넓은 의미로는 천주교 외에 자연과학, 의술 등을 포괄하지만, 좁은 의미로는 천주교만을 지칭한다. 과학기술의 수용에 대해서는 당시 지식인들도 대부분 반대하지 않았으므로, 당시 서학논쟁에서 주로 문제가 된 것은 천주교였다. 그러므로 이 논쟁에서 서학은 천주교를 가리킨다.

율곡이 묻고
퇴계가 답하다

| 초판 1쇄 발행 | 2018년 3월 28일 |
| 초판 2쇄 발행 | 2020년 3월 16일 |

지은이	김형찬
책임편집	장동석
디자인	이미지 정진혁

펴낸곳	㈜바다출판사
발행인	김인호
주소	서울시 마포구 어울마당로5길 17 5층(서교동)
전화	322-3885(편집), 322-3575(마케팅)
팩스	322-3858
E-mail	badabooks@daum.net
홈페이지	www.badabooks.co.kr

| ISBN | 978-89-5561-507-4 93150 |